AF595366

Editorial
NUN

J. Ratzinger
Benedicto XVI

Cinco momentos de sus ideas

Pablo Blanco Sarto

Ficha bibliográfica

Pablo Blanco Sarto

J. Ratzinger Benedicto XVI. Cinco momentos de sus ideas
1a. edición, 2024

ISBN: 978-607-5913-11-7

Editorial Notas Universitarias, S. A. de C. V.
Colección Fides et Ratio

Impreso en la Ciudad de México, agosto de 2024
Formato: 15 × 21 cm

210 pp.

Editorial NUN
Es una marca de Editorial Notas Universitarias, S. A. de C. V.

Xocotla 17, Tlalpan, alcaldía Tlalpan,
C. P. 14000, Ciudad de México

www.editorialnun.com.mx

Comentarios sobre la edición a contacto@editorialnun.com.mx

Versión impresa ISBN: 978-607-5913-11-7
Versión digital ISBN: 978-607-5913-12-4

Los textos aquí presentados fueron arbitrados (doble-ciego) y dictaminados por especialistas nacionales. Posteriormente fueron revisados, corregidos y modificados por los autores antes de llegar a su versión final.

Dirección editorial y diseño de portada: Miryam D. Meza Robles
Cuidado de la edición: Felipe G. Sierra Beamonte
Corrección de estilo: Esteban Manteca Aguirre
Lecturas: Casandra D. Álvarez García
Diagramación y versión digital: Carlos Papaqui Landeros

Impreso en México

J. Ratzinger
Benedicto XVI

Cinco momentos de sus ideas

Pablo Blanco Sarto

Índice

Presentación

"Desde Martín Lutero –afirmaba un periodista del *Frankfurter Allgemeine Zeitung*– no ha habido ningún alemán que haya influido tanto en la Iglesia católica como Joseph Ratzinger".[1] El discreto prestigio de Benedicto XVI es fácil de apreciar, sobre todo tras la popularidad y la visibilidad que Juan Pablo II imprimió a la figura del pontificado. Se han cumplido ya unos años de un pontificado intenso y silencioso del Papa alemán, de quien se ha dicho que es "el Mozart de la teología",[2] "un Tomás de Aquino de nuestros días"[3] o –como su maestro Agustín– "un poeta, un pastor y un pensador".[4] Sus palabras tendrían pues la elocuencia de Agustín, la capacidad de síntesis del Aquinate, la influencia de Lutero o la gracia y aparente ligereza de Mozart. Nos movemos, pues, entre la comparación y la hipérbole. Benedicto XVI posee ideas y palabras claras, y un programa bien definido para su pontificado que va llevando a cabo poco a poco.[5] Éste se fundamentaría –según un arzobispo de tierras asturianas– en la fe, en la razón y en la belleza, como sus

---

1 H.-J. Fischer, *Benedicto XVI*, Barcelona, Herder, 2005, p. 39.

2 J. Meisner, "Benedikt XVI. ist der 'Mozart der Theologie'" [en línea], disponible en <www.kath.net.de> (consulta: 20 de abril de 2005).

3 P. Seewald, "El nuevo Papa es un sabio como santo Tomás de Aquino", *El Mundo*, 25 de abril de 2005, p. 37.

4 P. Blanco Sarto, "Joseph Ratzinger, 'poeta, pastor y pensador', como san Agustín", *Zenit*, 11 de enero de 2007.

5 Cf. J. Morales, "Prólogo", en P. Blanco Sarto, *Joseph Ratzinger: razón y cristianismo*, Madrid, Rialp, 2006, p. 16.

tres principales pilares: "Una fe que tiene razones y una razón que se hace creyente; una hondura que se expresa con sencillez porque bebe en la mejor tradición de la Iglesia, y una belleza que suscita el estupor ante la verdad y la adhesión al bien".[6]

Cuando Benedicto XVI fue elegido Papa, saltó a la calle un viejo y manido cliché: Ratzinger era el Gran Inquisidor, el *Panzerkardinal*, el *rotweiler* de Dios o –en versión italiana– el "pastor alemán"... Esta imagen procedía tal vez de la precipitación y de sus 23 años al frente de la Congregación de la Doctrina de la Fe (antiguamente llamada Santo Oficio), como colaborador del papa Juan Pablo II. Tras esta etiqueta había quizá escaso conocimiento de su verdadero modo de ser. Poco a poco, se fue descubriendo que Ratzinger es en realidad un hombre sencillo, hijo de un policía rural bávaro, que se crió entre campesinos y que aprendió de ellos su cercanía y sencillez. También es tímido, pero a la vez cálido y cercano. Lo que pasa es que tuvo que ocupar lo que alguien calificó como "el lugar más duro de la Iglesia". La Iglesia necesitaba un "guardián de la fe", un *carabiniere* y –tal vez por herencia paterna– le tocó a él. Pero ése no era en absoluto su talante, su modo de ser. Ratzinger era un discreto profesor universitario, y no le gustaba demasiado tener que reprender a sus propios colegas, los teólogos. Dicho en términos gráficos: "El cardenal Ratzinger, Benedicto XVI, ha estado en el *ring* de las ideas. Sólo ha tenido una 'obsesión': la verdad. Habla con todos y para todos".[7]

El retrato se ha ido completando así, poco a poco, con más facetas y detalles. A los pocos meses de que Ratzinger fue elegido Papa, monseñor Javier Echevarría, obispo prelado del Opus Dei, resumía sus cualidades y nos ofrecía algunos datos más: "Lo veo como una persona que sobresale por su inteligencia teológica, su certera visión de los problemas de la Iglesia y de la cultura, y su amplitud de horizontes. A eso hay que sumar su experiencia de largos años al servicio de la Iglesia y su honda vida espiritual. De su delicadeza y capacidad de escuchar, puede dar testimonio cualquier persona que

6 J. Sanz Montes, "La estela de las sandalias de Pedro", en J. L. Restán, *Diario de un pontificado*, Madrid, Encuentro, 2008, pp. 11-12.

7 J. P. Manglano, "Introducción", en Benedicto XVI, *Orar*, Barcelona, Planeta, 2008, p. 9.

haya tenido ocasión de tratarle un poco".[8] Inteligencia, servicio, cortesía, oración, se repite una y otra vez. En estas páginas tan sólo pretendo presentar a Joseph Ratzinger como un intelectual, un pastor y un hombre sencillo, que ha llegado a ser el sucesor de Pedro en los controvertidos momentos actuales. Un "humilde trabajador de la viña del Señor", se definió a sí mismo al ser elegido Papa.

Cuenta "tan sólo" con una profunda espiritualidad que nace sobre todo del amor a la Escritura y a la liturgia. Razón, corazón y oración constituirían los tres ejes de coordenadas de su personalidad y su pensamiento. Al mismo tiempo se trata de alguien capaz de entender el momento presente, algo complejo desde el punto de vista social, cultural e intelectual, a la vez que se intenta conectar con esa misma verdad eterna, que para el cristianismo se ha encarnado –por amor– en la persona de Jesucristo. Dios, la Iglesia y el mundo actual serían los grandes temas de su propio pontificado. Tal vez por esto mismo, el Papa alemán está desarrollando también un papel activo en la escena internacional, en esta gran aldea global que habitamos. El cardenal Saraiva Martins reconocía "el desarrollo de la presencia de Benedicto XVI en el escenario internacional en el tercer milenio", y añadía que, paso a paso, "el Papa está entrando, con su estilo señorial reservado, en los corazones de la gente".[9]

Ahora bien, ¿cómo conocer mejor al Papa alemán? Conocer la historia de una persona nos permite también comprenderlo mejor por dentro. Por eso ofrecemos aquí cinco instantáneas –cinco momentos– de su pensamiento: el periodo de formación, la época del concilio y su actividad como pastor, es decir, como arzobispo, prefecto en Roma y como sucesor de san Pedro. Estas intervenciones corresponden a una serie de conferencias con el título De Joseph Ratzinger a Benedicto XVI, pronunciadas en el Instituto Internacional de Ciências Sociais de São Paulo del 25 al 29 de julio de 2011, así como a algunas sesiones durante los meses siguientes: en la Universidad de Piura, la Facultad Civil y Eclesiástica de Teología de Lima, la Universidad

8 J. Echevarría, entrevista con C. Cavalieri, *Nuestro Tiempo*, 612, junio de 2005, p. 39.

9 M. Lago, "Dos cardenales y un teólogo retratan al Papa", *Zenit*, 22 de mayo de 2008.

de La Sabana en Bogotá y encuentros teológicos en Praga, México, Quito, Bogotá, Lima y Cuzco.

Mi sintonía inicial con Ratzinger empezó con el tono existencialista y personalista de la *Introducción al cristianismo*, tras los estudios sobre estas corrientes de la filosofía.[10] Seguí después con un acercamiento biográfico a la figura del teólogo alemán,[11] y más adelante me ocupé, en mi tesis doctoral, de la teología fundamental y de las religiones, así como del concepto de teología en el pensamiento de Joseph Ratzinger.[12] A partir de entonces he realizado diversas calas –unos estudios histórico-teológicos– en el pensamiento del teólogo Ratzinger, que fui publicando en diferentes revistas y que he actualizado con la bibliografía posteriormente publicada.[13] Al mismo tiempo, profundizaba en el pensamiento de Martín Lutero y de otros teólogos protestantes, que han resultado ser un interesante contrapunto.[14]

En estas páginas he procurado sintetizar todos mis hallazgos a lo largo de estos más de 10 años de investigación en la vida y el pensamiento de Joseph Ratzinger. Estoy por tanto de modo especial agradecido a los organizadores de este evento, de modo particular a Nicolau Rocha Cavalcanti del Instituto Internacional de Ciências Sociais de São Paulo, a Rudy Albino Assunçao de la también brasileña Universidade Federal de Santa Catarina, a Miguel Ferré Trenzano del Programa de Alta Dirección (PAD) de la

10 Cf. *Hacer arte, interpretar el arte. Estética y hermenéutica en Luigi Pareyson*, Pamplona, EUNSA, 1998; "Luigi Pareyson (1918-1991): un itinerario filosófico", *Espíritu*, LI/126, 2002, pp. 241-257; "Arte, verdad e interpretación en Luigi Pareyson", *Anuario filosófico*, XXXV, 2002-2003, pp. 753-788; "Los Karamazov discuten. Dios y el mal en Dostoievski", *Espíritu*, LIII, 2004, pp. 77-85.

11 *Joseph Ratzinger. Una biografía*, Pamplona, EUNSA, 2004; traducción al portugués: *Joseph Ratzinger: uma biografia*, Emérico da Gama (trad.), Henrique Elfes (selec. de textos), São Paulo, Quadrante, 2005.

12 *Joseph Ratzinger. Razón y cristianismo. La victoria de la inteligencia en el mundo de las religiones*, José Morales (pról.), Madrid, Rialp, 2005; *Joseph Ratzinger: vida y teología*, Madrid, Rialp, 2006.

13 *La teología de Joseph Ratzinger. Una introducción*, Madrid, Palabra, 2011; *Joseph Ratzinger-Benedicto XVI. Un mapa de sus ideas*, mons. Jesús Sanz Montes (pról.), Madrid, Biblioteca de Autores Cristianos, 2012.

14 Sobre todo *La Cena del Señor. La Eucaristía en el diálogo católico-luterano después del concilio Vaticano II*, Pamplona, EUNSA, 2009.

Universidad de Piura, a Carlos Rosell de Almeida de la Facultad Civil y Eclesiástica de Teología de Lima y a Bogdan Piotrovski Noberciak de la Universidad de La Sabana en Bogotá, así como a los organizadores de las distintas jornadas teológicas.

São Paulo, julio de 2011-Pamplona, mayo de 2012

Estas páginas corresponden a un curso impartido en Praga y en las mencionadas ciudades americanas. Fueron publicadas como *De Joseph Ratzinger a Benedicto XVI. Cinco instantáneas de su pensamiento*, Instituto Brasileiro de Filosofia e Ciência Raimundo Lúlio, São Paulo, 2012; Conferencia Episcopal Ecuatoriana, Quito, 2012; reproducido en *En el umbral del año de la fe. Las raíces del hombre creyente*, México, CIAT, 2012, pp. 42-165. Al haberse agotado estas ediciones proponemos ahora una reedición, tras la muerte del que fue Papa Emérito y como un homenaje a su persona y su pensamiento.

Mi agradecimiento a Luis-Fernando Valdés y a los editores, por su generosa ayuda y por la posibilidad de cruzar de nuevo el Atlántico.

Ciudad de México-Pamplona, abril de 2024

I. Formación[1]

Junto a sus padres, quienes dejaron una profunda huella en su personalidad y en su modo de pensar, recordaba Joseph Ratzinger como uno de sus principales maestros a Mozart. "Cuando en nuestra parroquia de Traunstein, en los días de fiesta, tocaban una misa de Mozart, a mí, que era un niño pequeño que venía del campo, me parecía como si estuvieran abiertos los cielos".[2] La música del genial compositor de Salzburgo constituyó así una de las

1 Publicado como "Los maestros de Joseph Ratzinger", *Humanitas: revista de antropología y cultura cristiana*, 14 (54), 2009, pp. 289-306. Mi agradecimiento se dirige a Jaime Aldunate, de la Universidad Católica de Santiago de Chile, así como a las orientaciones del profesor José Morales y Josep-Ignasi Saranyana de la Universidad de Navarra.

2 "Mein Mozart", *Kronen Zeitung*, 6 de enero de 2006; después en *Alfa y Omega*, 438, 26 de enero de 2006, p. 40. Sobre este tema pueden verse: A. Nichols, *The theology of Joseph Ratzinger: an introductory study*, Edimburgo, T. & T. Clark, 1988, pp. 27-65; F. Schüsler Fiorenza, "From theologian to pope: A personal view back, past the public portrayals", *Harvard Divinity Bulletin*, 33 (2), 2005, pp. 56-62; y mis anteriores aproximaciones: *Joseph Ratzinger. Una biografía*, Pamplona, EUNSA, 2004, pp. 47-57; *Joseph Ratzinger. Razón y cristianismo*, Madrid, Rialp, 2005, pp. 34-38, 41-56; "Joseph Ratzinger. Un retrato teológico", en C. Palos y C. Cremades, *Perspectivas del pensamiento de Joseph Ratzinger*, Diálogos de Teología VIII, Valencia: Edicep, 2006, pp. 27-68; F. Kerr, "Comment: Ratzinger's Thomism", *New blackfriars*, 89 (22) 2008, pp. 367-368; J. Corkery, "Joseph Ratzinger's theological ideas: 1. Origins: A teologian emerges", *Doctrine and life*, 56 (2), 2006, pp. 6-14; *id.*, "Joseph Ratzinger's theological ideas: 2. The facial features of a theological corpus", *Doctrine and life*, 56 (4), 2006, pp. 2-12; M. C. Hastetter, "Einheit aller Wirklichkeit. Die Bedeutung des symphonischen Denkens des Mozarts der Theologie 'für die Pastoral'", en M. C. Hastetter, C. Ohly, G. Vlachonis (eds.), *Symphonie des Glaubens*, St. Ottilien, Eos, 2007, pp. 15-50; T. Rowland, *La fe de Ratzinger. La teología del papa Benedicto XVI*, Granada, Nuevo Inicio, 2008, pp. 43-63; U. Casale, "Introduzione", en *Fede, ragione, verità e amore. La teologia di Joseph Ratzinger. Un'antologia*, Turín, Lindau, 2009, pp. 9-24; T. P. Rausch, *Pope Benedict XVI. An introduction to his theological*

primeras lecciones recibidas. Todavía muchos años después de ese primer encuentro añadía: "Su música –tan brillante y, al mismo tiempo, tan intensa– todavía me sigue haciendo vibrar de emoción. No es un simple *divertimento*: la música de Mozart encierra todo el drama de ser hombre".[3] No en vano se ha dicho del Papa-teólogo que es "el Mozart de la teología".[4] Pero ¿quiénes fueron sus maestros? En estas páginas ofrecemos una breve reseña biográfica e histórica de las posibles influencias que ha podido recibir Joseph Ratzinger como teólogo.

I.I. Primeros maestros

Una vez acabada la guerra y curtido con esta dura experiencia, el joven Joseph decide ir –en 1946, después de navidad– al seminario de Frisinga, a unos 30 kilómetros de Múnich. Aquél era un ambiente culto. "En la casa se oía mucha música y, con ocasión de algunas fiestas, se representaban obras de teatro. Pero quedan, sobre todo, como preciosos recuerdos en mi memoria, las grandes fiestas litúrgicas en la catedral y la oración en silencio en la capilla del seminario".[5] Música, arte, liturgia, filosofía, oración y lecturas (Goethe y Schiller, Bernanos y Dostoievski, Claudel y Le Fort, entre otros muchos), junto a filosofía y teología, constituían el principal currículo de esos estudios, que le marcarán profundamente en su modo de ver y entender la realidad.

> Resultó de gran ayuda para nosotros –continuaba– el curso en cuatro semestres sobre historia de la filosofía de un profesor todavía joven, Jacob Fellmaier, que logró transmitirnos una completa visión de conjunto sobre toda la indagación del espíritu humano desde Sócrates y los presocráticos

vision, Nueva York/Mahwah, Paulist Press, 2009, pp. 42-55; P. Blanco, *Benedicto XVI, el Papa alemán*, Planeta, Barcelona, 2011, pp. 119-126, 141-152.

3 J. Ratzinger, *La sal de la tierra*, Madrid, Palabra, 1997, p. 52.

4 J. Meisner, "Benedikt XVI. ist der 'Mozart der Theologie'" [en línea], disponible en <www.kath.net.de> (consulta: 20 de abril de 2005).

5 J. Ratzinger, *Mi vida. Recuerdos (1927-1997)*, Madrid, Encuentro, 1997, p. 57.

hasta el presente, ofreciéndonos así unos fundamentos por los que, todavía hoy, estoy agradecido.[6]

Newman y Guardini

Allí, en Frisinga, conoce a Alfred Läpple (n 1915), quien será su principal mentor en estudios y lecturas durante esos primeros años. "Tú me abriste los ojos a la filosofía –le escribía en una carta, ya como cardenal en 1995–. [...] Por medio de la traducción de la *quaestio disputata* de santo Tomás sobre el amor, me has conducido al conocimiento por las fuentes".[7] Entre los pensadores modernos a los que Ratzinger se acercó, se encontraba Theodor Steinbuchel (1888-1949), autor de *El giro radical del pensamiento* (1936). Este libro anunciaba una vuelta a un pensamiento metafísico abierto a la trascendencia, tal como rezaba la dedicatoria: "Para una nueva Alemania; para un mundo mejor que respete a Dios".[8] El contexto en que fue escrito era el del nacionalsocialismo, por lo que esta reivindicación de la verdad en un mundo hostil se convertía en todo un símbolo de la lucha contra la "dictadura del relativismo", predicada por el régimen nazi. Proponía Steinbuchel el principio de la vuelta a Cristo, también en la ética, como fundamento de todo nuevo orden. Tenía una clara conciencia de que la paz y la libertad sólo eran posibles por medio de la verdad. Y esa verdad y libertad únicamente podían encontrarse, en su totalidad, en Cristo (cf. Jn 14,5. 3, 32; Ga 2,20).[9]

---

6 *Ibid.*, p. 56.

7 "Glückwunschschreiben zu meinem 80. Geburtstag (23.6.1995)", en A. Läpple, *Benedikt XVI. und seine Wurzeln. Was sein Leben und seinen Glauben prägte*, Augsburgo, Sankt Ulricht, 2006, pp. 56-57. También aparecen recuerdos de otro conocido teólogo en "Erinnerungen zn Kardinal Leo Scheffczyk von Papst Benedikt XVI", *Forum Katholische Theologie*, 23 (4), 2007, pp. 241-244.

8 P. Seewald, "Befreiung und Aufbruch", en P. Seewald (ed.), *Der deutsche Papst*, Augsburgo, Bild, 2005, p. 44.

9 Cf. A. Läpple, *Benedikt XVI. und seine Wurzeln*, pp. 44, 45-47, 50.

También recordaba Ratzinger de esos años su encuentro con las obras del inglés John Henry Newman (1801-1890), a quien, como Papa, llegará a beatificar en 2010.

> La doctrina de Newman sobre la conciencia se convirtió para nosotros en el fundamento del personalismo teológico, que nos atrajo con toda su capacidad de fascinación. Nuestra imagen de la persona, así como nuestra concepción de la Iglesia, estuvieron marcadas por este punto de partida. Habíamos sufrido las pretensiones de un sistema totalitario, que se entendía a sí mismo como la plenitud de la historia y negaba la conciencia del individuo; alguien había dicho a su superior: "¡No tengo conciencia! Mi conciencia es Adolf Hitler". La ruina del hombre, que esto traía consigo, saltaba a la vista.[10]

Sin embargo, sigue explicando Ratzinger, este llamamiento a la voz de la conciencia por parte de Newman no supone un refugiarse en la propia subjetividad, sino una búsqueda constante de la verdad con las luces de la propia razón.

> Newman, en cuanto hombre de conciencia, se había convertido; fue su propia conciencia la que le condujo a las raíces y a las antiguas certezas dentro del mundo (para él difícil y desacostumbrado) del catolicismo. Sin embargo, precisamente esta subjetividad no tiene nada que ver con la subjetividad, sino más bien con la obediencia a una verdad objetiva.[11]

---

10 J. Ratzinger, "Discorso introduttivo alla III giornata del simposio di Newman (28 de abril de 1990)", *Euntes docete*, XLIII, 1990, p. 431.

11 *Ibid.*, p. 433. Sobre la influencia del intelectual inglés, puede verse también H. Verweyen, *Joseph Ratzinger-Benedikt XVI. Die Entwicklung seines Denkens*, Darmstadt, Wissenschaftliche Buchgesellschaft, 2007, pp. 108-109.
Años después afirmaba, ya como Papa, sobre el "maestro en enseñarnos que la primacía de Dios es la primacía de la verdad y del amor": "Newman recibió la gracia de la conversión, encontrando descanso en el pensamiento de dos seres absolutos y luminosamente evidentes en sí mismos, yo y mi Creador" (J. H. Newman, *Apologia pro vita sua*, Milán, 2001, pp. 137-138). Descubrió por tanto la verdad objetiva de un Dios personal y viviente, que habla a la conciencia y revela al hombre su condición de criatura. Comprendió su propia dependencia en

La "cuestión de la verdad" y la consiguiente crítica al relativismo se encontraban en el origen del camino de este autor inglés y en el de otro notable maestro alemán.

Como es bien sabido, otro gran tema de la teología de Ratzinger lo constituye la liturgia. "Una de mis primeras lecturas, después de comenzar los estudios de teología a principios de 1946, fue la primera de las obras de Romano Guardini, El espíritu de la liturgia, un pequeño volumen publicado en la Pascua de 1918".[12] En la obra de este profesor y predicador alemán de origen italiano confluían el interés por el arte y el pensamiento, tanto teológico como filosófico. No elaboró un pensamiento sistemático, sino que fue analizando los distintos problemas de la actualidad, girando en torno a ellos: libertad y obediencia, oración y liturgia, Iglesia y mundo moderno, verdad y razón.[13] Guardini fue uno de los primeros –valoraba Ratzinger años después– en decidirse por "una orientación libre en la teología". Durante el

el ser de Aquel que es el principio de todas las cosas, encontrando así en Él el origen y el sentido de su identidad y singularidad personal. Es esta experiencia particular la que constituye la base para la primacía de Dios en la vida de Newman. El horizonte de la primacía de Dios marca en profundidad también las numerosas publicaciones de Newman. En el ensayo sobre el desarrollo de la doctrina cristiana, escribió: "Hay una verdad; hay una sola verdad; [...] la búsqueda de la verdad no debe ser satisfacción de curiosidades; la adquisición de la verdad no se parece en nada a la excitación de un descubrimiento; nuestro espíritu está sometido a la verdad, no es, por tanto, superior a ella, y debe no tanto disertar sobre ella sino venerarla" (J. H. Newman, *Lo sviluppo della dottrina cristiana*, Milán, 2002, pp. 344-345). La primacía de Dios se traduce, para Newman, en la primacía de la verdad, una verdad que debe buscarse ante todo disponiendo la propia interioridad a la acogida, en un intercambio abierto y sincero con todos, y que encuentra su culmen en el encuentro con Cristo, "camino, verdad y vida" (Jn 12,6). ("Mensaje a congreso sobre John Henry Newman", Roma, 22 de noviembre de 2010).

12 J. Ratzinger, *El espíritu de la liturgia. Una introducción*, Madrid, Cristiandad, 2001, p. 33.

13 Cf. A. López Quintás, "Romano Guardini", *Gran enciclopedia Rialp*, XI, Madrid, Rialp, 1979, pp. 386-387; J. L. Illanes, "La teología en las épocas moderna y contemporánea", en J. I. Saranyana y J. L. Illanes, *Historia de la teología*, Madrid, BAC, 1995, pp. 336-337; H. B. Gerl, *Romano Guardini. La vita e l'opera* (1985), Brescia, Morcelliana, 1988, pp. 98-99; A. Bellandi, *Fede cristiana come stare e comprendere. La giustificazione dei fondamenti della fede nelle opere di Joseph Ratzinger*, pro manuscripto, Roma, Università Gregoriana, 1993, pp. 351-352; C. Dotolo, "Romano Guardini", en R. Fisichella (ed.), *Storia della teologia* III: *Da Vitus Pichler a Henri de Lubac*, Roma, Edizioni Dehoniane, 1996, pp. 717-731; T. Schereijäck, "Romano Guardini", en E. Coreth *et al.*, *Filosofía cristiana en el pensamiento católico de los siglos XIX y XX* (1988), III: *Corrientes modernas del siglo XX*, Madrid, Encuentro, 1993, pp. 189-203; T. P. Rausch, *Pope Benedict XVI. An introduction to his theological vision*, pp. 69-70.

periodo que abarca más o menos de 1920 a 1960, suscitó un enorme interés por la Iglesia, por poder pensar y creer en ella. "En Guardini esto procede de haberse quitado la venda de los ojos, y comprobar de repente: '¡Pero si todo es completamente distinto!'. Esto no es infantilismo, sino valentía y libertad para oponerse a las opiniones dominantes",[14] concluía Ratzinger.

El *praceptor Germaniae* –como fue llamado Guardini en su época– venía a recordar la importancia de la Iglesia reunida en torno a la celebración de la Eucaristía, al mismo tiempo que volvía a la cuestión de la verdad y a la capacidad humana de alcanzarla por medio de la razón. Latía aquí, de nuevo, la cuestión de la "dictadura del relativismo". La importancia de la obra de Romano Guardini –recordaba también en un homenaje realizado en los años ochenta– consiste en la decisión con que él sostiene, contra todo historicismo y pragmatismo, que existe una capacidad de verdad por parte del hombre y una necesaria referencia a la verdad por parte de la filosofía y la teología. Defendía así, de modo apasionado, esta instancia veritativa del ser humano y de su conocimiento, y concluía del siguiente modo: "La última aparición pública de Guardini –su discurso con motivo de su octogésimo cumpleaños– fue dedicado una vez más al tema de la verdad, y puede ser considerado como una especie de testamento espiritual".[15] Era éste su gran tema: la prioridad del *logos* sobre el *ethos*, tal como propuso en el último capítulo de su libro sobre la liturgia. La influencia de Guardini en Ratzinger será enorme, no sólo por las continuas referencias que nuestro teólogo realiza a la obra del pensador italo-germánico. En esto existe, sin embargo, un necesario matiz.[16]

Al hacer una valoración de su pensamiento, Ratzinger escribió lo siguiente:

---

[14] J. Ratzinger, *Dios y el mundo. Creer y vivir en nuestra época. Entrevista con Peter Seewald,* 2000), Barcelona, Galaxia Gutenberg-Círculo de Lectores, 2002, p. 341.

[15] *Natura e compito della teologia. Il teologo nella disputa contemporanea. Storia e dogma,* Milán, Jaca Book, 1993, p. 83, n 20. Cf. también A. Bellandi, *Fede cristiana come stare e comprendere,* pp. 332-335.

[16] "Guardini fue profesor de teología en Múnich de 1948 a 1963, cuando Ratzinger era todavía estudiante. Sin embargo, parece ser que al joven no le fascinaron tanto las clases como su luminosa personalidad y sus brillantes escritos" (J. E. M. Terra Joao, *Itinerario teologico di Benedetto XVI,* Apostolato della Preghiera, 2007, p. 37).

> El ansia de buscar [la verdad] no le llevaba jamás a un pensamiento arqueológico; ésta era –como las clases y homilías de Guardini– la expresión de una pregunta y de una esperanza. Guardini, el autodidacta *(der "Selbstdenker")*, no tenía la más mínima pretensión académica (*Wissenschaftlichkeit)*; él en realidad se preguntaba –con otra seriedad y otra honradez– qué era verdad y qué no lo era.[17]

La liturgia, la verdad y la razón –que recalan en Cristo– constituyen unas buenas pistas que Guardini ofrece a nuestro joven teólogo, quien las aprovechará y desarrollará extensamente. En una ponencia titulada *De la liturgia a la cristología*, tras hacer algunas consideraciones sobre la objetividad de la liturgia,[18] recordaba Ratzinger el punto de partida de Guardini: Agustín y Buenaventura, la fenomenología –por sugerencia del mismo Scheler–, la dinámica de lo "vivo y concreto" y su clara oposición al neokantismo y al liberalismo.[19] El punto de llegada será el mismo Cristo –la Verdad encarnada–, abordado en su obra de síntesis titulada *El Señor* (1937). "Guardini puede formular –concluye– 'la libertad es la verdad'. La verdad de las personas supone la esencia, el sentido *(Wesentlichkeit, Seinsgemäßheit)* [...]. Lo importante es que la verdad es una categoría fundamental de su pensamiento y que el pensamiento estaba unido a la adoración".[20]

---

17 J. Ratzinger, "Vortwort", en J. Ratzinger (ed.), *Wege zur Wahrheit. Die bleibende Bedeutung von Romano Guardini*, Düsseldorf, Patmos, 1985, p. 7; cf. J. E. M. Terra Joao, *Itinerario teologico di Benedetto XVI*, pp. 36-37.

18 Cf. J. Ratzinger, "Vortwort", pp. 125-128.

19 *Ibid.*, pp. 128-133.

20 *Ibid.*, 135; cf. también 136, 143-144; S. Zucal, "Ratzinger e Guardini, un incontro decisivo", *Vita e pensiero*, 91 (4), 2008, pp. 79-88; F.-X. Heibl, "Theologische Denker als Mittarbeiter der Wahrheit-Romano Guardini and Papst Benedikt XVI", en *Mitteilungen des Institut Papst Benedikt XVI*, 1, 2008, pp. 59-88.
Ya como Papa, destacó que "al teólogo no le interesaba conocer algo o multitud de cosas; él quería conocer la verdad de Dios y la verdad sobre el hombre", descubrir qué significaba la visión cristiana del mundo. "Y ésta era la orientación de sus enseñanzas que causó impacto entre nosotros, los jóvenes de entonces; de hecho, no deseábamos conocer una explosión de todas las opiniones que existían dentro o fuera de la cristiandad, porque nosotros queríamos conocer lo que es. Y en él encontramos a alguien que, sin temor y al mismo tiempo con toda la seriedad del pensamiento crítico, se planteaba esta pregunta y nos ayudaba a seguir

Existencia y persona

Amor, verdad y belleza se encuentran a su vez vinculados a los conceptos de persona y de existencia. Es ésta una constante del pensamiento de Ratzinger, tal como puede apreciarse en sus mismas fuentes. Como hemos mencionado ya, tuvo también en Frisinga otras muchas lecturas en aquellos años: las novelas de Dostoievski y Gertrude von Le Fort, la literatura francesa del momento (representada por Claudel y Bernanos), a la vez que mantenía también un gran interés por las teorías científicas de Einstein o Heisenberg, por ejemplo. Además, "en el campo teológico y filosófico, Romano Guardini, Josef Pieper, [o los incorporados al catolicismo] Theodor Häcker y Peter Wust eran los autores cuyas voces nos sonaban más cercanas".[21] También se aproximó a otros filósofos del momento: aparte de la "filosofía del diálogo" de Ebner y

el pensamiento". Aunque la verdad de Dios "no es abstracta o trascendente, sino que se encuentra en una concreción viva, la figura de Jesús". "Guardini era un hombre de diálogo –añadió–. Sus obras, sin excepción, nacieron de un diálogo sobre todo interior. De la apertura de la persona hacia la verdad, para Guardini surge un *ethos*, un fundamento para nuestro comportamiento moral en relación con nuestro prójimo, como exigencia de nuestra existencia. Precisamente porque el hombre puede encontrar a Dios, puede actuar tendiendo al bien" ("Discurso al congreso sobre Romano Guardini", Roma, 31 de octubre de 2010).

Guardini, afirmó Benedicto XVI, fue también un pedagogo sensible para los jóvenes. Sus ideales de autodeterminación, responsabilidad, sinceridad interior, los purificaba y los profundizaba enseñando que la "libertad es verdad" y que el hombre es verdadero si lo es según su naturaleza que conduce a Dios. Por otra parte, con su acompañamiento a los jóvenes, Guardini buscó también un nuevo acercamiento a la liturgia. "El redescubrimiento de la liturgia era para él redescubrimiento de la unidad entre espíritu y cuerpo en la totalidad del hombre completo. De hecho, la actitud litúrgica es siempre actitud física y espiritual. La oración se amplía con la acción física y comunitaria, y de esta forma la unidad se abre a toda la realidad". El obispo de Roma concluyó reflexionando sobre "la perenne actualidad de la relación entre la fe y el mundo", centro del pensamiento del teólogo *(Ibid.)*.

"En sus diálogos con la juventud, particularmente en el Castillo de Rothenfels, que entonces gracias a Guardini se había convertido en el centro del movimiento juvenil católico, el sacerdote y educador llevó adelante los ideales del movimiento juvenil como la autodeterminación, la propia responsabilidad y la disposición interior a la verdad; él los purificó y profundizó. Libertad. Sí, pero libre es sólo –nos decía– el que es 'completamente lo que debe ser según su naturaleza'. [...] Libertad es verdad" (J. Ratzinger [ed.], *Wege zur Wahrheit*, 20). La verdad del hombre es para Guardini esencialidad y conformidad al ser. El camino lleva a la verdad cuando el hombre ejerce "la obediencia de nuestro ser respecto al ser de Dios" (*Ibid.*, p. 21). Esto sucede últimamente en la adoración, que para Guardini pertenece al ámbito del pensamiento" ("Discurso al congreso sobre Romano Guardini", Roma, 31 de octubre de 2010).

21 *Mi vida*, p. 55.

Buber, "me interesaron mucho [el existencialismo de] Jaspers y Heidegger, y el personalismo en su conjunto. [...] Éste fue clave para mí. Y como contrapartida, me apasionaron –también desde el principio– Tomás de Aquino y san Agustín",[22] sin renunciar por ello tampoco al nihilismo de Nietzsche, al espiritualismo de Bergson o al pensamiento de otros tantos filósofos.[23] El arte, la ciencia y la filosofía han permanecido siempre como fuentes de inspiración del teólogo Joseph Ratzinger.

Por aquel entonces, el existencialismo y el personalismo promovían un renovado interés por el lugar del hombre en la filosofía y la teología. Junto a los movimientos bíblico y litúrgico, se podría hablar de un auténtico movimiento antropológico y personalista. Además de buscar un nuevo lenguaje, se estaba profundizando en el concepto de persona.[24] Ratzinger se había contagiado con esta nueva sensibilidad. "El encuentro con el personalismo [...] fue un acontecimiento que marcó profundamente mi itinerario espiritual, aun cuando el personalismo, en mi caso, se unió por sí solo al pensamiento de san Agustín quien, en las *Confesiones*, me salió al encuentro en toda su apasionada y profunda humanidad".[25] En efecto, la lectura de san Agustín fue una continua fuente de inspiración. "Agustín me ha acompañado durante más de 20 años –escribía en 1969–. He desarrollado mi teología dialogando con Agustín, aunque naturalmente he intentado sostener este diálogo como un hombre de hoy".[26] Ratzinger completa su valoración del obispo de Hipona –poeta, pastor y pensador– del siguiente modo: "Pocos santos se nos presentan tan cercanos, a pesar de la distancia de los años, como san Agustín. En

[22] *La sal de la tierra*, p. 66; cf. A. Läpple, *Benedikt XVI. und seine Wurzeln*, pp. 45-51.

[23] *Ibid.*, pp. 28-51. Sobre este tema puede verse el artículo de Läpple titulado "Theologie als Krisis und Wagnis des Theologen", Die Besinnung, 1-2, 1947, pp. 52-60, en A. Läpple, *Benedikt XVI. und seine Wurzeln*, pp. 28-41.

[24] Cf. A. Dondeyne, "Le filosofie esistencialiste", en R. Vander Gucht y H. Vorgrimler (eds.), *Bilancio della teologia del XX secolo*, I, Roma, 1972, pp. 306-307; R. Tura, "La teologia di J. Ratzinger. Saggio introduttivo", pp. 177-178; A. Rigobello, "Personalismo", *Dizionario Teologico Interdisciplinare*, II, Milán, Marietti, 1982, pp. 726-730.

[25] *Mi vida*, p. 56; *La sal de la tierra*, p. 67.

[26] J. Ratzinger, "Glaube, Geschichte und Philosophie. Zum Echo der Einführung in das Christentum", *Hochland*, 61, 1969, p. 543.

sus obras podemos encontrar todas las cimas y profundidades de lo humano, todas las preguntas, pesquisas e indagaciones que todavía hoy nos conmueven. No sin razón se le ha llamado el primer hombre moderno".[27]

Agustín y Tomás, latín y griego, música y liturgia, ciencia y literatura, filosofía del diálogo, personalismo y existencialismo, así como un declarado entusiasmo por la "cuestión de la verdad": éste era el bagaje intelectual del joven seminarista que se iniciaría en las lides de la teología en Múnich. Vivió con intensidad aquellos años, que él mismo califica como "un periodo de la historia de la Iglesia, en Alemania, en que todo estaba lleno de alegría. En la Iglesia, en la teología, había entusiasmo para abrir nuevas puertas a Cristo; no para continuar con el pasado, sino para seguir adelante con toda la riqueza del don del Señor".[28] En opinión de Ratzinger, a pesar del generalizado clima de optimismo y renovación, empezaban a surgir ciertos problemas en el ambiente general de la Iglesia y de la cultura alemanas, que no se

27 *Cooperadores de la verdad. Reflexiones para cada día del año*, Madrid, Rialp, 1991, p. 394. Sobre la influencia del pensamiento agustiniano en nuestro autor, puede verse: N. Cipriani, "Sant'Agostino nella riflessione teologica di J. Ratzinger", *PATH*, 6 (1), 2007, pp. 9-26. Siendo obispo de Roma, volvía a insistir en la figura del obispo de Hipona como eterno buscador de la verdad: "San Agustín fue un hombre que nunca vivió con superficialidad; la sed, la búsqueda inquieta y constante de la verdad es una de las características de fondo de su existencia; pero no la de las 'pseudo-verdades' incapaces de dar paz duradera al corazón, sino de esa verdad que da sentido a la existencia y es la 'morada' en la que el corazón encuentra serenidad y alegría. El suyo, lo sabemos, no fue un camino fácil: creyó encontrar la verdad en el prestigio, en la carrera, en la posesión de las cosas, en las voces que le prometían la felicidad inmediata; cometió errores, atravesó tristezas, afrontó fracasos, pero nunca se detuvo, nunca se contentó con lo que le venía al encuentro: solamente buscaba un indicio de luz; supo mirar en lo íntimo de sí mismo y se dio cuenta, como escribe en sus *Confesiones*, de que esa verdad, ese Dios que buscaba con sus fuerzas era más íntimo a él que él mismo, había estado siempre a su lado, nunca le había abandonado, estaba a la espera de poder entrar de forma definitiva en su vida (cf. III, pp. 6, 11; X, pp. 27, 38). Como decía, comentando el reciente film sobre su vida, san Agustín comprendió, en su inquieta búsqueda, que no era él quien había encontrado la Verdad, sino que la propia verdad, que es Dios, lo persiguió y lo encontró (cf. *L'Osservatore Romano*, 4 de septiembre de 2009, p. 8). Romano Guardini, comentando un pasaje del capítulo tercero de las *Confesiones*, afirma: "san Agustín comprendió que Dios es 'gloria que nos pone de rodillas, bebida que extingue la sed, tesoro que hace felices, [él tuvo] la pacificadora certeza de quien finalmente ha comprendido, pero también la bienaventuranza del amor que sabe: esto es todo y me basta' (*Pensatori religiosi*, Brescia, 2001, p. 177)" ("Audiencia general", Castelgandolfo, 25 de agosto de 2010).

28 *El cardenal Ratzinger en la Universidad de Navarra. Discursos, coloquios y encuentros* (pro manuscripto), Pamplona, Facultad de Teología, 1998, p. 65.

pueden obviar y con los que él mismo debió enfrentarse. "Después de la segunda Guerra Mundial, la situación duró todavía algún tiempo, pero enseguida vino un bienestar que llegó todavía más lejos que [el de] la *Belle Époque*, Surgió entonces una especie de neoliberalismo y, de repente, reapareció ese cristianismo algo anticuado, desfasado y anacrónico, tal como era antes de la primera Guerra Mundial".[29]

I.II. "Los grandes maestros"

Ratzinger no ha podido desarrollar un pensamiento sistemático en sentido estricto, aunque sí puede apreciarse una cierta organicidad en sus desarrollos teológicos, tal como exponemos en estas páginas.

> Yo nunca he buscado tener un sistema propio o crear nuevas teorías –afirmaba en 1996–. Quizá lo específico de mi trabajo podría consistir en que me gusta pensar con la fe de toda la Iglesia, y eso supone, para empezar, pensar con los grandes pensadores de la fe. [...] Yo no podría hacer teología puramente filosófica. Para mí, lo primero de todo, el punto de partida es el Verbo. Creer en la palabra de Dios y poner empeño en conocerla a fondo, ahondar en ella y entenderla, para después reflexionar junto a los grandes maestros de la fe. Por eso, mi teología tiene cierto carácter bíblico e incluso patrístico, sobre todo agustiniano. Pero procuro, como es natural, no quedarme en la Iglesia primitiva; lo que intento es subrayar los aspectos más relevantes de su pensamiento y entablar al mismo tiempo un diálogo con el pensamiento contemporáneo.[30]

---

29 *La sal de la tierra*, p. 190.

30 *Ibid.*, p. 72.

Agustín de Hipona

La teología de Joseph Ratzinger será siempre una "con-teología", una teología en continuo diálogo con la fe de la Iglesia y con otros autores, clásicos y modernos. En sus años de formación –y no sólo, tal como se puede apreciar en su extensa obra– tuvieron especial relevancia los autores que su maestro Söhngen llamó los "tres grandes maestros": Agustín, Tomás y Buenaventura.[31]

> "Después del examen final de los estudios teológicos –recordaba él mismo–, en el verano de 1950, me fue propuesto inesperadamente un encargo que trajo consigo una vez más un cambio de orientación de toda mi vida. En la facultad de teología era costumbre que cada año se propusiese un tema a concurso, cuyo desarrollo debía elaborarse en el espacio de nueve meses [...]. El tema elegido por mi maestro [Gottlieb Söhngen] fue: 'Pueblo y casa de Dios en la enseñanza sobre la Iglesia en san Agustín'. Puesto que en los años anteriores me había entregado asiduamente a la lectura de los Padres, y había frecuentado también un seminario de Söhngen sobre san Agustín, pude lanzarme a la aventura.[32]

Parecía un tema escogido a su medida, pues el santo obispo de Hipona –tal como acabamos de subrayar– había sido, desde el principio, uno de sus inspiradores principales.

Las influencias contemporáneas venían también del otro lado de la frontera. En 1948, Ratzinger lee *Surnaturel* (1946), un conocido estudio de Henri de Lubac (1896-1991) sobre la relación entre gracia y libertad, entre lo natural y lo sobrenatural en la vida cristiana.[33] Aprecia en esa obra la unión

31 Cf. J. Ratzinger, *Convocados en el camino de la fe*, Madrid, Cristiandad, 2004, p. 27.

32 *Mi vida*, p. 73. Existe una sospecha de platonismo en el pensamiento de Joseph Ratzinger; sobre este tema puede verse: A. Nichols, *The theology of Joseph Ratzinger: an introductory study*, pp. 26-50; H. Verweyen, *Joseph Ratzinger-Benedikt XVI. Die Entwicklung seines Denkens*, Darmstadt, Wissenschaftliche Buchgesellschaft, 2007, pp. 23-24; *La cristología de J. Ratzinger-Benedicto XVI a la luz de su biografía teológica*, Barcelona, Cuadernos CJ, 2008, pp. 9-11; T. P. Rausch, *Pope Benedict XVI. An introduction to his theological vision*, Nueva York-Mahwah, Paulist Press, 2009, pp. 42-47, 148-149.

33 Cf. *Mi vida*, p. 52.

entre espiritualidad y rigor científico, entre el conocimiento intelectual y el "deseo de ver a Dios".[34] En otoño de 1949, el joven estudiante lee también *Catolicismo. Aspectos sociales del dogma* (1938), un ensayo del teólogo francés sobre la dimensión social y universal de la Iglesia.[35]

> Este libro se convirtió para mí –comentaba Ratzinger– en una lectura de referencia. No sólo me transmitió una nueva y más profunda relación con el pensamiento de los Padres, sino también una nueva y más profunda mirada sobre la teología y sobre la fe en general. La fe era ahora una visión interior, actualizada precisamente gracias a pensar junto a los Padres. En aquel libro se percibía la tácita confrontación con el liberalismo y el marxismo, la dramática lucha del catolicismo francés por abrir brecha en la vida cultural de nuestro tiempo. [...] Me sumergí [en fin] en otras obras de De Lubac –sigue más adelante–, y obtuve provecho sobre todo de la lectura de *Corpus Mysticum*, en la que se me abría un nuevo modo de entender la Eucaristía y la unidad de la Iglesia.[36]

En este texto de 1949, De Lubac profundizaba en las relaciones entre Iglesia y Eucaristía. "La Iglesia y la Eucaristía se hacen la una a la otra todos los días: la idea de la Iglesia y la idea de la Eucaristía deben apoyarse y profundizarse recíprocamente, la una con la ayuda de la otra".[37] Por una parte, aprendió las ideas eclesiológicas de De Lubac: la Iglesia es misterio y sacramento, una realidad radicada en la Eucaristía. Por otro lado, Ratzinger

---

34 Cf. "Le futur Benoît XVI et Henri de Lubac", *Bulletin de la Associtiation Internationale Cardenal Henri de Lubac*, 7, 2005, pp. 7-8.

35 Cf. B. Mondin, *Storia della teologia*, IV, Bolonia, Studio Domenicano, 1997, pp. 462-467; K. H. Neufeld, "Henri de Lubac", en R. Fisichella (ed.), *Storia della teologia*, III, pp. 791-805.

36 *Ibid.*, p. 74. Rowland divide las corrientes teológicas del siglo xx entre los neotomistas (Garrigou-Lagrange), los partidarios del *ressourcement* patrístico y la *nouvelle theologie* (Lubac, Daniélou, Balthasar), y el tomismo trascendental con influencia de Kant, de Rahner y otros: cf. T. Rowland, *La fe de Ratzinger*, pp. 44-52.

37 H. de Lubac, *Corpus Mysticum. L'Eucarestia e la Chiesa nel Medioevo* (1949), Milán, Jaca Book, 1996, p. 13. Sobre Lubac, puede verse también: A. Läpple, *Benedikt XVI. und seine Wurzeln*, pp. 75-76; sobre la correspondencia epistolar entre ambos: "Le futur Benoît XVI et Henri de Lubac", pp. 4-9.

aprendió del autor francés "la vuelta a las fuentes", el beber en los Padres de la Iglesia y confrontar esta lectura con la Escritura. La orientación histórica será determinante en la teología de Joseph Ratzinger.[38] Con la publicación de la *Humani generis* de Pío XII, parecía que el proyecto de De Lubac se derrumbaba, para gran disgusto de Söhngen. Después de vivir una década bajo sospecha, Juan XXIII designó al teólogo francés miembro de la comisión antepreparatoria del concilio.[39] En cualquier caso, lo que ahora quedó claro al joven Ratzinger fue la gran lección de la historia, de gran consideración también en el ámbito de las ciencias sagradas. "Tal vez no haya nada como la conciencia histórica –afirmaba Fisichella, a finales del siglo pasado– que caracterice mejor nuestro siglo".[40]

Múnich era –junto a otras universidades alemanas– un importante centro de estudios históricos, en aquel momento representado en las figuras de Martin Grabmann (1875-1979) y Michael Schmaus (1897-1993). La historia había desembarcado en la teología católica por aquellos años, sobre todo a través del estudio de los Padres de la Iglesia.[41] Se trataba del *resourcement* patrístico, de la "vuelta a las fuentes", cuya influencia había transcendido las fronteras francesas. Ratzinger explicaba el contexto en que comenzó su propia investigación teológica:

> En la Alemania de aquel tiempo se daba un predominio absoluto del pensamiento histórico, y hubiera sido imposible acceder al doctorado en teología sin un estudio histórico. De este modo, era absolutamente indispensable trabajar sobre un tema patrístico, medieval o incluso de la primera época de la modernidad (no posterior, en cualquier caso, a la Revolución francesa).

38 Cf. J. E. M. Terra Joao, *Itinerario teologico di Benedetto XVI*, pp. 42-43.

39 Cf. T. Rowland, *La fe de Ratzinger*, p. 48.

40 R. Fisichella, "Storia: I. Coscienza storica", en R. Latourelle y R. Fisichella (eds.), *Dizionario di teologia fondamentale*, Asís, Citadella, 1990, p. 1177.

41 Cf. G. Thils, *Orientations de la théologie*, Lovaina, Ceuterick, 1958, p. 45.

Por estas razones hice mi primer trabajo sobre san Agustín, y después sobre san Buenaventura.[42]

Se adentraría ahora en la eclesiología agustiniana, pero teniendo también en cuenta el pensamiento histórico de aquel entonces. La influencia de De Lubac en este trabajo resulta indiscutible; el estudio supone todo un recorrido histórico por la patrística, con el fin de rastrear el concepto de "pueblo de Dios" en los siglos III y IV, y de modo especial –como es lógico– en san Agustín. Nichols destacaba cómo en esta idea de Iglesia se unen sus propias ideas filosóficas con las adquisiciones de la teología norteafricana (Tertuliano, Cipriano, Optato de Milevi).[43] "Le interesaba resaltar –señala Saranyana– que no hay oposición entre carisma e institución; que *lex et sacramentum* no se oponen".[44] Lo espiritual y lo material se unirán en la propia eclesiología eucarística. El joven doctorando se había encontrado ya antes con ella y la aplicará también a esta erudita investigación. "Ratzinger encuentra –comenta Nichols– lo que será el motivo central de su eclesiología: en realidad él es –junto con Henri de Lubac– uno de los primeros pensadores católicos que adoptaron una 'eclesiología eucarística' completa, elaborada de modo sistemático".[45]

De Agustín, sintetiza Tura, Joseph Ratzinger ha tomado sobre todo "las intuiciones cristológico-sacramentales a la hora de definir la realidad

---

42 *El cardenal Ratzinger en la Universidad de Navarra*, p. 52. Milbank se refiere a esta recepción de Agustín como un "agustinismo crítico posmoderno": J. Milbank, "Post-modern critical augustinianism: a short *summa* in forty-two responses to unasked questions", *Modern theology*, 7, 1991, pp. 311-333. A pesar de las desaveniencias académicas con motivo de sus investigaciones –afirma un teólogo brasileño–, Ratzinger tendrá en común con Schmaus la claridad, el cristocentrismo, la importancia del concepto de historia de la salvación, la teología de la historia, la eclesiología y la doctrina eucarística (cf. J. E. M. Terra Joao, *Itinerario teologico di Benedetto XVI*, p. 39).

43 Cf. A. Nichols, *The theology of Joseph Ratzinger: an introductory study*, p. 30 y ss.

44 J. I. Saranyana, "Los escritos universitarios del joven Ratzinger (1951-1962)", *Anuario de Historia de la Iglesia*, 15, 2006, p. 29.

45 A. Nichols, *The theology of Joseph Ratzinger: an introductory study*, pp. 47-48; cf. también 44, 50, 246-247.

misteriosa de la Iglesia".[46] En efecto, en el periodo de entreguerras se había desarrollado una eclesiología espiritual (en Guardini o Gertrude von Le Fort, por ejemplo), dejando de lado los aspectos externos e institucionales de la Iglesia. Ratzinger intenta elaborar una reflexión sobre la Eucaristía, donde se une lo más íntimo y lo más externo en la Iglesia.[47] Esta eclesiología –sigue diciendo– ofrece un tema central: "La unión en la Iglesia de lo interno y lo externo, de santidad y estructura visible –también en el gobierno–, unión que tiene como clave la Eucaristía".[48] En definitiva, se trataba de destacar la dimensión sacramental (de algo material que causa la gracia) en la realidad eclesial. La Iglesia sería a la vez pueblo de Dios y cuerpo de Cristo de un modo místico, distinto a su vez de la presencia real en la Eucaristía. Ésta actuaría como elemento aglutinante, como sacramento de comunión dentro de la misma Iglesia, tal como había descubierto el teólogo francés antes mencionado en los maestros medievales en una obra llamada *Corpus Mysticum*.[49] La tesis doctoral fue recibida con todos los honores en el claustro universitario. Un día después, el 29 de junio de 1951, Joseph Ratzinger recibía la ordenación sacerdotal en la catedral de Frisinga, situada junto a su antiguo seminario.[50]

Buenaventura y Tomás de Aquino

> Ahora lo primero que debía hacer era fijar el tema de la habilitación. Gottlieb Söhngen sostuvo que, puesto que en mi doctorado había afrontado un tema de patrística, debía dedicarme ahora a los medievales. Ya que me había dedicado a san Agustín, le parecía natural que trabajase [ahora] en Buenaventura, de quien él se había ocupado con gran profundidad. Y puesto

46 R. Tura, "La teologia di J. Ratzinger. Saggio introduttivo", *Studia Patavina*, 1974, p. 147, n. 1.

47 Cf. A. Nichols, *The theology of Joseph Ratzinger: an introductory study*, pp. 136-139.

48 *Ibid.*, pp. 37-38.

49 Sobre este tema puede verse J. I. Saranyana, "Los escritos universitarios del joven Ratzinger (1951-1962)", pp. 27-29.

50 Cf. *Mi vida*, pp. 74-75; A. Tornielli, *Ratzinger, custode della fede*, Roma, Piemme, 2002, pp. 34-35; P. Blanco, *Joseph Ratzinger*, pp. 57-62.

que mi tesis había abordado un tema de eclesiología, debía pensar ahora en el segundo gran núcleo temático de la teología fundamental: el concepto de Revelación".[51]

Según Balthasar, san Buenaventura es "el que da más cabida en su teología al estudio de la belleza".[52] Tal vez era éste un punto de sintonía. Al igual que Guardini, De Lubac y otros tantos autores de ese tiempo, Ratzinger se ocupaba ahora de este franciscano, contemporáneo de santo Tomás, que seguía fielmente la tradición agustiniana, un "aristotélico neoplatónico", tal como lo entiende el mismo Ratzinger.[53] En él se unían una firme fe y devoción a Jesucristo, con una especulación de corte agustiniano. Buenaventura fue tanto teólogo e intelectual como místico y autor espiritual, además de hombre de gobierno.[54]

Ratzinger se atrevió ahí a criticar la postura personal de Schmaus, y mantuvo la trascendencia de la Revelación respecto al texto bíblico: ésta no se manifestaba de un modo estático, sino dinámico a través de la historia. La Revelación no puede ser reducida a una concepción más o menos amplia de la *sola Scriptura*, y debía superar el abismo conceptual existente entre dogma e historia, exponía el joven investigador.[55] Ahí empezaron los problemas: la

51 *Mi vida*, p. 79.

52 H. U. von Balthasar, *Gloria. Una estética teológica*. II.2: Estilos eclesiásticos, Madrid, Encuentro, 1986, p. 255.

53 Cf. R. Aubert, *La théologie catholique au milieu du XXe siècle*, pp. 513-575; A. Nichols, *The theology of Joseph Ratzinger: an introductory study*, p. 61.

54 Cf. J. I. Saranyana, "Periodo escolástico", en J. I. Saranyana y J. L. Illanes, *Historia de la teología*, pp. 59-63.

55 Cf. A. Nichols, *The theology of Joseph Ratzinger: an introductory study*, pp. 51-65; J. E. M. Terra Joao, *Itinerario teologico di Benedetto XVI*, p. 79; H. Verweyen, *Joseph Ratzinger-Benedikt XVI. Die Entwicklung seines Denkens*, pp. 24-26. Según Rowland, esta concepción se opone a la idea suareciana de Revelación defendida por Schmaus y opuesta a "una postura tomista más clásica" y a la idea de Söhngen de que la fe "se comunicaba a lo largo de la historia": cf. T. Rowland, *La fe de Ratzinger*, pp. 29, 95-96, 121. Sobre este tema de investigación, puede verse: "Offenbarung, Schrift y Überlieferung, Ein Text des heiligen Bonaventura und seine Bedeutung für die gegenwärtige Theologie", *Trierer Theologische Zeitschrift*, 67, 1958, pp. 13-14. Todo el desarrollo de la teología buenaventuriana en torno a este problema ha aparecido recientemente publicado en: *Das Offenbarungsverständnis und di Geschichtstheologie Bonaventuras. Offenbarung und Heilgeschichte nach der Lehre des heiligen Bonaventuras*, 1955,

parte relacionada con la Revelación fue rechazada. Así que, al final y después de los oportunos recortes, quedó tan sólo un interesante estudio sobre teología de la historia.

> Cuando en el otoño de 1953 empecé a preparar el presente estudio, una de las cuestiones que ocupaban un lugar de primer plano en los círculos teológicos católicos de lengua alemana era la relación entre historia de la salvación y metafísica. [...] ¿Cómo puede ocurrir históricamente lo que ya ha ocurrido? ¿Cómo puede tener un significado universal lo que es único e irrepetible? [...] Estas preguntas me cautivaron e intenté hacer una contribución para responderlas.[56]

En el fondo, se trataba de abordar una vez más la relación entre verdad e historia o, en el ámbito teológico, entre historia y dogma. Pero a esto se unía un problema eclesiológico de nuevo. Así que el problema planteado en dicho estudio era si resulta posible para un cristiano cumplir con las ocupaciones de este mundo, es decir, si era posible una especie de utopía cristiana, una síntesis de utopía y escatología que proponía el franciscano Joaquín de Fiore (1135-1202), y que tal vez pueda considerarse la clave teológica en el debate en torno a la teología de la liberación.

"Buenaventura –continúa Ratzinger– ha tomado al respecto una actitud clara y no ha rechazado del todo el pensamiento de Joaquín [de Fiore]. Rechazó las aspiraciones que intentaban dividir Cristo y el Espíritu, la Iglesia organizada según el orden cristológico-sacramental y la Iglesia pneumático-profética de los pobres",[57] la jerárquica de la carismática, en definitiva. De

Gesammelte Schriften. Offenbarungsverständnis und Geschichtstheologie Bonaventuras, Friburgo/Basilea/Viena, Herder, 2009, pp. 53-661; H. Verweyen, *Ein unbekannter Ratzinger. Die Habilitationschrift von 1955 las Schlüssel zu seiner Theologie*, Ratisbona, Pustet, 2010, pp. 13-34.

56 *San Bonaventura. La teologia della storia* (1959), Florencia, Nardini, 1991, pp. 11-12; cf. T. P. Rausch, *Pope Benedict XVI. An introduction to his theological vision*, p. 53; F.-X. Heibl, "Theologische Denker als Mittarbeiter der Wahrheit-Romano Guardini and Papst Benedikt XVI", pp. 61-68; H. Verweyen, *Ein unbekannter Ratzinger*, pp. 24-27.

57 *San Bonaventura. La teologia della storia*, p. 8; cf. J. Murphy, *Christ our joy*, pp. 139-158.

Buenaventura tomó Ratzinger, además, la idea de la centralidad de la *historia salutis*: la idea de la historia de la salvación como clave interpretativa de la Revelación. Ésta será entendida como un proceso histórico progresivo.[58] El Doctor Seráfico –afirmaba Ratzinger– acogió también las propuestas legítimas que proponía el visionario franciscano, al mismo tiempo que rechazaba lo que consideraba en contra de la fe de la Iglesia. Según Nichols, el motivo por el que Ratzinger escogió a este autor era encontrar un buen entendimiento entre historia y metafísica, entre lo ontológico y lo histórico.[59]

> Para Ratzinger –sostenía el autor inglés–, consciente de la gran herencia de la teología de la historia que se encontraba presente en el catolicismo alemán de los siglos XIX y XX [las escuelas de Tubinga y Múnich], no se podía responder a tales preguntas tomando los *a priori* simplemente como base. La búsqueda de la relación entre historia de la salvación y una metafísica adecuada se debía llevar a cabo "dialogando con aquella tradición teológica que era llamada en causa". ¿Y no sería la mejor solución preguntar a un teólogo escolástico de la alta Edad Media que era, al mismo tiempo, un

58 Cf. U. Casale, "Introduzione", en *Fede, ragione, verità e amore. La teologia di Joseph Ratzinger*, pp. 27-28.

59 Sobre las distancias entre Aristóteles y el Doctor seráfico, señala Ratzinger la negación de la eternidad del mundo por parte del autor cristiano, aunque ese antiaristotelismo será contra los aristotélicos de la época, quienes querían separar la fe de la filosofía (cf. *San Bonaventura. La teologia della storia*, pp. 131-132). "San Buenaventura –añadía Ratzinger, ya como Papa–, que en 1257 se convirtió en ministro general de la orden franciscana, se encontró ante una grave tensión dentro de su misma orden precisamente a causa de quienes sostenían la mencionada corriente de los 'franciscanos espirituales', que se remontaba a Joaquín de Fiore. Para responder a este grupo y restablecer la unidad en la orden, san Buenaventura estudió atentamente los escritos auténticos de Joaquín de Fiore y los que se le atribuían y, teniendo en cuenta la necesidad de presentar fielmente la figura y el mensaje de su amado san Francisco, quiso exponer una visión correcta de la teología de la historia. [...] Como ministro general de la orden de los Franciscanos, san Buenaventura vio enseguida que con la concepción espiritualista, inspirada en Joaquín de Fiore, la orden no era gobernable, sino que iba lógicamente hacia la anarquía" ("Audiencia general", Roma, 10 de marzo de 2010). "Vemos así –seguía más adelante– que para san Buenaventura gobernar no coincidía simplemente con hacer algo, sino que era sobre todo pensar y rezar. En la base de su gobierno siempre encontramos la oración y el pensamiento; todas sus decisiones eran fruto de la reflexión, del pensamiento iluminado de la oración. Su íntima relación con Cristo acompañó siempre su labor de ministro general y, por esto, compuso una serie de escritos teológico-místicos, que expresan el alma de su gobierno" *(ibid.)*.

defensor de un acercamiento histórico-salvífico? De este modo la candidatura de Buenaventura se impuso por sí misma.[60]

Schiffers sostiene, de igual modo, una filiación bonaventuriana en esta misma idea del equilibrio entre lo ontológico y lo histórico, presente en todo el pensamiento ratzingeriano.[61] Verdad y tiempo, existencia y persona, ontología e historia de la salvación se presentaban como problemas ya en la Edad Media, y el joven habilitando intentaba profundizar en este decisivo –y a la vez actual– tema. "Ratzinger entroncaba –concluye Saranyana– con una veta especulativa alemana, cultivada en los años de entreguerras y después de 1945".[62] De Buenaventura tomó además el principio de la *medietas* –afirma Tura–, "un particular espíritu de moderación", que le llevará a buscar un equilibrio entre el espiritualismo y el curialismo.[63]

60 A. Nichols, *The theology of Joseph Ratzinger: an introductory study*, p. 52.

61 En efecto, "realidad e importancia histórica aprendidas de Bonaventura", de tal manera que Ratzinger ha alcanzado "una meditación filosófica de la verdad". (N. Schiffers, "Joseph Ratzinger", en J. Schultz, *Tendenzen der Theologie im 20. Jahrhundert. Eine Geschichte in Porträts*, Stuttgart/Berlín-Olten-Friburgo, 1966, p. 610).

62 J. I. Saranyana, "Los escritos universitarios del joven Ratzinger (1951-1962)", p. 34.

63 Cf. R. Tura, "La teologia di J. Ratzinger. Saggio introduttivo", p. 147, n. 1.
No sólo estarán allí presentes los problemas de la Revelación y la Escritura, la verdad y la historia, sino también en relación con el amor, tema agustiniano y bonaventuriano al mismo tiempo. Llegará a afirmar que, en el fondo del pensamiento de Agustín y Buenaventura, se encuentra la caridad (cf. *La teología de la historia en san Buenaventura*, Madrid, Encuentro, 2004, p. 234). La huella de Buenaventura será muy profunda, y faltará así la alusión a la creación, otro gran tema bonaventuriano y ratzingeriano. "Además de ser un buscador de Dios, san Buenaventura fue un seráfico cantor de la creación, que, siguiendo a san Francisco, aprendió a 'alabar a Dios en todas y por medio de todas las criaturas', en las que resplandece la omnipotencia, la sabiduría y la bondad del Creador" (*De reductione artium ad theologiam*, I, p. 10). "San Buenaventura presenta una visión positiva del mundo, don del amor de Dios a los hombres: reconoce en él el reflejo de la suma Bondad y Belleza que, siguiendo a san Agustín y a san Francisco, asegura que es el mismo Dios. Dios nos lo ha dado todo. De él, como manantial originario, mana la verdad, el bien y la belleza" ("Discurso", Bagnoregio, 6 de septiembre de 2009).
Sus simpatías por Agustín y Buenaventura no se adscriben "a ninguna propensión maniquea", sino que se refieren sobre todo al lugar que conceden al amor, a la relación entre amor y verdad, y su común preocupación por el trascendental belleza (T. Rowland, *La fe de Ratzinger*, pp. 263-264). De Buenaventura tomará Ratzinger además, según Nichols, "el cristocentrismo hasta el punto de hacer de Cristo que es el centro de todo el centro, incluso, de todas las ciencias". "El Ratzinger maduro también hablará de la teología como subordinada, en última

"En cambio tuve más dificultades en el acceso al pensamiento de Tomás de Aquino –seguía recordando Ratzinger de sus años de seminario–, cuya lógica cristalina me parecía demasiado cerrada en sí misma, demasiado impersonal y prefabricada".[64] Una distancia inicial entre Tomás y Buenaventura constituyó un punto de partida en el pensamiento del joven estudioso bávaro. Son bien conocidas sus reservas iniciales hacia la escolástica, cuando se refería a su profesor, Arnold Wilmsen, quien les enseñó "un rígido tomismo escolástico, que para mí estaba sencillamente demasiado lejos de mis intereses personales".[65] Le parecía un enfoque demasiado cosístico e impersonal. Sin embargo, al mismo tiempo, poco después se enfrentaba al citado *Surnaturel* de De Lubac. "Admiré una nueva interpretación de santo Tomás de Aquino –comentaba al respecto–, muy distinta de la filosofía neoescolástica que habíamos estudiado hasta ese momento".[66] Por otra parte, afirmaba también de su director de los trabajos de doctorado y habilitación, Gottlieb Söhngen: "Pertenecía a aquella corriente dinámica del tomismo que había hecho propias la pasión por la verdad y la búsqueda de un fundamento y fin de toda

instancia, a la contemplación, la caridad, la santidad y –no menos importante– a la adquisición de la potencia del espíritu" (A. Nichols, *The theology of Joseph Ratzinger: an introductory study*, p. 64). "Donde Ratzinger se muestra más agustiniano y bonaventuriano –concluye Rowland– es en su epistemología (especialmente en su insistencia en la relación entre verdad y amor), y en su interés por la historia y por el trascendental belleza" (*La fe de Ratzinger*, p. 32).

64 *Mi vida*, p. 56; cf. *La sal de la tierra*, p. 67; T. P. Rausch, *Pope Benedict XVI*, pp. 47-49.

65 *Mi vida*, p. 56.

66 "Le futur Benoît XVI et Henri de Lubac", p. 8. Sostiene Rowland que se trata de un agustinismo no maniqueo, muy distinto del que podrían tener otros autores, como por ejemplo el mismo Lutero (cf. *La fe de Ratzinger*, pp. 263). A su vez, este agustinismo no supondría una oposición al tomismo sin más, sino más bien al "tomismo trascendental de Karl Rahner". Nos encontraríamos pues ante un "tomismo augustiniano" de Henri de Lubac, combinado con la teología de la historia de von Balthasar" (*ibid.*, p. 265). Puede verse también H. Verweyen, *Joseph Ratzinger-Benedikt XVI. Die Entwicklung seines Denkens*, pp. 106-107. Kaes es del mismo parecer, aunque con algún matiz más. "En Tomás, Ratzinger encuentra la confirmación de su posición, al enfatizar la vinculación constante de la teología con la experiencia de fe de los santos, sin la cual la primera perdería su conexión con la realidad. En particular, el énfasis de Agustín y Buenaventura en la sencillez le parece relacionado con la afirmación de Tomás de que el amor es el ojo que nos permite ver" (D. Kaes, *Theologie im Anspruch von Geschichte und Wahrheit*, Dissertationen Theologishe Reihe, St. Ottilien 1997, pp. 187-188).

la realidad que se había planteado el Aquinate; pero [también] se esforzaba conscientemente en hacerlo dentro del debate filosófico contemporáneo".[67]

Así, unos años después, en la lección inaugural por la obtención de la cátedra de Bonn, Ratzinger se refería a la herencia tomista en tonos más matizados. Tras abordar las relaciones entre fe y razón en el Aquinate, el nuevo catedrático recordaba la dimensión personal del concepto de Dios ("Dios es persona, un yo que sale al encuentro del tú"), a veces olvidado por "los apologetas y los padres del Dios filosófico". Con lo que proponía, como principio estructural, el augustiniano *quaerite faciem eius semper*.[68] Por eso lo temporal y lo eterno, lo histórico y lo ontológico, lo personal y lo universal, a la vez que fe y razón, el "Dios de la fe" –el de Abraham, Isaac y Jacob– y el "Dios de los filósofos" querían estar presentes en este pensamiento germinal. En 1975, Ratzinger se refería ya a la actualidad y complementariedad entre Tomás y Buenaventura.

> Tomás y Buenaventura se estimaban tanto en sus diferencias como en los aspectos en que coincidían. El debate propio de la escolástica ha de mantenerse en pie. [...] Merece la pena discutir sobre algunos aspectos. Todas las diferencias de enfoques y temperamentos se unen formando una sola unidad, la cual une y reconduce las cuestiones actuales a las cuestiones planteadas ya en el siglo XIII.[69]

La complementariedad y necesidad de ambas perspectivas formaban parte del mismo pluralismo teológico presente también en la Edad Media. Nichols establece así el siguiente veredicto al respecto: "La simpatía de Ratzinger por Buenaventura y la escuela franciscana no debe ser considerada como antitomista. De hecho Ratzinger se ha expresado sobre santo Tomás con cercanía mayor a la que requería un acto oficial".[70] En efecto, en una

---

67 *Mi vida*, pp. 67-68.

68 Cf. *El Dios de la fe y el Dios de los filósofos*, Madrid, Taurus, 1962, pp. 41-42.

69 "Vortwort", J. Ratzinger (ed.), *Aktualität der Scholastik?*, Ratisbona, Pustet, 1975, p. 5.

70 A. Nichols, *The theology of Joseph Ratzinger: an introductory study*, p. 62.

homilía con motivo de la fiesta de santo Tomás, en 1987, pronunciada en el *Angelicum* de Roma,[71] el cardenal Ratzinger hacía referencia a lo que él consideraba que era el núcleo del pensamiento del Aquinate. "'Conságrales en la verdad'. Santo Tomás ha resumido toda su vida en estas palabras del Señor. La suya fue una vida en la verdad, por la verdad. El servicio humilde y constante de la verdad fue su misión, su ministerio sacerdotal".[72]

De nuevo vuelve a aparecer la "cuestión de la verdad", a la que se une el tema de la creación. Sigue después la observación de Chesterton, quien apellidó a santo Tomás como "del Creador", por presentar el correlato entre Dios y el logos, es decir, la verdad interna de las criaturas. A lo que añadía las siguientes palabras:

> La criatura es como una potente trompa que nos habla de Dios, dice san Gregorio de Nisa. Santo Tomás fue un atento oyente de esta trompa y su filosofía es una invitación permanente a abrir los oídos de nuestro espíritu, a ir más allá del puro uso de las cosas hasta el punto en que éstas no son sin más cosas, sino criaturas de Dios; hasta el punto en el que las cosas nos ofrecen el baño sagrado de la verdad.[73]

Se trata de llegar a esa verdad interna de las cosas, presente ya desde el mismo momento de la creación. Superando con anterioridad la crítica formulada contra un supuesto enfoque esencialista, la teología escolástica recordaba que la verdad es persona, la misma Persona de Cristo, así como la unidad existente entre el amor y la verdad. "Amor a la verdad y amor a Jesús son una única cosa en la figura espiritual de santo Tomás. Al amar a Cristo, se ama la verdad; al buscar una relación siempre más profunda con Cristo, se recibe la fuerza que consagra la misma verdad".[74]

---

71 "Omelia in occasione della festa di S. Tommaso d'Aquino", *Angelicum*, 64, 1987, pp. 189-192.

72 *Ibid.*, pp. 189-190.

73 *Ibid.*, p. 191.

74 *Ibid.*, p. 192. De hecho, las referencias al Aquinate –así como al tomista Josef Pieper– serán continuas en su obra, como se puede ver en la alocución con motivo de la concesión en 2000 del doctorado *honoris causa* en la universidad de Wroclaw-Breslau, en tierras polacas

I.III. Maestros y amigos

> Mi teología –había afirmado en 1997– tiene un cierto carácter bíblico e incluso patrístico, sobre todo agustiniano. Pero procuro, como es natural, no quedarme en la Iglesia primitiva; lo que intento es subrayar los aspectos más relevantes de su pensamiento y entablar al mismo tiempo un diálogo con el pensamiento contemporáneo.[75]

En 1947, con 20 años y tras finalizar el bienio filosófico, el seminarista Joseph realizó durante tres años sus estudios de teología en el *Georgianum*, un instituto teológico asociado a la Universidad de Múnich, en el que coincidían profesores y estudiantes de las más variadas procedencias. Allí recibió una buena formación, sobre todo bíblica, además de litúrgica e histórica.[76] Por aquel entonces el ya mencionado descubrimiento de la Escritura por parte de la exégesis protestante influyó también en los católicos, dando lugar a lo que después se llamará el "movimiento bíblico" que tendrá lugar en los años anteriores a la publicación de la *Divino afflante Spiritu* (1943) de Pío XII.[77] La exégesis vendrá a revolucionar la misma teología. "De hecho, la historia renovó a la teología, no a través de la filosofía, sino gracias a la exégesis",[78] sostenía Ratzinger, a la vez que mencionaba algún nombre concreto, como veremos más adelante.[79]

---

de tradición germana (cf. "Fe y teología", en *Convocados en el camino de la fe. La Iglesia como comunión*, Madrid, Cristiandad, 2004, pp. 17-27).

75 *La sal de la tierra*, p. 72.

76 Cf. *Mi vida*, pp. 63-65.

77 Cf. R. Aubert, *La théologie catholique au milieu du xxe siècle*, Tournai/París, Casterman, 1958, pp. 16-23; A. Doni, "La riscoperta delle fonti", en R. Fisichella (ed.), *Storia della teologia*, III, pp. 445-458.

78 G. Colombo, *Perché la teologia*, Brescia, La Scuola, 1980, p. 20.

79 *Mi vida*, p. 63.

Escritura, liturgia y filosofía

Ratzinger encontraba utilidad en todas esas lecciones de ciencia bíblica: "La sagrada Escritura fue para nosotros 'alma de los estudios teológicos', tal como pide el concilio Vaticano II".[80] Junto a la Escritura, la liturgia ocupará un lugar importante en los intereses del joven teólogo, a través de la figura de Josef Pascher (1893-1979). "Como director del Georgianum era responsable de nuestra formación humana y sacerdotal; interpretaba esta misión según el espíritu de la liturgia y lograba así dar una profunda impronta a nuestro camino espiritual".[81] Ratzinger profundizará así de nuevo en la liturgia y en el lugar que ocupa en la vida de la Iglesia.

> Gracias a las lecciones de Pascher y a la solemnidad con que nos enseñaba a celebrar la liturgia, según su espíritu más profundo, llegué también yo a convertirme en un firme partidario del movimiento litúrgico. Así como había aprendido a comprender el nuevo testamento como alma de la teología, entendí del mismo modo la liturgia como el fundamento de la vida.[82]

Así pues, historia, exégesis, teología litúrgica y sentido eclesial fueron las nuevas claves de la primera formación teológica en esos años universitarios.

> Junto con los exégetas –nos sigue contando el mismo Ratzinger–, Söhngen y Pascher dejaron una profunda huella en mí. Inicialmente Söhngen quería dedicarse totalmente a la filosofía y había comenzado ese camino con una disertación sobre Kant. [...] Lo que mejor caracterizaba el método de Söhngen era que él pensaba a partir de las fuentes [...]. Aquello que más me impresionaba en él era que no se contentaba nunca con un tipo de positivismo teológico –como a veces se llegaba a advertir en otras disciplinas–,

---

80 *Ibid.*, p. 65. Cf. DV 24; también "Ponencia con ocasión de los cien años de la Pontificia Comisión Bíblica (10 de mayo de 2003)", AA.VV., *Escritura e interpretación. Los fundamentos de la interpretación bíblica*, Madrid, Palabra, 2003, pp. 176-178.

81 *Mi vida*, p. 63.

82 *Ibid.*, pp. 68-69.

sino que planteaba con gran rigor la cuestión de la verdad y, precisamente por eso, la actualidad de lo que ha de ser creído".[83]

Junto con un método rigurosamente histórico, la razón y la búsqueda radical de la verdad eran otros puntos fuertes del pensamiento de Söhngen. También proponía la unidad de toda la teología y la necesidad de su dimensión especulativa. Es decir, nos encontramos ante los principales temas de la teología fundamental y de la propedéutica teológica.[84] El joven Ratzinger había encontrado, por fin, un maestro. Junto a esta incansable búsqueda de la verdad, de Söhngen le atraían también al joven teólogo tanto su interés por el arte y la liturgia como su plena confianza en la razón.[85]

En la homilía que predicó con motivo del funeral de su maestro, Ratzinger recordaba su fuste filosófico y la lección que dejó como herencia. "La búsqueda de la verdad le llevó primero a la filosofía e, incluso como teólogo, permaneció filósofo".[86] Y añade más adelante, al insistir en la complementariedad entre fe y razón, filosofía y teología en el pensamiento de su maestro:

---

83 *Ibid.*, pp. 67-68.

84 En su autobiografía, Ratzinger cita algunos de los autores que Söhngen frecuentaba: "Comenzando por Aristóteles y Platón, pasando por Clemente de Alejandría y Agustín, hasta Anselmo y Buenaventura, Tomás, Lutero y la escuela teológica de Tubinga del siglo pasado [XIX]. También Pascal y Newman estaban entre sus autores favoritos". Y añade: "Puesto que había nacido en un matrimonio mixto y, precisamente por su origen, era particularmente sensible a la cuestión ecuménica; participó en un debate con Karl Barth y Emil Brunner en Zúrich. Pero se ocupó también con gran competencia de la teología del misterio, iniciada por el benedictino de Maria Laach, Odo Casel. Esta teología había nacido directamente del movimiento litúrgico, pero [sobre todo] planteaba con nuevo vigor la cuestión fundamental de la relación entre misterio y racionalidad" (*ibid.*, p. 68). Esta confrontación entre fe y razón, filosofía y teología, misterio y racionalidad marca profundamente –como estamos analizando– el modo de hacer teología de nuestro autor.

85 Cf. "Von der Wissenchaft zur Weisheit", *Catholica*, 22, 1976, p. 2. Véase también D. Kaes, *Theologie im Anspruch von Geschichte und Wahrheit. Zur Hermeneutik Joseph Ratzingers*, pro manuscripto, Dissertationen, St. Ottilien, Theologische Reihe, Bd 75, 1997, p. 196.

86 "Von der Wissenchaft zur Weisheit", p. 3.

> Söhngen fue un suscitador de cuestiones (*Fragender*) crítico y radical. Todavía hoy no se puede preguntar de un modo tan radical a como él lo hizo. Pero al final era también un creyente igualmente radical. Lo que a nosotros, sus discípulos, nos fascinaba de él, era la total unidad entre ambos: la pertinencia con que formulaba las preguntas y la comprensión con la que sabía que la fe no debía temer nada de una búsqueda sincera de la verdad.[87]

También aludía a la mencionada dimensión ecuménica y litúrgica de toda la teología del profesor renano, a la vez que a su insistencia en la unidad y en la condición eclesial del saber teológico.[88]

> Él siempre aspiraba a ver el "todo en el fragmento", a apreciar cada una de las partes en función del todo. [...] También resultaba claro para él que el teólogo no habla en su propio nombre, con la excesiva seguridad del que habla por sí mismo, sino en nombre de la fe de la Iglesia, la cual no la descubre él, sino que la recibe.[89]

Junto a la directa inspiración de su teología en la Biblia, en la liturgia y en la filosofía, Ratzinger ha tenido siempre en cuenta la dimensión eclesial del saber teológico. Una confesión autobiográfica puede servirnos de orientación sobre el talante y otras fuentes de la teología de Ratzinger:

> Yo mismo he tenido la impresión durante bastante tiempo de que los llamados 'herejes' eran más interesantes que los teólogos de la Iglesia, al menos en la época moderna. Pero si miro a los grandes y fieles maestros, de Möhler a Newman y Scheeben, de Rosmini a Guardini, o en nuestro tiempo De Lubac, Congar, Balthasar, ¡cuánto más ricas y actuales son sus palabras respecto a la de aquellos en los que ha desaparecido el sujeto comunitario de la Iglesia! En ellos se presenta con claridad también otra cosa: el pluralismo

87 *Ibid.*, p. 5.

88 Cf. *ibid.*, pp. 3-5.

89 *Ibid.*, pp. 4-5.

> no nace del hecho que uno lo busque, sino de que uno –con todas sus fuerzas y en su tiempo– no quiera otra cosa que la verdad. [...] Hemos alcanzado la meta más importante si hemos llegado lo más cerca posible a la verdad. Ésta no es nunca aburrida, ni uniforme, porque nuestro espíritu la contempla en sus parciales refracciones. Sin embargo, es ésta al mismo tiempo la fuerza que nos une. Y sólo el pluralismo, que está referido a la unidad, es verdaderamente grande.[90]

Los mejores maestros

Así, como señala Casale, al descubrimiento de la teología de los Padres, había unido a autores como Guardini, Lubac, Balthasar y Congar. De los primeros tomará el cristocentrismo y la reflexión sobre el misterio de Dios y del hombre; del último, la reflexión eclesiológica.[91] Según Läpple, Balthasar y Ratzinger se conocieron personalmente en Múnich, en 1950, cuando Joseph tan sólo era un joven doctorando.[92] Hans Urs von Balthasar (1905-1988) era considerado por su propio maestro –Henri de Lubac– "el hombre más culto de nuestro tiempo": tras sus estudios de juventud en filología germánica, se había iniciado en la filosofía con el estudio de Tomás de Aquino; después, comenzó el estudio de los Padres y de la literatura francesa contemporánea; más adelante había completado esta formación con la lectura de los místicos de todas las épocas. El resultado era un conocimiento enciclopédico, a partir del cual intentaba elaborar una síntesis teológica actual. Participó activamente en la polémica que precedió a la *Humani generis*, y no quedó exento de alguna de sus críticas. En 1952, con *Abatir los bastiones*, había denunciado una serie de delicados problemas y hablado de la necesidad de reformas en la Iglesia. Pero años después revisa su propia postura y denuncia desviaciones

90 *Natura e compito della teologia*, p. 87.

91 Cf. R. Tura, "La teologia di J. Ratzinger. Saggio introduttivo", p. 160, n. 52; U. Casale, "Introduzione", en *Fede, ragione, verità e amore. La teologia di Joseph Ratzinger*, p. 29.

92 Cf. A. Läpple, *Benedikt XVI. und seine Wurzeln*, p. 84.

posconciliares en *Cordula* (1966), especialmente las que eran consecuencia de la teología de Karl Rahner (1904-1984).[93]

Ratzinger había seguido de cerca la teología balthasariana. En una reseña a algunas de sus obras,[94] afirmaba que "la obra de Balthasar es un verdadero regalo para nuestro tiempo", por la síntesis que alcanza entre la fe y el mundo de hoy.[95] Más adelante colaboraron juntos en distintas iniciativas editoriales y fundaron en 1972 –junto con De Lubac– la revista *Communio*: una alternativa al *Concilium* de Rahner, Küng, Schillebeeckx y a la corriente posconciliar entonces dominante.[96] Ratzinger ofició en el funeral de Balthasar en Lucerna en 1988, en el que hacía un balance de su pensamiento.

> El espectro que recorre su obra va de los presocráticos a Freud, Nietzsche y Brecht, abarcando toda la herencia cultural occidental de la filosofía, la literatura, el arte y la teología. Pero este inmenso desplegarse del espíritu no significaba en Balthasar simple curiosidad de erudito, o aspiración al poder que viene con los amplios conocimientos. [...] Era consciente de que el

93 Cf. B. Mondin, *Storia della teologia*, 4, pp. 544-546; R. Fisichella, "Hans Urs von Balthasar", en R. Fisichella (ed.), *Storia della teologia*, III, pp. 765-789; O. González de Cardedal, "Vita e opera del Cardinal Hans Urs von Balthasar", *Communio*, 18, 1989, pp. 20-38; H. C. Schmidbaur, "Teologia ascendente o teologia discendente?, Joseph Ratzinger e Hans Urs von Balthasar di fronte a Karl Rahner", en S. M. Lanzetta (ed.), *Karl Rahner, un'analisi critica. La figura, l'opera e la ricezione teologica di Karl Rahner (1904-1984)*, Siena, Cantagalli, 2009, pp. 253-265; J. E. M. Terra Joao, *Itinerario teologico di Benedetto XVI*, p. 93. Sobre la relación entre Rahner y Ratzinger, valora Tura: "Respecto a K. Rahner, la crítica se hace presente para la teoría del cristianismo anónimo y para algunos puntos de la eclesiología; en cambio, converge en la cristología. El aprecio por Rahner fue expresado claramente por Ratzinger en *Der christliche Sonntag*, 16, 1964, pp. 75-76: con motivo del 60 cumpleaños del teólogo jesuita, Ratzinger escribió *Glückwünsche für Karl Rahner*, cuyo estilo muy personal y valor al plantear las últimas preguntas admira por el esfuerzo de esclarecer cuestiones debatidas" (R. Tura, "La teologia di J. Ratzinger. Saggio introduttivo", p. 147, n. 1). Sin embargo, existen también algunas diferentes. "Como consecuencia de la tendencia a naturalizar lo sobrenatural –concluye Rowland–, Rahner tendía a adoptar con respecto a la cultura de la modernidad una postura más positiva que las adoptadas por Lubac o Balthasar" (T. Rowland, *La fe de Ratzinger. La teología del papa Benedicto XVI*, p. 52).

94 "Christlicher Universalismus. Zum Aufsatzwerk Hans Urs v. Balthasars", *Hochland*, 54, 1961-1962, pp. 68-76.

95 Cf. *ibid.*, pp. 75-76.

96 Cf. *Informe sobre la fe*, Madrid, BAC, 1985, pp. 22-24; *Mi vida*, p. 121.

> mucho saber lleva a la tristeza de encontrarse frente a lo incognoscible, así como a la desesperación de no poder alcanzar el verdadero tema de fondo: el ser hombre, la vida misma. [...] Su preocupación era limpiar los ojos del corazón, para que pudieran ver lo que de verdad merece la pena: el fundamento y el fin último de nuestra vida, el Dios vivo.[97]

En concreto, Balthasar sabía que la teología debía hacerse con oración y con la humildad que nace de la conversión, y para eso acuñó la expresión "teología arrodillada": "Sabía que la teología se ha de desarrollar en contacto con el Dios vivo, que se alcanza en la oración".[98] La teología ha de ser una y –a la vez e inseparablemente– plural, eclesial y sinfónica y, por tanto, dotada de personalidad y originalidad. Es ésta otra idea que tomará prestada del maestro de Basilea y que expresará en numerosas ocasiones. Por ejemplo, en una intervención de 1993 sobre las enseñanzas del entonces beato Josemaría Escrivá (1902-1975), el cardenal Ratzinger recordaba el carácter a la vez científico y sapiencial, racional y espiritual de la teología. La teología, ciencia en el sentido más pleno de la palabra, constituye sin duda un cierto fruto del ejercicio de la razón científica. A pesar de esto, no resulta inadecuado

97 "Homilie beim Gedenkgottesdienst für Hans Urs von Balthasar", *Communio*, 17, 1988, pp. 473-474.
En un discurso con motivo de un congreso sobre la teología de Balthasar, tras mencionar su personal amistad con el teólogo suizo, Benedicto XVI recordaba su pasión por la verdad. "Puedo asegurar que su vida fue una genuina búsqueda de la verdad, que él comprendía como una búsqueda de la verdadera Vida. Buscó las huellas de la presencia de Dios y de su verdad por doquier: en la filosofía, en la literatura, en las religiones, rompiendo siempre esos circuitos que con frecuencia aprisionan la razón, abriéndola a los espacios de lo infinito". A lo que añade, refiriéndose a la dimensión eclesial y espiritual de su teología, propia del pensamiento de los Padres: "La necesidad de ser científica no queda sacrificada cuando se pone en escucha religiosa de la palabra de Dios, cuando vive de la vida de la Iglesia y se fortalece de su magisterio. La espiritualidad no hace que disminuya su carga científica, sino que imprime al estudio teológico el método correcto para poder llegar a una interpretación coherente. [...] En una palabra, había comprendido profundamente que la teología sólo puede desarrollarse con la oración que es capaz de percibir la presencia de Dios y se fía de Él obedientemente. Es un camino que vale la pena recorrer hasta el final. Esto exige evitar sendas unilaterales que sólo pueden alejar de la meta y compromete a huir de las modas que fragmentan el interés por lo esencial" ("Discurso con motivo del congreso internacional sobre Hans Urs von Balthasar 'Solo el amor es creíble'", 6 de octubre de 2005).

98 "Homilie beim Gedenkgottesdienst für Hans Urs von Balthasar", p. 474.

evocar en este contexto la realidad del cielo; más aún, es necesario hacerlo así, pues sólo desde este punto de vista puede entenderse la teología. "La teología –que nace de la fe– está, en definitiva, subordinada al saber que Dios tiene de sí mismo, y del que los santos gozan ya de un modo inmediato y definitivo. [...] La teología desembocará en una visión que, para los santos, es ya una realidad".[99]

Esta consideración de la teología como ciencia subordinada a la sabiduría divina y de los santos –tal como afirmaba Tomás de Aquino– implica también una referencia a la unión vital con Dios, que resulta posible ya en la tierra a aquellos que, abriéndose con fe a la divina palabra, se apropian de ella no sólo con la inteligencia, sino con todo el corazón. Porque Dios es a la vez e inseparablemente verdad, bondad y belleza. "La fuerza unitiva del amor no sólo conduce a dejarse traspasar por su bondad, sino también a profundizar en su verdad. El teólogo debe ser hombre de ciencia; pero también –precisamente en cuanto teólogo– hombre de oración".[100] Los mejores maestros de los teólogos serían por tanto los santos. Como él mismo había sostenido en un escrito de 1977, la verdadera teología está "dirigida a la experiencia de los santos". Detrás de Atanasio –seguía señalando–, "está san Antonio Abad; tras Gregorio el Grande, san Benito de Nursia; y Buenaventura recibe su inspiración de san Francisco de Asís".[101]

Los santos se convertirán, de este modo, en los verdaderos maestros y amigos de los teólogos, los cuales a su vez podrán ser también santos. Joseph Ratzinger ha predicado sobre muchos de ellos.[102] Por motivos obvios, nos

---

99 J. Ratzinger, "Santos y teólogos", en M. Belda, J. Escudero, J. L. Illanes y P. O'Callaghan, *Santidad y mundo: actas del simposio teológico de estudio en torno a las enseñanzas del beato Josemaría Escrivá (Roma, 12-14 de octubre de 1993)*, Pamplona, EUNSA, 1996, pp. 28-29. Sobre la importancia de la teología de los santos, puede verse lo que he estudiado en *Joseph Ratzinger: razón y cristianismo*, pp. 197-208 y, sobre todo, en P. Blanco Sarto, *Joseph Ratzinger. Vida y teología*, Madrid, Rialp, 2006, pp. 135-151.

100 "Santos y teólogos", p. 29.

101 "Prefazione" a C. B. del Zotto, *La teologia dell'immagine in S. Bonaventura*, Vincenza 1977, VIII.

102 Cf. J. Ratzinger, *Christlicher Glaube und Europa. 12 Predigten*, Múnich, 1981, 1982, 1985; *Heiligenpredigten*, Múnich, Erich Wewel, Wewel, 1997; tr. esp.: *De la mano de Cristo. Homilías sobre la Virgen y algunos santos*, Pamplona, EUNSA, 1998, 2005. Sobre Teresa de Lisieux,

fijaremos ahora tan sólo en san Benito, de quien pronunció una homilía en la abadía benedictina de Ethal, en plenos Alpes bávaros. Se refería ahí, en primer lugar, al origen mariano de la abadía, hasta el punto de considerar a María como la "fundadora de Ethal", ella a su vez nos remite de modo necesario a Cristo.[103] Esta dimensión mariana reforzaba el cristocentrismo propio de los santos, a los que llama "espejos de Jesucristo". Así, se refiere después a los 12 apóstoles, quienes nos transmitieron a su vez la fe en Jesucristo.[104] Cuando alude al fundador de la orden benedictina, descubre a un maestro que buscaba de modo continuo esa relación –ya detectada en Guardini– entre la adoración y la búsqueda de la verdad.

> *Dominici scola servitii* ha llamado Benito a la abadía: una escuela para servir al Señor, una escuela para la vida eterna, una escuela para la verdadera libertad. Teniendo en cuenta la mentalidad actual, esta abadía debe permanecer como un lugar que sea una escuela para llevar a Cristo, una escuela de la verdad, un lugar en el que se intente ya vivir ahora la vida eterna.[105]

---

pueden leerse las palabras de nuestro autor en G. Weigel, *La elección de Benedicto XVI y el futuro de la Iglesia*, Madrid, Criteria, 2006, pp. 227-228, n. 79.

103 Cf. "Vision der kommenden Stadt. Tragende Gründe des Christlichen" (1980), *Christlicher Glaube und Europa*, pp. 22-24.

104 Cf. *ibid.*, pp. 24-27.

105 *Ibid.*, p. 29.

II. El Concilio

"Juan XXIII había anunciado el concilio Vaticano II –recordaba Ratzinger–, reavivando en muchos hasta la euforia aquel sentimiento de renacimiento y esperanza que, pese a la amenaza que había supuesto la etapa nacionalsocialista, estaba todavía vivo desde el final de la primera Guerra Mundial".[1] El nuevo concilio podía permitir a la Iglesia renovarse y ponerse al día con las ideas que habían surgido en el periodo de entreguerras.

> En la mañana del 8 de octubre de 1962 –describía la escena uno de sus biógrafos–, en la primera clase del avión que salía del aeropuerto de Colonia-Bonn en dirección a Roma, se encontraba un señor mayor. El arzobispo cardenal de Colonia Joseph Frings [...] mantenía una especie de sesión de trabajo con su secretario Hubert Luthe y con un hasta ahora joven desconocido.[2]

Se trataba por supuesto de nuestro teólogo. En estas líneas no pretendemos, como es lógico, ofrecer una crónica general de los acontecimientos

---

1 *Mi vida*, p. 97.

2 F. Derwahl, *Der mit dem Fahrrad und der mit dem Alfa kam. Benedikt XVI. und Hans Küng-ein Doppelporträt*, Múnich, Pattloch, 2006, p. 86.

conciliares,[3] sino tan sólo recrear la perspectiva particular de Joseph Ratzinger durante el concilio Vaticano II y su actividad en éste.[4]

II.I. Primer periodo conciliar (1962)

Los precedentes teológicos ayudaban a ese nuevo estado de cosas. "Se ha llamado al siglo en el que vivimos el siglo de la Iglesia –recordaba Ratzinger–; podríamos llamarlo también el siglo litúrgico y sacramental, puesto que el redescubrimiento de la Iglesia que tuvo lugar durante las dos guerras mundiales, descansa en el redescubrimiento de la riqueza espiritual de la liturgia primitiva cristiana y el principio sacramental".[5] La Iglesia, la liturgia y los sacramentos –inseparables de la palabra de Dios– constituían las premisas del Vaticano II. Esto quedaba reflejado en algunas corrientes teológicas: "El movimiento litúrgico, el movimiento bíblico y ecuménico y, por último, una fuerte religiosidad mariana configuraron un nuevo clima espiritual en el que floreció también una nueva teología que, en el Vaticano II, dio frutos

---

3 Me he servido de M. Wiltgen, *El Rin desemboca en el Tíber. Historia del Concilio Vaticano II* (1967), Madrid, Criterio, 1999; A. Zambarbieri, *Los concilios del Vaticano*, Madrid, San Pablo, 1996; G. Alberigo, *Storia del Concilio Vaticano II*, Bolonia, Peeters/Il Mulino, 1995-2001, 5 vols.; K. Schatz, *Los concilios ecuménicos. Encrucijadas en la historia de la Iglesia*, Madrid, Trotta, 1999; G. Alberigo, *Breve historia del Concilio Vaticano II*, Salamanca, Sígueme, 2005; R. de Mattei, *Il Concilio Vaticano II. Una storia mai scritta*, Turín, Lindau, 2010.

4 Sobre este tema, puede verse W. Repges, "Das Konzil und der frühe Ratzinger", *Renovatio*, 51, 1995, pp. 193-203; *id.*, "Noch einmal: Das Konzil und der frühe Ratzinger", *Renovatio*, 52, 1996, p. 54; H. Lohmann, "Fragen nach der Lektüre. Das Konzil und der frühe Ratzinger", *Renovatio*, 52, 1996, pp. 52-53; N. Trippen, "Joseph Ratzinger als Mitgestalter des II. Vatikanischen Konzils", *Communio*, 35 (6), 2006, pp. 541-544; P. Blanco, "Joseph Ratzinger, perito del Concilio Vaticano II (1962-1965)", *Anuario de Historia de la Iglesia*, 15, 2006, pp. 43-66; S. Madrigal, *Karl Rahner y Joseph Ratzinger. Tras las huellas del concilio*, Santander, Sal Terrae, 2006, pp. 107-136; G. Treffler, "Der Konzilstheologue Joseph Ratzinger im Spiegel der Konzilsakten der Münchener Erzbischofs Julius Kardinal Döpfner", en P. Pfister (ed.), *Joseph Ratzinger und das Erzbistum München und Freising. Dokumente und Bilder aus kirlichen Archiven, Beiträge und Erinnerungen*, Regensburg, Schnell und Steiner, 2006, pp. 151-183; J. Wicks, "Six Texts by Prof. Joseph Ratzinger as peritus before and during Vatican Council II", *Gregorianum*, 89 (2), 2008, pp. 233-311; O. Putz, "'I Did Not Change; They Did!'. Joseph Ratzinger, Karl Rahner and the Second Vatican Council", *New Witneskins*, 2 (1), 2007, pp. 11-31.

5 J. Ratzinger, *Ser cristiano* (1965), Salamanca, Sígueme, 1967, p. 57.

para toda la Iglesia".[6] Todo estaba pues dispuesto para que se desencadenara uno de los eventos eclesiales más importantes de la historia.

Colaborador de Frings

El joven profesor de teología de Bonn –que entonces contaba con apenas 35 años– relataba del siguiente modo el origen de su participación en el concilio:

> Entre el arzobispo de Colonia, el cardenal Frings y yo surgió de inmediato un trato cordial y sereno. [...]. Vino a escuchar una conferencia sobre la teología del concilio que me habían invitado a pronunciar en la Academia católica de Bensberg, e inmediatamente después me entretuvo en una larga conversación, comienzo de lo que sería después una colaboración que se prolongó durante años".[7]

Josef Frings (1887-1978) se había opuesto de modo vigoroso al régimen totalitario nacionalsocialista, y en 1946 fue elevado al cardenalato por Pío XII.[8] El cardenal mantuvo una estrecha amistad con el canciller Konrad Adenauer (1876-1967), si bien aquél siempre procuró defender la independencia de la Iglesia. Reconstruyó numerosas nuevas iglesias destruidas por la guerra, muchas de ellas en estilo vanguardista, y fundó varias organizaciones de beneficiencia misionera, como *Misereor* y *Adveniat*, lo cual le concedía también prestigio ante los obispos de países no europeos, que tendrían también su protagonismo durante el concilio.[9] Éste venía también por el calado de sus intervenciones conciliares. Cuando Frings hablaba en el aula, se

---

6 *Natura e compito della Teologia. Il Teologo nella disputa contemporanea. Storia e dogma*, Milán, Iaca Book, 1993, p. 90.

7 *Mi vida: Recuerdos (1927-1977)*, Madrid, Encuentro, 1997, p. 97.

8 Cf. J. Chélini, *Benedicto XVI, heredero del concilio*, Bilbao, Mensajero, 2008, p. 91.

9 Cf. *ibid.*, p. 92. Sobre la actividad de Frings en el concilio, Ratzinger publicó "Stimme des Vertrauens. Kardinal Frings auf dem Zweiten Vaticanum", en N. Trien y W. Mogge (eds.), *Ortskirche im Dienst der Weltkirche. Festgabe fur die Kölner Kardinäle Hoffner und Frings*, Colonia, 1976, pp. 183-190; después como "Buchstabe und Geist des Zweiten Vatikanum in den Konzilsreden von Kardinal Frings", *Communio*, 16, 1987, pp. 251-265.

corría la voz en el bar y todos los padres acudían rápidamente de nuevo a su lugar de trabajo.[10]

Sin embargo, ¿cuál era el texto de aquel joven teólogo que tanto había gustado a Frings? Se trata de un artículo titulado *Teología del concilio* (1961), escrito en las vísperas del importante evento eclesial. Un concilio no era "una construcción estrictamente papal" –decía allí Ratzinger–, pero tampoco

> un parlamento, y los obispos no son unos diputados con un poder y un mandato que les viene de un pueblo que los ha elegido. Los obispos no representan al pueblo sino a Cristo, de quien reciben la consagración y la misión. Por eso, cuando se trata de lo más propio de la Iglesia (es decir, de mantener la palabra recibida de Dios) [los obispos] no hablan tampoco en lugar o por mandato del pueblo, sino en lugar y por mandato de Jesucristo.

En este sentido, la Iglesia no vendría de un continuo *concilium* –tal como sostenía Hans Küng–,[11] sino que sería la *ekklesía*, el pueblo de Dios reunido en torno a la palabra y el cuerpo de Cristo. El teocentrismo y el cristocentrismo de esta eclesiología quedaba así fuera de dudas.[12]

---

10 Cf. N. Trippen, *Josef Kardinal Frings (1887-1978)*, II: *Sein Wirken für die Weltkirche und seine letzen Bischofsjahre*, Paderborn-Múnich-Viena-Zúrich, Ferdinand Schöningh, 2005, p. 561; T. Weiler, *Volk Gottes-Leib Christi: die Ekklesiologie Joseph Ratzingers und ihr Einfluß auf das Zweite Vatikanische Konzil*, Maguncia, Grünewald, 1997, pp. 154-158; sobre el cardenal de Colonia, Ratzinger había publicado previamente "Kardinal Frings. Zu seinem 80. Geburtstag", *Christ in der Gegenwart*, 19, 1967 p. 52; y el arriba citado "Stimme des Verstrauens. Kardinal Josef Frings auf dem Zweiten Vaticanum", en este último texto Ratzinger nos ofrece una interpretación no política sino teológica de Frings (cf. *ibid.*, p. 253), tanto en sus ideas sobre las relaciones entre Escritura y tradición (cf. *ibid.*, pp. 254-257), como en la visión sobre la Iglesia y la colegialidad, en la que se insistía en la sacramentalidad, la dimensión misionera, la centralidad de la pasión de Cristo y la humildad y los humildes ("die Armut und die Armen"), así como en la relación con la santidad (cf. *ibid.*, p. 258). En fin, concluye Ratzinger afirmando que "el cardenal Frings era un hombre temeroso de Dios [...] y, por tanto, sabio" (*ibid.*, p. 265). Desde el 5 de junio de 1960 Frings formó parte de la comisión antepreparatoria (cf. T. Weiler, *Volk Gottes-Leib Christi*, pp. 162-165).

11 Hans Küng, "Das theologische Verständnis des ökumenischen Konzils", *Theologisches Jahrbuch*, 141, 1961, pp. 50-77.

12 *El nuevo Pueblo de Dios. Esquemas para una eclesiología*, Barcelona, Herder, 1972, p. 188.

El cardenal Frings, entonces presidente de la Conferencia Episcopal alemana, pronunció en Génova una conferencia titulada *El concilio y el nuevo mundo espiritual moderno* el 20 de noviembre de 1961, preparada –según algunos testimonios– por el mismo Ratzinger y que gozó del favor de Juan XXIII.[13] "Al no pertenecer a ningún pueblo en concreto –dijo ahí el prelado alemán–, ésta [la Iglesia] puede llevar a cabo de un modo más eficaz la función de paz, que lleva a todos los pueblos a una superior unidad".[14] La unidad y la catolicidad aparecen de modo recurrente en este texto. *Che bella coincidenza de pensiero!*, exclamó el Papa ante estas palabras.[15] También el cardenal Siri de Génova se mostró de acuerdo con el contenido, según revela el mismo Frings.[16] Reflejaba muy bien el talante del cardenal germano. "Sólo se le puede etiquetar de liberal –afirmaba el mismo Ratzinger– si se entiende en un sentido muy amplio, como alguien con gran visión, apertura y nobleza".[17] Ratzinger preparó también más adelante un segundo texto. Se trata

13 Cf. J. Wicks, "Six Texts by Prof. Joseph Ratzinger as peritus before and during Vatican Council II", p. 234. Esa conferencia fue titulada originalmente "Kardinal Frings über das Konzil un die moderne Gedankenwelt", *Herder Korrespondenz*, 16, 1961-1962, pp. 168-174; después en P. Pfister (ed.), *Joseph Ratzinger und das Erzbistum München und Freising*, pp. 159-172. En primer lugar, el texto destaca la sintonía entre los concilios y los acontecimientos históricos que los rodean. Se deberían pues tener en cuenta las ideas del momento, como el deseo de unidad del género humano, la influencia de la ciencia y la tecnología, así como de las ideologías entendidas en sentido positivo. Al mismo tiempo, la conferencia señalaba que han de ser tenidas también en cuenta las aportaciones de la teología en los últimos tiempos: los movimientos bíblico, litúrgico, patrístico, ecuménico y mariano. Ofrece, en fin, una reflexión sobre el relativismo y la dignidad de la persona, pues para discernir con claridad estos principios se requieren la luz y la ayuda aportadas por el mensaje cristiano (cf. J. Wicks, "Six Texts by Prof. Joseph Ratzinger as peritus before and during Vatican Council II", pp. 253-261).

14 G. Caprile (ed.), *Il concilio Vaticano II. Cronache del concilio Vaticano II*, I, Roma, La Civiltà Cattolica, 1966, p. 300.

15 Cf. "Aus meinem Leben", en K. Wagner y A. H. Ruf (eds.), *Kardinal Ratzinger. Der Erzbischof von München und Freising in Wort und Bild*, Múnich, 1978, p. 66; N. Trippen, *Josef Kardinal Frings (1887-1978)*, II, p. 262; T. Weiler, Volk Gottes-Leib Christi, pp. 116-174.

16 Cf. J. Frings, *Für die Menschen bestellt. Erinnerungen des Alterbischofs von Köln*, Colonia, Bachem, 1973, p. 149.

17 "Buchstabe und Geist des Zweiten Vatikanum in den Konzilsreden von Kardinal Frings", p. 251.

de tres páginas mecanografiadas y redactadas en latín, bajo el título *Introductio*,[18] en el que se intentaba resumir las metas y los objetivos del concilio.

"Ratzinger fue muy importante para el cardenal Frings", afirma Vorgrimler, tal como lo fueron otros teólogos para otros obispos, arzobispos y cardenales.[19] Sin embargo, antes de seguir adelante, debemos hacer una advertencia metodológica. Como decía el entonces cardenal Ratzinger,

> jamás se debe –Karl Rahner lo decía a menudo– sobrestimar el papel de un solo individuo. El concilio era un cuerpo muy grande y, si bien algunos imprimieron impulsos determinantes, no lo habrían logrado si otros no hubieran deseado lo mismo. […] Yo me siento un poco sobrevalorado. Si no hubiera existido esta comunidad de compañeros en camino, quienes iban en la misma dirección, un individuo aislado –que además era un teólogo desconocido para el mundo–, no hubiera sido jamás escuchado, a pesar de que hablaba por boca de un cardenal conocido.[20]

---

18 El cardenal Döpfner escribió en la primera página del texto original "Cardenal Frings sobre una constitución introductoria al Concilio (redactada por el Prof. Ratzinger) —junio de 1962". Texto recogido en J. Wicks, "Six Texts by Prof. Joseph Ratzinger as peritus before and during Vatican Council II", pp. 153-155. El texto se divide en cuatro partes: la experiencia de la unidad del género humano que puede ofrecer la Iglesia; la técnica como creadora de nuevas relaciones del hombre con la naturaleza; la ciencia como generadora de soledad y, en fin, la necesidad de ampliar los horizontes de las ideologías. Comienza, pues, señalando que la Iglesia es como una ciudad puesta en lo alto de un monte, para que toda la humanidad pueda mirarla y dirigir sus pasos hacia ella. Retomando el discurso que Ratzinger había preparado para la conferencia de Génova, el texto afirmaba que la tecnología a veces impedía al hombre dirigirse a Dios. El concilio quiere hablar un nuevo lenguaje y renovar la Iglesia interior y exteriormente. Esta renovación traerá consigo un intenso espíritu misionero y de servicio a toda la humanidad, el cual en definitiva nace de la eucaristía, y que atraerá también a cristianos de otras confesiones. Tras citar las palabras de Pablo ("siendo muchos, somos uno, porque comemos todos del mismo pan": 1 Co 10, 17), el texto concluye: "Bendiga el Señor el concilio reunido en su santo nombre": cf. Comm. Praep. Centrale (4 y 5 de mayo de 1962): AD II/3, pp. 745-746, 815-816.

19 H. Vorgrimler, *Karl Rahner. Experiencia de Dios en su vida y en su pensamiento*, Santander, Sal Terrae, 2004, p. 110.

20 *La sal de la tierra. Cristianismo y la Iglesia en el nuevo milenio*, Madrid, Palabra, 1998, pp. 72-73; cf. también p. 77; "Geleitwort", en T. Weiler, *Volk Gottes-Leib Christi*, XIII. Del 28 al 30 de diciembre tuvo lugar en Múnich lo que se ha venido a llamar la "comisión de los dos obispos y los siete teólogos", de la que también formó parte Ratzinger, cuyas conclusiones fueron después difundidas entre los padres conciliares (cf. *ibid.*, p. 212).

Así, habría que tener en cuenta el influjo de las ideas que se habían ido fraguando, poco a poco, en los años anteriores al concilio.

La cuestión de los esquemas

Frings –afirma Allen– era una leyenda en los círculos eclesiales de Europa. Había sido un buen estudioso de la sagrada Escritura, licenciado en el Instituto Bíblico de Roma con un estudio sobre el nuevo testamento. "Era buen montañero, aunque en tiempos del concilio contaba ya con 76 años y una salud en declive. Estaba casi ciego, por lo que dependía de otros para leer los documentos preparatorios, propuestas, memorandums y demás tipos de papeles que circulaban antes y durante el concilio".[21] Frings escogió después a Ratzinger –entre otros– como colaborador personal y éste se convirtió en un estrecho asesor teológico.[22] El cardenal de Colonia hizo llegar a su joven colaborador los *Schemata* de la fase preparatoria, elaborados para la comisión preconciliar, pues mantenía cierta distancia respecto al lenguaje empleado en ellos.[23]

---

21 J. L. Allen, *Cardinal Ratzinger. The Vaticans Enforcer of the Faith*, Nueva York, Continuum, 2000, p. 52.

22 Cf. "Buchstabe und Geist des Zweiten Vatikanum in den Konzilsreden von Kardinal Frings", pp. 253-254; N. Trippen, *Josef Kardinal Frings (1887-1978)*, pp. 244, 290-297; T. Weiler, *Volk Gottes-Leib Christi*, pp. 158-205.

23 Cf. "Buchstabe und Geist des Zweiten Vatikanum in den Konzilsreden von Kardinal Frings", p. 253; carta de Ratzinger al autor (del 18 de diciembre de 1995), en T. Weiler, *Volk Gottes-Leib Christi*, p. 165. Por ejemplo, sobre las reuniones mantenidas del 8 al 9 de mayo de 1962 acerca del esquema *De Ecclesia* afirma Trippen: "Las aportaciones del profesor Ratzinger sin duda influyeron en la argumentación teológica sobre el Schema De Ecclesia" (N. Trippen, *Josef Kardinal Frings (1887-1978)*, II, p. 284). Sobre el *De sacerdotibus lapsis*, afirma Ratzinger en una nota del 16.6.62 tras proponer una serie de objeciones: "Por eso creo que debería quedarse como está" (*ibid.*, p. 290). En el *De Ecclesiae unitate* sugiere una serie de precisiones terminológicas, mientras el *De apostolatu laicorum* lo había analizado el 27 de mayo. Sobre el *De Ecclesiae magisterio*, afirma que "debería también dar una breve explicación de los límites morales de la primacía jurisdiccional" (*ibid.*, p. 291). En fin, referente al esquema sobre la libertad religiosa y las relaciones entre Iglesia y Estado, recuerda el amor, la libertad, la generosidad y los principios expuestos en Mt 18, 15-17 (cf. *ibid.*, pp. 292-295).
También hay dictámenes concernientes al esquema sobre María, y acerca *de los De ordine sociale* y el *De communitate gentium*, añade "que se pierden demasiado en los detalles sociológicos" (*ibid.*, p. 297). Frings responde con una carta del 29 de agosto de 1962 a su joven ayudante con los nuevos esquemas y una serie de consultas, así como una invitación para que hablara el siguiente 10 de octubre sobre el *De fontibus* (*ibid.*, pp. 308-309). El 14 de

Al igual que muchos otros obispos y teólogos centroeuropeos, Ratzinger mostraba sus reservas hacia los esquemas redactados por las comisiones preparatorias. "Sin lugar a dudas, la renovación bíblica y patrística que había tenido lugar en los decenios precedentes había dejado poca huella en estos documentos, que daban más bien una impresión de rigidez y escasa apertura, de una excesiva dependencia de la teología escolástica, de un pensamiento demasiado erudito y [demasiado] poco pastoral".[24] Más adelante, en una conferencia que tuvo lugar en Bonn, el 18 de enero de 1963, Ratzinger recordaba que aquellos 70 esquemas preparatorios ocupaban 2 mil páginas, lo cual suponía el doble de todo el magisterio anterior de la Iglesia en los casi 2 mil años de existencia.[25] Era comprensible la reacción del aula conciliar

septiembre de 1962 emite Ratzinger una respuesta que será enviada tal cual por Frings a Cicognaui el 17 de septiembre, en la que se afirma que el esquema *De liturgia* habla al hombre de hoy mientras se advierte que, en el *De Ecclesiae, unitate* no se habla de las comunidades eclesiales surgidas a partir de la Reforma (*ibid.*, p. 310). El 3 de octubre Ratzinger envía 15 nuevas páginas con correcciones a los esquemas (*ibid.*, p. 314). Días después (el 14) tendrá lugar un encuentro con varios *Konziltheologen* en la casa episcopal de Maguncia, donde se acuerda que el estilo ha de ser más pastoral y definitorio, y se añade que –por ejemplo– en lo que se refiere a las relaciones con los medios de comunicación se podría contar con el consejo de los laicos (cf. *ibid.*, pp. 310-311). Alguien ha llamado a estas propuestas el *Plan Rahners*, formulado por una *Textwerkstatt* integrada por Volk, Rahner, Ratzinger y Semmelroth (cf. G. Wassilowsky, *Universales Heilssakrament Kirche. Karl Rahners Beitrag zur Ekklesiologie des II. Vatikanums*, Innsbruck, Tyrolia, 2001, p. 182).

24 *Mi vida*, p. 98. Trippen y Wicks afirman que el cuerpo del texto de Frings pertenece a Joseph Ratzinger: cf. J. Wicks, "Six Texts by Prof. Joseph Ratzinger as peritus before and during Vatican Council II", p. 239. El cardenal alemán envió, a finales de agosto, un ejemplar con los siete esquemas preparados hasta ese momento (revelación, depósito de la fe, moral cristiana, matrimonio y virginidad, liturgia, medios de comunicación e Iglesias orientales), y Ratzinger se lo devolvió el 14 de septiembre de 1962. Como hemos visto, en los días anteriores (9 al 11 de septiembre), había tenido lugar en Maguncia una reunión auspiciada por el cardenal Hermann Volk y dirigida por Karl Rahner. Frings tan sólo añadió al análisis ofrecido por el joven perito la firma y un saludo al cardenal Cicognani. El original en latín se encuentra en *ibid.*, pp. 293-295. Ratzinger consideró positivos sólo dos de los esquemas: los de la liturgia y las Iglesias orientales. Para él, sintonizaban perfectamente con la voluntad general del concilio y además no tenían un comienzo que sólo importaba a los teólogos. En fin, debería especificarse que la unidad con los protestantes se encuentra en la agenda del Vaticano II (cf. *ibid.*, pp. 240-241).

25 Cf. *Die erste Sitzungsperiode des Zweiten Vatikanischen Konzils. Ein Rückblick*, Colonia, Bachem, 1963, p. 8.

en los primeros días del Vaticano II ante semejante avalancha de material, escasamente articulado en torno a un proyecto poco definido.

El concilio inició su andadura en la mañana del 11 de octubre de 1962, en medio de un ritual imponente, recordaba Ratzinger. En el discurso inaugural titulado *Gaudet mater Ecclesia*, Juan XXIII se dirigió a "los profetas de calamidades" para pedirles que miraran con más benevolencia el mundo actual. Se refería también allí al famoso *aggiornamento*, a la puesta al día en los modos concretos e históricos de expresar la fe de siempre.

> Fue un discurso –valora Schatz– que abogaba claramente por una línea aperturista, que no se quedaba en la condena de herejías, sino que se planteaba las preguntas propias del mundo moderno, para poder anunciar de modo adecuado el evangelio. [....] En un primer momento, este discurso pronunciado durante una larga y pomposa liturgia, fue apenas apreciado en su verdadero alcance por la mayoría de los obispos y teólogos.[26]

La misa inaugural fue en latín, con el evangelio en griego y posteriores peticiones en árabe y eslavo, a petición del mismo Juan XXIII.[27] Ratzinger hizo notar, sin embargo, que se trataba de una liturgia poco acorde con los tiempos, sobre todo desde las ideas propuestas por el movimiento litúrgico.[28] No obstante, esta sensibilidad litúrgica pronto aparecerá en los documentos conciliares y aquella inauguración quedó grabada en la retina y en la conciencia de no pocos. "El comienzo del concilio –valoraba Hubert Jedin, otro de los peritos del cardenal Frings– supuso un toque de trompeta en el interior de la Iglesia, y tal vez todavía más fuera de la Iglesia".[29] Las sesiones plenarias del concilio se abrían con la celebración de la eucaristía y, a partir del segundo periodo de sesiones, con la entronización del evangelio, signos de la presidencia de Cristo en el Pan y en la Palabra. Era algo más que un gesto.

26 Cf. K. Schatz, *Encrucijadas en la historia de la Iglesia*, Madrid, Trotta, 1999, p. 275.

27 Cf. F. Derwahl, *Der mit dem Fahrrad und der mit dem Alfa kam*, p. 94.

28 Cf. *Die erste Sitzungsperiode des Zweiten Vatikanischen Konzils*, p. 11.

29 H. Jedin, *Chiesa della fede, Chiesa della storia*, Morcelliana, Brescia, 1972, p. 108.

La liturgia y las comisiones

La unanimidad de los padres conciliares en la votación de la estructura fundamental del esquema de la *Sacrosanctum concilium* fue casi total. Este hecho despertó el entusiasmo del joven teólogo, quien por entonces escribió a favor de las nuevas propuestas litúrgicas: la dimensión comunitaria de la celebración, la importancia de la proclamación de la Palabra, la participación activa de los laicos, el uso de las lenguas vernáculas, la riqueza de los ritos litúrgicos orientales.[30] Para Ratzinger la aprobación de la Constitución sobre la sagrada liturgia fue un acontecimiento trascendental, ya que ésta conforma "el centro de la Iglesia y, por tanto, el auténtico punto de partida de toda renovación".[31] El calado de la centralidad de la liturgia ocupa un lugar destacado en la concepción que de la Iglesia tiene el concilio. Más adelante, en otoño de 1964, se preguntará si la reforma litúrgica conseguirá una "nueva comprensión recíproca de los cristianos", con consecuencias ecuménicas positivas.[32]

Fue también –como es bien sabido– un hervidero y lugar de encuentro de ideas teológicas. "No puedo olvidar ni quiero describir aquí la experiencia particularísima –recuerda Ratzinger– […], el privilegio de tener múltiples encuentros con Henri de Lubac, Jean Daniélou, Yves Congar, Gerard Philips, por citar sólo algunos nombres destacados; los encuentros con obispos de todos los continentes y las conversaciones personales con algunos de ellos".[33] Tales conversaciones marcaron su vida y su teología, a la vez que analizaban documentos de trabajo, preparaban textos y mociones alternativos, limaban *propositiones* para sugerirlas a los padres conciliares e incluso preparaban el *timing* de las intervenciones de los obispos favorables.[34] La convivencia

30 Cf. *Die erste Sitzungsperiode des Zweiten Vatikanischen Konzils*, pp. 27-38.

31 *Ibid.*, pp. 25-26.

32 *Ergebnisse und Probleme der dritten Konzilsperiode*, Colonia, Bachem, 1965, p. 22. El cardenal Frings intervino en el aula conciliar sobre este tema los días 22 de octubre y 7, 14 y 17 de noviembre (cf. *Acta Synodalia Sacrasancti Concilii Oecumenici Vaticani II. Apendix I* (AS), Ciudad del Vaticano, Libreria Editrice Vaticana, p. 197 y ss.: I/1, pp. 309s.; I/II, pp. 327s.; I/III, pp. 34-36, 139).

33 *Mi vida*, pp. 3, 98.

34 Cf. Gianni Valente, *Ratzinger professore. Gli anni dello studio e dell'insegnamento nel riccordo dei colleghi e degli allievi (1946-1977)*, Turín, San Paolo, Cinisello Balsamo, 2008, p. 101.

de obispos y teólogos, de gente de distintas culturas y situaciones, e incluso más adelante con miembros de diferentes confesiones cristianas, constituía una oportunidad única. Es lo que se ha llamado "el secreto del concilio".[35]

"Aunque Ratzinger no podía hablar en el aula conciliar –comenta uno de sus biógrafos–, fue un personaje público en otro sentido. Pronunció conferencias sobre temas conciliares en varios lugares de Roma, organizó sesiones informativas para los padres conciliares, y publicó unos bien conocidos comentarios sobre el concilio".[36] Ratzinger atribuye, a su vez, al cardenal Frings varias intervenciones iniciales decisivas para la orientación posterior del concilio. Una de ellas consistió en el rechazo de las diferentes comisiones conciliares que la curia romana había preparado, mientras por el contrario algunos pensaban que –una vez presentadas las listas– se pudiera proceder a la inmediata votación. Pero no todos pensaban igual. "Entonces los cardenales Liénart y Frings se pusieron en pie y dijeron: 'así no podemos votar; es mejor que nos conozcamos un poco unos a otros, para saber quién es el más indicado para cada comisión'. Aquél fue el primer toque de atención nada más empezar el concilio".[37]

El cardenal Montini de Milán, futuro Pablo VI, y otros obispos de ámbito centroeuropeo ofrecieron un claro apoyo a la contrapropuesta. A esto

35 Cf. G. Alberigo, *Breve historia del concilio Vaticano II*, p. 195.

36 J. L. Allen, *Cardinal Ratzinger*, pp. 8, 55. "Estaba sentado en una tribuna donde los peritos tenían su sitio –recuerda el experto conciliar–, de modo que podía seguir así los trabajos conciliares. En los primeros dos meses, no era todavía perito conciliar, sino tan sólo un perito privado del cardenal. Sólo en noviembre el Papa me nombró perito oficial, y desde ese momento he tomado parte en todas las sesiones conciliares" ("Vi racconto il mio concilio", *Reset*, 89 [3], 2005, p. 18). El profesor alemán constataba aires de intenso optimismo, escribiendo años después al respecto: "En el concilio penetró algo de la brisa de la era Kennedy, de aquel ingenuo optimismo de la idea de una gran sociedad: lo podemos conseguir todo, si nos lo proponemos y ponemos medios para ello" (*Teoría de los principios teológicos. Materiales para una teología fundamental*, Barcelona, Herder, 1985, p. 445). Pero ante todo le parecía a Ratzinger un impresionante acontecimiento del Espíritu. "El concilio, una pentecostés: era ésta una idea que respondía a los sentimientos de aquella hora. [...] Era éste el signo, preñado de promesas de los primeros días del Vaticano II" (*ibid.*, p. 440; cf. AS, *Indices*, p. 946; T. Weiler, *Volk Gottes-Leib Christi*, pp. 208-210).

37 J. Ratzinger, *La sal de la tierra*, p. 79; cf. también *Die erste Sitzungsperiode des Zweiten Vatikanischen Konzils*, pp. 7-8, 11. La intervención del cardenal Frings, preparada por el mismo Ratzinger, aparece publicada en AS, *Apendix I*, pp. 74-77.

se sumó la cuestión de los esquemas preparados por la curia romana. En una carta fechada el 18 de octubre, dirigida al secretario de Estado, los padres conciliares afirmaban que "el material preparado no parece conformar una estructura armónica y unitaria, y no se eleva a la altura de un faro que ilumine nuestro tiempo y nuestro mundo".[38] Se sucedieron entonces los encuentros y los intercambios de listas para crear las nuevas comisiones, y fue éste el nacimiento de un gran espíritu de entendimiento –"alianza" la ha llamado alguno– entre los obispos europeos.

Para Ratzinger y Luthe, otro colaborador del cardenal Frings, aquél supuso ser un periodo de consultas muy intenso, pues debieron preparar las nuevas listas.[39] Tuvieron lugar entonces los oportunos escrutinios.

> El resultado de estas elecciones fue notablemente satisfactorio para la alianza europea, comenta Wiltgen. [...] Los candidatos de la alianza constituían el 50% de los miembros de la comisión teológica, la más importante. [...] Ocho de cada 10 candidatos propuestos por la alianza europea ocuparon un puesto en las comisiones. Alemania y Francia estaban representadas en todas las comisiones, menos una. [...] Tras esta elección, no parecía demasiado difícil prever qué grupo estaba lo bastante organizado para asumir el liderazgo del Concilio Vaticano II. El Rin había comenzado a desembocar en el Tíber.[40]

Junto a este grupo centroeuropeo, surgían al mismo tiempo los intereses de los obispos "mediterráneos" y de los obispos de la periferia: africanos, asiáticos y latinoamericanos.[41] Ratzinger se situó de modo claro desde un primer momento en la llamada ala reformista. Sin embargo, siempre reconoció la valía y la función de sus oponentes conciliares, "cuya seriedad –escribirá más adelante– no presenta la menor duda, y tampoco la necesidad

38 Cf. C. Cremona, *Pablo VI*, Madrid, Palabra, 1996, p. 221.

39 Cf. S. von Kempis, *Benedetto*, pp. 131-132.

40 R. M. Wiltgen, *El Rin desemboca en el Tíber. Historia del concilio vaticano II* (1967), Madrid, Criterio, 1999, pp. 23-24.

41 Cf. G. Alberigo, *Breve historia del concilio Vaticano II*, p. 62.

del servicio que prestan: [...] su protesta no es sin más airada, y bajo muchos aspectos era y es merecedora de reflexión".[42] Así, el teólogo alemán ha rechazado siempre una simplista interpretación del concilio en clave dialéctica, en la que se usan términos como "derecha" e "izquierda", "liberales" y "reaccionarios", "progresistas" y "conservadores" y se les hace aparecer como si sólo lucharan por conseguir el poder e imponer sus propias opiniones.[43]

El esquema *De revelatione*

Otro de los debates fue sobre la revelación, en el que Frings –como biblista– estaba muy interesado. Los acontecimientos tenían su prehistoria. El esquema inicial había escogido el título de *De fontibus* –sobre las fuentes–, en polémica con el principio protestante de la *sola Scriptura*.[44] Confluían en este esquema dos visiones distintas. Por un lado, Alfredo Ottaviani (1890-1979) y la comisión teológica del concilio proponían la Escritura y la tradición como dos fuentes paralelas que se complementaban recíprocamente, a la vez que aprovechaban para formular una crítica un tanto radical al método histórico-crítico. Por el contrario, Augustin Bea (1881-1968) y el Secretariado para la unidad de los cristianos sostenían que existía una estrecha relación entre ambas fuentes de la revelación. La revelación se encontraría más bien en la unidad entre las dos fuentes. Además, se unía a esto una cuestión

---

42 *Ergebnisse und Probleme der dritten Konzilsperiode*, p. 82.

43 *Das Konzil auf dem Weg. Rückblick auf die Zweite Sitzungsperiode*, Colonia, Bachem, 1964, p. 28. Por el contrario, la actitud habitual de los padres conciliares resultaba imposible de reducir a estos esquemas: "Una vez realizada la votación –comenta un cronista de los padres conciliares de una y otra línea–, estaban tan dispuestos como cualquier otro a aceptar el decreto promulgado. Básicamente, tal fue la actitud de todos los padres conciliares [...]; cada cual estaba convencido de que su postura sobre un determinado punto era la correcta [...]. Pero estos hombres, conocedores de las leyes eclesiásticas, también comprendían que ambos lados no podían tener toda la razón al mismo tiempo. Y en última instancia se adherían a la opinión mayoritaria, tan pronto ésta quedaba finalmente clara y era promulgada por el Papa como doctrina común enseñada por el Concilio Vaticano II" (R. M. Wiltgen, *El Rin desemboca en el Tíber*, p. 289). Por otro lado, estaba el importante papel desarrollado por los medios de comunicación, los cuales –comenta Alberigo– "ofrecían una clave de lectura sobre el significado de las distintas sesiones, que a menudo pasaba inadvertido a muchos de los padres" conciliares (G. Alberigo, *Transizione epocale. Studi sul Concilio Vaticano II*, Bolonia, Pubblicazioni dell'istituto per le scienze religiose, p. 799).

44 Cf. G. Alberigo, *Breve historia del concilio Vaticano II*, Salamanca, Sígueme, 2005, pp. 56-57.

de estilo: mientras la primera propuesta se expresaba en un lenguaje especulativo y escolástico, la segunda tendencia encontraba su propia voz en un estilo bíblico y patrístico.[45]

> El segundo "toque" –recuerda Ratzinger– [...] fue, en concreto, que –cuando se iba a someter a debate el texto de la revelación– el cardenal Frings aclaró que, tal como estaba redactado (yo había colaborado con él), no tenía un punto de partida adecuado. Hubo que redactarlo de nuevo a mitad del concilio. Aquel sí que fue un toque de atención.[46]

Según recuerdan los cronistas, "una verdadera lluvia de fuego se abrió sobre el *De fontibus*. 'El esquema no gusta' fue el comienzo de autorizadas intervenciones, entre las que hay que destacar como particularmente duras las de los cardenales Liénart y Frings".[47] El cardenal alemán declaró que era "ofensivo para los hermanos separados".[48] Las objeciones al esquema conciliar sobre la revelación se centraban, en opinión de Ratzinger, en que éste se mostraba demasiado imbuido de un espíritu antimoderno, y denotaba más bien "una teología de las negaciones y prohibiciones" que una "propuesta positiva"; además, no utilizaba el "lenguaje pastoral y ecuménico" que buscaba el concilio: "El lenguaje de la Escritura, de los Padres, de los hombres de hoy".[49]

Esta intervención en el aula conciliar había sido preparada concienzudamente. El 10 de octubre de 1962, en la germánica *Santa Maria dell'Anima* y ante un grupo de obispos de habla alemana, Ratzinger presentaba –junto

---

45 Cf. "Buchstabe und Geist des Zweiten Vatikanum in den Konzilsreden von Kardinal Frings", pp. 255-257; K. Schatz, *Los concilios ecuménicos*, pp. 262-263, 277-278; K. Barth, *Ad limina apostolorum*, Zúrich, evz, 1967, pp. 47-59. Sobre el voto del cardenal Frings, afirma su historiador: "Según la propuesta de Ratzinger, [...] también fueron incorporados en la votación del cardenal" (N. Trippen, *Josef Kardinal Frings (1887-1978)*, II, p. 295).

46 *La sal de la tierra*, pp. 78-79.

47 Cf. A. Zambarbieri, *Los concilios del Vaticano*, Madrid, San Pablo, 1996, p. 231.

48 M. Grelot, *In rinnovamento biblico nel xx secolo. Memorie di un protagonista*, Cinisello Balsamo, Paoline, 1996, pp. 37-38.

49 Cf. *Die erste Sitzungsperiode des Zweiten Vatikanischen Konzils*, pp. 41, 46.

con Karl Rahner– un esquema alternativo sobre la revelación.[50] Una segunda versión de esta ponencia dio lugar posteriormente al opúsculo *Revelación y tradición* (1965), donde Ratzinger realizaba un detenido examen histórico del concepto de tradición y su relación con la Escritura, sobre todo en el concilio de Trento, al hilo de sus pesquisas en la frustrada tesis de habilitación sobre el concepto de revelación en Buenaventura. Ahora llegaba a la conclusión de que Escritura y tradición no constituyen dos fuentes diferentes, sino una sola en la que ambas se unen íntimamente.[51] "Me parece que el hecho primero y más importante –concluye– es que el concilio [de Trento] vio con más claridad la conexión del concepto de revelación con el de tradición".[52]

Un grupo de teólogos franceses y alemanes se reunieron más adelante en la casa *Mater Dei*. En concreto, los dominicos Congar, Chenu y Schillebeeckx, los jesuitas De Lubac, Daniélou y Rahner, los jóvenes sacerdotes seculares Küng y Ratzinger, junto con otros muchos. El 21 de octubre, Congar presentaba un *proemium* al esquema sobre la divina revelación, en el que lo ponía en entredicho. Ratzinger estaba allí presente. El día 25, Ratzinger leyó su texto ante los cardenales Alfrink, König, Liénart, Suennens, Montini y Siri. Dos días después el grupo de teólogos se volvía a reunir en la

50 Texto original alemán "Bemerkungen zum Schema *De fontibus revelationibus*", en J. Wicks, "Six Texts by Prof. Joseph Ratzinger as peritus before and during Vatican Council II", pp. 295-309. Tuvo lugar una posterior reunión en el Giannicolo, en el que se presentó de nuevo el *Rahner-Ratzingers Schema* (cf. G. Wassilowsky, *Universales Heilssakrament Kirche*, p. 182). El 4 de noviembre, sin embargo, Congar lo rechaza (cf. *ibid.*, p. 187).

51 Cf. K. Rahner y J. Ratzinger, *Revelación y tradición*, Barcelona, Herder, 1970, pp. 54-76.

52 *Ibid.*, p. 73. A la vez, aportaba una serie de conclusiones teóricas: en primer lugar, Cristo es el centro de la revelación ("La realidad que acontece en la revelación cristiana no es otra, ni otro, que Cristo mismo. Es él, en sentido propio, la revelación": *ibid.*, p. 42); además, la tradición se encuentra íntimamente unida a la palabra de Dios: "La tradición es siempre, por esencia, interpretación; no existe independiente, sino como explicación, como exposición "según la Escritura" (*ibid.*, p. 51). Las similitudes de estas ideas con el futuro texto conciliar resultan evidentes. Ratzinger afirmaba de igual modo, en 1964, que –en esta relación entre revelación, Escritura y tradición– está en juego no sólo "la dimensión histórica de la teología", sino también "la posibilidad de fundamentarse libremente en el pensamiento contemporáneo, caracterizado por los métodos modernos de la ciencia" (cf. *Ergebnisse und Probleme der dritten Konzilsperiode*, pp. 35 y 37). Sobre este tema, puede verse también H. Verweyen, *Ein unbekannter Ratzinger. Die Habilitationschrift von 1955 las Schlüssel zu seiner Theologie*, Ratisbona, Pustet, 2010, pp. 27-34. Según Frings, esta intervención "debería desempeñar un papel importante" en el *De revelatione* (N. Trippen, *Josef Kardinal Frings (1887-1978)*, II, p. 315).

casa de monseñor Hermann Volk (1903-1988), recién nombrado obispo de Maguncia, para comentar una vez más el nuevo texto. El domingo 4 de noviembre, el cardenal Frings había propuesto el modo en que se podría presentar este texto alternativo, en lugar de los esquemas oficiales. El 11 se decide fotocopiarlo y distribuirlo.[53]

El texto, reproducido en multicopista, circulará por el aula conciliar con la siguiente explicación: "Los presidentes de las conferencias episcopales de Austria, Bélgica, Francia, Alemania y Holanda se atreven a sugerir el siguiente material".[54] Según Congar, se distribuyeron 3 mil copias del texto.[55] El esquema inicial proponía la Escritura y la tradición como dos fuentes separadas y en paralelo de la Revelación. Ambas tenían igual importancia. Esta postura presentaba problemas ecuménicos, sobre todo con los protestantes, quienes sostenían no sólo la superioridad de la Escritura sino la doctrina de la *sola Scriptura*.[56] El esquema *De fontibus revelationis* será después rechazado por los padres conciliares, también gracias a la intervención de Frings en el aula conciliar.[57] Para Ratzinger, el principal logro del documento conciliar resultante será la unidad entre Escritura y tradición, la lectura de la Biblia

---

53 Cf. J. Chélini, *Benedicto XVI, heredero del concilio*, pp. 102-103. Texto titulado "De revelatione Dei et hominis in Jesu Christo facta", firmado también por Rahner, en P. Pfister (ed.), *Joseph Ratzinger und das Erzbistum München und Freising*, pp. 173-181. Un segundo texto, titulado *De revelatione et hominibus* –según afirmó el mismo Ratzinger– "tenía mucho más de Rahner que de mío" (*Mi vida*, p. 104).

54 Cf. R. M. Wiltgen, *El Rin desemboca en el Tíber*, p. 56.

55 Y-M. Congar, *Mon journal du Concile*, París, Cerf, 2002, I, p. 202.

56 Cf. R. de Mattei, *Il concilio Vaticano II. Una storia mai scritta*, p. 405.

57 Trippen afirma que al menos se trata de una intervención inspirada: "zumindest inspirierte Intervention" (N. Trippen, *Josef Kardinal Frings (1887-1978)*, II, p. 335). Ratzinger recuerda aquellos acontecimientos del siguiente modo: "Por deseo del cardenal Frings, puse por escrito un pequeño esquema en el que intentaba explicar mi punto de vista. [...] Ahora bien, aquel pequeño ensayo, escrito a toda prisa, no podía competir ni siquiera remotamente con la solidez y precisión del esquema oficial [...]. Estaba claro que el texto debía ser ulteriormente elaborado y profundizado. Semejante trabajo requería también la intervención de otras personas. Por consiguiente se decidió que presentase, junto con Karl Rahner, una segunda redacción, [revisada] más en profundidad" (*Mi vida*, pp. 104-105; cf. "Einleitung" en *II. Vatican Konzil, Dogmatische Konstitution über die Kirche: Authentischer lateinischer Text; deutsche Übersetzung im Auftrage der deutschen Bischöfe*, Münster, 1966, p. 500).

en la Iglesia y la aplicación del método histórico crítico para la interpretación de la Escritura.[58]

La división de opiniones entre los padres conciliares propició que Juan XXIII retirara al final el esquema, a pesar de que no se habían obtenido los dos tercios de votos con el *non placet* requeridos para sacarlo del debate. No se denominará en adelante como el esquema *De fontibus*, "sobre las fuentes" de la revelación, sino simplemente *De revelatione*, "sobre la divina revelación", lo cual daba la razón a la propuesta de Rahner.[59] Juan XXIII nombró como presidentes de la comisión a los principales representantes de ambas tendencias. A partir de ese momento, en la comisión redactora del documento no estará solo Ottaviani –prefecto del Santo Oficio–, sino también el alemán Bea, presidente del Secretariado para la unidad de los cristianos

58 Sobre este tema puede verse también "Kommentar zum Prooemium, I., II. Und VI. Kapitel der Dogmatischen Konstitution über die göttliche Offenbarung des Zweiten Vatikanischen Konzils", *Lexikon für Theologie und Kirche. Das zweite vatikanische Konzil 2*, Freiburg 1967, pp. 504-528, 571-581. En estas notas a pie de página, Ratzinger insiste en la unidad entre Iglesia y Escritura, entre la *Dei Verbum* (DV) y la *Lumen gentium* (LG) (cf. *ibid.*, p. 504), en el sentido positivo del término tradición, en la reformada continuidad de la doctrina allí contenida con la aparecida en Trento y Vaticano I (cf. *ibid.*, p. 505) y en la alternancia entre los intereses doctrinal y kerigmático –entre las dimensiones dogmática y pastoral– de este documento conciliar (cf. *ibid.*, pp. 505-506). En resumen, afirma, refiriéndose a la introducción de la Constitución dogmática sobre la revelación: "la estructura de este pequeño texto arroja una sorprendente y clara luz sobre el concilio, en el cual se encuentran concentrados la grandeza y los límites en unas pocas frases" (*ibid.*, p. 506). Véase también H. Verweyen, *Ein unbekannter Ratzinger*, pp. 73-108. El conocimiento de Ratzinger de la Constitución dogmática sobre la revelación estará fuera de dudas, trabajó también en la primavera de 1964 con Grillmeier y Semmelroth en su capítulo sexto sobre la Escritura en la vida de la Iglesia.
Años más tarde, en 1967, Ratzinger viajará con sus alumnos de Ratisbona a Basilea para poder estar con Karl Barth. De ese encuentro recuerda Kuhn, uno de los alumnos: "Barth era anciano y moriría algunos meses después. Fue al encuentro de Ratzinger y casi se arrodilló ante él, saludándolo como se saluda a un príncipe de la Iglesia. Y Ratzinger entonces sólo tenía 40 años. Después nos invitó a participar en el seminario que daba en la universidad, y que versaba sobre la constitución *Dei Verbum* del concilio Vaticano II sobre la sagrada Escritura. Estudiaba el documento con sus estudiantes, con una seriedad y un compromiso mucho mayor del que se aprecia en los centros católicos. Nosotros queríamos preguntarle tantas cosas, pero el anciano profesor tenía un gran interés sobre el concilio Vaticano II y estuvo todo el tiempo preguntando a Ratzinger, para saber qué había sucedido entonces" (G. Valente, *Ratzinger professore. Gli anni dello studio e dell'insegnamento nel riccordo dei colleghi e degli allievi (1946-1977)*, Cinisello Balsamo, San Paolo, 2008, pp. 159-160. Véase también H. Verweyen, *Ein unbekannter Ratzinger*, pp. 35-38).

59 Cf. G. Wassilowsky, *Universales Heilssakrament Kirche*, p. 188.

y principal opositor del citado cardenal romano.[60] También Frings y Liénart fueron llamados a formar parte de la nueva comisión redactora.[61] El *Frankfurter Allgemeine Zeitung* hablaba de los "dolores de parto" del nuevo documento, mientras el *Süddeutsche Zeitung* se refería a un progreso decisivo para la Iglesia. En diciembre de 1962, Juan XXIII creó la comisión para la creación de los trabajos, que revisó todos los esquemas. Formó parte de ella también Julius Döpfner (1913-1976), arzobispo de Múnich y Frisinga, quien mantuvo algunos contactos con el perito Ratzinger.

II.II. Segundo periodo conciliar (1963)

El 3 de junio de 1963 falleció Juan XXIII. Pocos días después tuvo lugar la elección de Giovanni Battista Montini (1897-1978), quien tomó para sí el nombre de Pablo VI. Según su biógrafo, su vida "estuvo regida por un particular centro de gravedad: la atracción por la genuina vida pastoral"; era también un poeta, un intelectual y un decidido agustiniano.[62] Decide inmediatamente continuar el concilio convocado por su predecesor y dedicarle sus mejores energías. Si el papa Juan había empezado el concilio, Montini fue –antes y después de su elección como Papa– su "arquitecto".[63] Ese verano, el profesor Ratzinger había recibido la oferta de la cátedra de teología dogmática en la *Westfälicher Wilhems-Universität* de Múnster, una ciudad de tradición católica en el noroeste de Alemania en la famosa Westfalia. A partir de ese momento, la vida del profesor y perito se divide entre las aulas universitarias y la conciliar.

---

60 Cf. G. Alberigo, *Breve historia del concilio Vaticano II*, p. 57.

61 Cf. R. M. Wiltgen, *El Rin desemboca en el Tíber*, p. 67. Ratzinger colaborará también para esta comisión. Por ejemplo, el texto enviado por el cardenal de Colonia el 15 de febrero de 1963 a la comisión mixta fue redactado *wahrscheinlich* (probablemente) por Ratzinger (cf. N. Trippen, *Josef Kardinal Frings (1887-1978)*, II, p. 353). El 25 de mayo Ratzinger recibe –junto al *De beata Maria mater Ecclesiae*– el *De divina revelatione*, para un nuevo y ulterior análisis.

62 G. Valente, *Ratzinger professore*, p. 189.

63 Cf. *ibid.*, p. 222.

Una nueva eclesiología

La discusión conciliar abordó también otros temas. La reacción relativa al esquema sobre la revelación no se hará esperar: poco después, el esquema inicial sobre la Iglesia fue rechazado por varias razones.

> Aquella mañana [del 1 de diciembre] se acercaron al micrófono 14 padres conciliares. Seis de ellos pidieron revisiones tan amplias que equivalían al rechazo total del texto en su forma actual. Se criticaba el esquema por ser demasiado teórico y legalista, por identificar el Cuerpo místico pura y simplemente con la Iglesia católica, por referirse sólo de un modo condescendiente a los laicos, por insistir en exceso en los derechos y la autoridad de la jerarquía, y por carecer de un enfoque caritativo, misionero y ecuménico.[64]

Detrás de estas reivindicaciones se encontraba una eclesiología distinta, sigue contando Ratzinger en su crónica conciliar. Las voces se levantaron entonces a favor de la colegialidad de los obispos: afirmaban que éstos no eran meros funcionarios del Papa –no lo habían sido nunca de hecho–, sino que tenían una misión propia y específica, derivada de la misma voluntad de Cristo transmitida a los 12 apóstoles. Así, no se le escapó a Ratzinger el detalle de que el papa Juan XXIII se presentará en el discurso del 8 de diciembre de 1962, en la sesión de clausura de esta primera etapa, como "obispo de la Iglesia católica", "que se reúne con sus hermanos, los obispos de la

64 Cf. R. M. Wiltgen, *El Rin desemboca en el Tíber*, p. 67. El 13 de septiembre Frings envía un voto sobre el *De Ecclesia*, posiblemente redactado por Ratzinger, en el que se remite a la eclesiología de los Padres (cf. N. Trippen, *Josef Kardinal Frings (1887-1978*, II, p. 369). En una carta de Rahner a Otto Semmelroth del 12 de abril de 1962, el teólogo de Innsbruck menciona la estrecha colaboración entre él y Ratzinger en torno a este esquema (citada en G. Wassilowsky, *Universales Heilssakrament Kirche*, pp. 167-168). En una intervención en el aula conciliar el 4 de diciembre, Frings clamaba por la catolicidad (AS I/4, pp. 218s.) y, tras realizar algunas precisiones terminológicas, concluía *Schema in genere placet* (*ibid.*, p. 343). Antes hacía algunas precisiones sobre la colegialidad de los obispos (cf. pp. 219-220), que continuará en su intervención del 30 de septiembre, 14 de octubre y 13 de noviembre de 1963: AS II/1, pp. 343-346; II/2, pp. 493-495; II/5, p. 67; cf. T. Weiler, *Volk Gottes-Leib Christi*, pp. 183-191.

Iglesia de Dios".[65] Este ánimo generalizado llevará a una serie de actuaciones dentro del aula conciliar.

Tras el rechazo del esquema *De Ecclesia*, en los primeros días de diciembre de 1962, del primer periodo de sesiones, la Comisión Teológica del Concilio creó un grupo de trabajo para la redacción del esquema *De Ecclesia*, que debía trabajar a partir del nuevo texto preparado por el teólogo belga Gerard Philips (1889-1972) y que empezaba con las palabras *Lumen gentium*: Cristo, la luz de las gentes. Los trabajos de redacción durarán hasta el mes de junio.[66] Ratzinger se mostraba moderadamente optimista al juzgar los resultados obtenidos en la primera sesión. Así, había valorado positivamente esta ausencia de documentos aprobados, pues denotaba "una fuerte reacción contraria al espíritu que animó el trabajo preparatorio".[67] Con esta reacción, se confirmaba la autoridad de los obispos por encima de la curia romana, pues ésta no había sido instituida por Cristo.[68] El concilio estaba tomando unos aires interesantes, había afirmado Ratzinger al final del primer periodo. Habrá que esperar –concluía– a los frutos de la paciencia, del trabajo diario y de la ayuda del Espíritu santo.[69]

65 *Die erste Sitzungsperiode des Zweiten Vatikanischen Konzils*, p. 12; cf. también p. 17. Aquel gesto contenía una idea algo diferente en las relaciones entre el Papa y los obispos. Además, en ese discurso, el Papa trazaba una perspectiva más bien optimista sobre el desarrollo de los primeros días del concilio: en aquellos meses del primer periodo de sesiones –venía a decir– se había comenzado la gran obra del concilio, siguiendo los designios divinos (cf. A. Zambarbieri, *Los concilios del Vaticano*, p. 244). Aunque a algunos les pudiera parecer que tan sólo se podía vislumbrar polémica y lucha entre distintas facciones, realmente poco más se podía decir, a la vista del rechazo generalizado de los esquemas presentados, salvo el de la liturgia. Juan XXIII había acogido las sugerencias y animó a los padres conciliares a seguir estudiando los esquemas conciliares.

66 Cf. G. Alberigo, *Breve historia del concilio Vaticano II*, pp. 65-66. Rahner también presentará un esquema alternativo en esta parte eclesiológica, aceptado por la mayoría de los obispos alemanes: cf. G. Wassilowsky, *Universales Heilssakrament Kirche*, pp. 277-355.

67 *Die erste Sitzungsperiode des Zweiten Vatikanischen Konzils*, p. 58.

68 Cf. *ibid.*, p. 54.

69 Cf. *ibid.*, pp. 59-61.

La colegialidad de los obispos

En 1960, cuatro profesores del Instituto Teológico Ortodoxo *Sant Serge* de París habían publicado un libro dedicado al primado de Pedro, en el que proponían una eclesiología "colegial", fundada en el primado del amor y en cierto modo contrapuesta a la católica.[70] Este conocido texto iba a constituir todo un precedente. Tres años después, el 29 de septiembre de 1963, comenzaba el segundo periodo de sesiones conciliares. Ratzinger se sintió impresionado por el cristocentrismo de las palabras del nuevo papa Pablo VI en la ceremonia de inauguración de las sesiones. "Con qué claridad sonaron aquí las palabras de la liturgia *Te, Christe, sole novimus:* ¡sólo a ti, oh Cristo, te conocemos!". A esto añadía el papa Montini los fines del concilio: alcanzar la propia conciencia de la Iglesia, su reforma, el lograr la unidad de todos los cristianos y el diálogo de la Iglesia con los hombres contemporáneos".[71]

Los debates –si bien más serenos que en otros momentos conciliares– se dieron también de modo intenso en este periodo: además de la libertad religiosa y las relaciones de la Iglesia con el mundo, tuvieron lugar intercambios de pareceres en lo que se refiere al ecumenismo y a la "declaración sobre los judíos" que dará lugar al decreto *Ad gentes*.[72] Quedaban todavía pendientes "un bosque de textos": la *Dei Verbum*, la constitución sobre la relación

[70] N. Afanasieff, N. Koulomzine, J. Meyendorff, y A. Schmemann, *La primauté de Pierre*, Neuchâtel, Delacroix et Nieslée, 1960.

[71] *Das Konzil auf dem Weg. Rückblick auf die Zweite Sitzungsperiode*, Colonia, Bachem, 1964, p. 19. Frings intervino sobre el ecumenismo el 30 de septiembre y el 28 de noviembre de 1963, y sobre los judíos el 28 de septiembre de 1964 (AS II/1, p. 344; II/6, p. 194; III/2, p. 583). En esos meses, Ratzinger se mostrará muy activo: el 9 de octubre de 1963 tendrá una intervención en el *Pressezentrum* alemán, el 14 de noviembre en el centro de documentación holandés *do-c* y el 20 de noviembre en el también holandés centro Unitas; el 23 de septiembre de 1964 volverá a hablar ante los periodistas alemanes sobre el esquema *De Ecclesia* y ante los periodistas católicos el 28 de octubre sobre el Esquema XIII (cf. T. Weiler, *Volk Gottes-Leib Christi*, pp. 234-235). Sus ideas sobre la colegialidad las expondrá en "Zurück zur Ordnung der Alten Kirche", en J. C. Hampe (ed.), *Ende der Gegenreformation? Das Konzil. Dokumente und Deutung*, Stuttgart-Maguncia, Kreuz-Günewald, 1964, pp. 183s, después como "Gedanken zur Frage: Primat und Episkpat", en O. Müller, W. Becker, y J. Gülden, *Vaticanum secundum*, Leipzig, St Benno, 1965, p. 142s., cf. T. Weiler, *Volk Gottes-Leib Christi*, pp. 236-248. El texto sobre el Esquema XIII pronunciado el 4 de octubre de 1964 aparecerá en "Brief aus Rom", *Orienterumg*, 28, 1964, pp. 236-238.

[72] Cf. K. Schatz, *Los concilios ecuménicos*, pp. 295, 305-306.

entre la Iglesia y el mundo, los documentos sobre obispos, laicos, sacerdotes y religiosos, y sobre todo la *Lumen gentium*, Como hemos mencionado ya, el primer esquema sobre la Iglesia, obra también de Ottaviani y su colaborador, el alemán Tromp, contenía algunos avances –como una valoración del papel de los obispos y de los laicos–, a pesar de que todavía presentaba un concepto distinto de la Iglesia: quería completar el Vaticano I, pero –por ejemplo– empezaba por la jerarquía y no con el pueblo de Dios, como lo hará después la *Lumen gentium*.

Además, la figura del obispo parecía aislada en su propia diócesis, mientras la colegialidad aparecía tan sólo al final del texto. "El esquema era demasiado clerical –valora Schatz–, excesivamente orientado hacia una estructura jurídica y no en un concepto sacramental de la Iglesia. Sólo se utilizaban textos escritos a partir del siglo XII, era muy escaso el recurso a la Escritura y a los Padres de la Iglesia; no se había superado de este modo la restricción jurídica que entiende la Iglesia sobre todo como institución".[73] Hacía falta fundamentarlo en un concepto más teológico de Iglesia y remitirlo a la enseñanza de la Escritura y los Padres. La discusión se extendió a todo el mes de octubre de 1962, sin que se llegara a un acuerdo. Tanto Rahner como Ratzinger fueron nombrados para formar parte de la comisión *De collegialitate*, mientras otros teólogos introducían una síntesis de la doctrina del Vaticano I sobre la potestad del Papa, aunque –según De Mattei– los alemanes se opusieron.[74]

---

73 *Ibid.*, pp. 280-281.

74 Cf. R. de Mattei, *Il concilio Vaticano II*, p. 342. En una carta de Rahner al obispo Hermann Volk del 23 de noviembre de 1963, escribía el teólogo jesuita: "Ayer terminé el texto conjunto de nuestra relación con Ratzinger, Maccarrone y Salaverri" (citada en G. Wassilowsky, *Universales Heilssakrament Kirche*, p. 244, n. 195). En una reunión que tuvo lugar el 24 de octubre para revisar el *De constitutione ierarchica ecclesiae*, que después será el capítulo III de la LG (cf. T. Weiler, *Volk Gottes-Leib Christi*, pp. 219, 225). Estaba todavía reciente la publicación –de nuevo junto con Karl Rahner– de un breve estudio titulado *Episcopado y primado* (1961). Según el joven perito, no se trataría de instancias contrarias, sino complementarias, tal como se había proclamado desde siempre en la Iglesia, aunque –tal vez– los acentos habían ido más bien en una u otra dirección. En fecha temprana estos dos autores fundamentaban la enseñanza de la colegialidad que después sería proclamada por el Vaticano II, junto con la importancia de considerar a la Iglesia como "comunidad eucarística", cuyo centro estaría en la

Roma y el mundo entero (el primado definido por el Vaticano I, y la colegialidad que se promoverá en el Vaticano II) habían de encontrar un buen entendimiento entre sí, pedía nuestro teólogo. Entre el 4 y el 16 de octubre de 1963, intervinieron en el aula conciliar 130 padres conciliares. Hablaron por extenso del "colegio episcopal" como continuación del colegio de los apóstoles, reunidos en torno a Pedro.[75] "Esto llevó a la reafirmación, por parte de todos, del valor indiscutible del primado".[76] No se trataba por tanto de una monarquía ni tampoco de una democracia, sino de un colegio, de una "comunión jerárquica" presidida en última instancia por el mismo Cristo. Los obispos han recibido el sacramento del orden en su plenitud y tienen la misión de enseñar el evangelio, administrar los sacramentos y pastorear al pueblo de Dios. El concilio reivindicaba la figura del obispo como pastor en su propia diócesis y con vistas a toda la Iglesia, al mismo tiempo que le enfrentaba con su propia responsabilidad.[77]

diócesis reunida en torno al obispo y a la eucaristía (cf. K. Rahner y Joseph Ratzinger, *Episcopado y primado*, Barcelona, Herder, 1965, pp. 9-13).

Con este propósito, Ratzinger pretendía no sólo valorar al obispo –que no son "pequeños papas"–, sino también la figura del sacerdote y del laico en la Iglesia. Tras el concilio, Rahner y Ratzinger señalaban que ese escrito no contenía lógicamente la enorme riqueza del texto conciliar. En ese pequeño volumen Ratzinger ofrecía, sin embargo, con un estilo inconfundiblemente histórico, un breve ensayo ya publicado en 1959, en el que se proponía una "tercera vía" entre dos extremos. "Cuando se dice 'católico' –escribía allí–, se alude a un cristianismo de la Escritura aislada, en lugar de la profesión de la *auctoritas* de la Palabra viva, es decir, del ministerio de la sucesión apostólica. Cuando se dice 'romano', se da al ministerio su norte y su centro estables: la potestad de las llaves del sucesor de Pedro en la ciudad que fue regada con la sangre de los dos apóstoles. Finalmente, cuando se unen ambos términos en la fórmula 'católico romano', se expresa la completa dialéctica que media entre primado y episcopado, en la que uno no puede estar sin el otro. Una Iglesia –concluye Ratzinger– que quiere ser sólo 'católica' sin tener parte con Roma, pierde precisamente por ello su misma catolicidad" (*ibid.*, pp. 66-67). Puede verse también "Einleitung", pp. 311-312.

75 Cf. G. Alberigo, *Breve historia del concilio Vaticano II*, p. 82.

76 *Ibid.*, p. 84.

77 Cf. *ibid.*, pp. 84-85. El texto, firmado también por Rahner y Martelet, aparece como "De primatu et collegio episcoporum in regimine totius Ecclesiae", en P. Pfister (ed.), *Joseph Ratzinger und das Erzbistum München und Freising*, pp. 181-183.

La Iglesia como comunión

El 30 de septiembre, Frings interviene en el aula conciliar y expresa su sintonía con el esquema presentado por Philips, en cuya concepción eclesiológica se encuentran los temas de la naturaleza sacramental de la Iglesia, la idea de ésta como pueblo de Dios y a la vez cuerpo de Cristo, así como la Iglesia peregrina y celestial al mismo tiempo. Se combinaban de este modo la condición terrena y escatológica, vertical y horizontal de la Iglesia.[78] El 4 de octubre, el cardenal alemán vuelve a intervenir en el debate conciliar para recordar que la colegialidad episcopal forma parte de la doctrina católica, pues la Iglesia de los primeros siglos "estaba constituida por varias iglesias locales, que tenían entre sí comunicación y contactos".[79]

El nuevo esquema recogía la dimensión histórica y sacramental de la Iglesia: como pueblo de Dios en marcha y como sacramento universal para la salvación del mundo. Además, el pueblo de Dios aparecía en el texto incluso antes de la jerarquía.[80] Ratzinger apreció este esquema redactado por los belgas, que reflejaba un punto intermedio entre las tendencias de italianos, españoles y latinoamericanos, por un lado, y francófonos y alemanes por otro.[81] A su vez, el nuevo esquema retomaba algunas observaciones generales sobre la naturaleza de la Iglesia, que le parecían de gran importancia. En primer lugar –según Ratzinger–, trataba del misterio de la Iglesia como cuerpo de Cristo y como pueblo de Dios al mismo tiempo: "habla elocuentemente sobre la condición cristológica y pneumatológica de la Iglesia, y sobre su estructura sacramental y carismática".[82]

---

78 Cf. G. Caprile (ed.), *Il concilio Vaticano II*, III, p. 29.

79 *Ibid.*, p. 212; cf. "Buchstabe und Geist des Zweiten Vatikanum in den Konzilsreden von Kardinal Frings", pp. 257-258. Frings había intervenido el 30 de septiembre de 1963 sobre el concepto de pueblo de Dios y la concepción de la Iglesia como sacramento (AS III/2, p. 583).

80 Cf. K. Schatz, *Los concilios ecuménicos*, p. 285.

81 Cf. *Das Konzil auf dem Weg*, p. 25.

82 *Ibid.*, p. 27.
Se trataba por tanto de una eclesiología equilibrada, que intentaba integrar las diferentes vertientes del misterio: la visible y la invisible, la humana y la divina, la material y la espiritual. Por eso, la Iglesia es también *sacramentum*, un signo sagrado, como la había definido san Agustín: un sacramento universal para la salvación y comunión entre todos los hombres y mujeres (*ibid.*, p. 42). Así, el esquema tomaba también en serio la historicidad de la Iglesia, y la Iglesia

Lógicamente el teólogo de Múnster ve mayor novedad conciliar en el decreto sobre el ecumenismo que en la misma constitución dogmática sobre la Iglesia.[83] Recuerda Ratzinger con incondicional adhesión que otros cristianos no católicos pertenecen a la misma Iglesia de Cristo, pues esta postura favorece también los deseos de acercamiento por parte de ellos hacia la única Iglesia: la inclusión es mejor que la exclusión, piensa.[84] Sin embargo, rechaza la idea de la unidad como una simple federación de Iglesias separadas, a la vez que recuerda que en la Iglesia católica existe ya la pluralidad y que, por tanto, su unidad es dinámica, nunca monolítica.[85] En este sentido, "los católicos deben saber que su misma Iglesia no ha alcanzado todavía en absoluto la unidad en la diversidad, y que su tarea es dirigirse hacia esta posibilidad y verdad. [...] En cuanto a la idea de conversión [...] se logrará fundamentalmente la unidad de las Iglesias, que pueden llegar a ser *una* Iglesia permaneciendo como *Iglesias*".[86]

Pero la intervención más famosa tendrá lugar un mes después. "El 8 de noviembre el prestigioso cardenal de Colonia, el alemán Frings, uno de

de los pobres, fundada por "'el siervo de Dios', que quiso vivir sobre esta tierra como el hijo de un carpintero, y que ha llamado a los pecadores" (*ibid.*, p. 30). "Cuando la Iglesia es sacramento, es signo de Dios entre los hombres, por lo que no es nunca para sí misma, sino que su tarea está más allá de ella misma. Es como una ventana, que lleva a cabo su función cuando deja ver lo que hay detrás". Una ventana visible que nos remite a una realidad invisible (*ibid.*, p. 31; puede verse también T. Weiler, *Volk Gottes-Leib Christi*, pp. 2, 210-234).
Entre los temas particulares que recuerda Ratzinger de las distintas propuestas conciliares, se encontraba la propuesta de Rahner sobre el diaconado permanente en la precedente conferencia de Fulda, que suponía la recuperación de una práctica entre los primeros cristianos, perdida en la Iglesia. Ratzinger se mostraba plenamente de acuerdo al respecto (cf. *Das Konzil auf dem Weg*, pp. 37-40). Sobre los laicos, el joven profesor señaló que, más que una definición negativa (lo que el laico no es), había que desarrollar una positiva a partir de la misma teología y espiritualidad del laicado (cf. *ibid.*, p. 42). Sin embargo, en este segundo periodo de sesiones, Ratzinger se extenderá sobre todo en comentar el ecumenismo, aspecto que se consolida paulatinamente como una de las grandes coordenadas conciliares. Juan XXIII había dado pasos importantes en esa dirección; el Consejo ecuménico de las Iglesias estaba dando sus frutos, y el concilio había cursado invitación con éxito a ortodoxos, anglicanos y protestantes, quienes ahora frecuentaban el aula conciliar (cf. *ibid.*, p. 52).

83 Cf. *Das Konzil auf dem Weg*, pp. 58-60.

84 Cf. *ibid.*, p. 55.

85 Cf. *ibid.*, pp. 62-64.

86 *Ibid.*, p. 66.

los miembros de la asamblea más escuchados, intervino en el debate preguntándose si era posible no tener ya en cuenta la votación orientativa del 30 de octubre sobre la colegialidad de los obispos, a pesar de que era la expresión de la voluntad casi unánime de los padres".[87] Era un nuevo estado de ánimo que reflejaba una idea nueva sobre la Iglesia. Ese mismo día, el purpurado alemán criticó en el aula conciliar los métodos utilizados por la congregación dirigida por el cardenal Ottaviani, "porque no son adecuados a los tiempos modernos y escandalizan al mundo". "Era preciso exigir –prosiguió Frings– que nadie fuera condenado antes de ser escuchado y sin haber tenido la oportunidad de corregirse".[88] Un cerrado aplauso clausuró su intervención. Ottaviani protestó por estas palabras y afirmó que se ignoraba "el modo de proceder del Santo Oficio".[89]

---

[87] G. Alberigo, *Breve historia del concilio Vaticano II*, p. 91.
No se trataba pues de una visión política, sino de una perspectiva más teológica. La verdadera colegialidad consiste –añade el mismo Ratzinger– en que los obispos no sólo vivan una "colegialidad vertical" con Pedro, sino también la "horizontal" con los demás obispos e Iglesias locales (cf. *Das Konzil auf dem Weg*, pp. 32-33). En este doble movimiento –vertical y horizontal– se encuentra la verdadera catolicidad. En fin, terminaba Ratzinger proponiendo que la promoción de la colegialidad no sólo supone un síntoma de renovación, sino tender "un puente con las iglesias orientales" (cf. *ibid.*, pp. 35-36), es decir, hacia la Iglesia ortodoxa. La sintonía entre el viejo cardenal y el joven teólogo fraguó en otro texto concreto.
"La catolicidad no es sólo mirar al centro, hacia Roma, sino también hacia la periferia *(Nachbarn)*" (*ibid.*, p. 36), había escrito el joven perito en su crónica del concilio. En opinión de Nichols, "Ratzinger pensaba en un futuro ecuménico, en el que las iglesias separadas pudieran reunirse en la comunión católica –sin por esto quedar absorbidas– como formas de la única comunidad visible de Cristo sobre la tierra" (A. Nichols, *Joseph Ratzinger*, Cinisello Balsamo, San Paolo, 1996, p. 106; cf. también T. Weiler, *Volk Gottes-Leib Christi*, pp. 183-191). Éstas serán unas ideas previas al concilio, que dieron lugar a un prolongado debate, cuyo fin será la supresión del esquema anterior sobre la Iglesia. Surgieron entonces distintas alternativas. Así, la redacción de la constitución dogmática sobre la Iglesia *Lumen gentium* va a ocupar la atención de obispos y teólogos en aquel segundo periodo de sesiones.

[88] G. Alberigo, *Breve historia del concilio Vaticano II*, 91.

[89] AS II/4, p. 624. El 18 de noviembre Frings entrega una promemoria sobre el Santo Oficio, "en la que Ratzinger y yo tomamos parte" (H. Jedin, *Lebensbericht*, Kommission für Zeitgeschichte, Mainz, 1984, p. 212). A Ratzinger le pareció, sin embargo, que estas diferencias entre Ottaviani y algunos obispos europeos eran más de orden institucional que teológico, tal como había sugerido el mismo Daniélou: no se trataba de una rebelión intelectual, sino de una manera distinta de entender el modo de proceder de la curia romana (cf. *Das Konzil auf dem Weg*, p. 45). No era el único con este parecer. Frings añadió que la representación en el aula conciliar pertenecía más a los obispos que a las distintas comisiones como tales. Quería así subrayar la autoridad de éstos junto con el sucesor de Pedro, frente a la de las instituciones de

La cuestión mariana

Dentro del aula conciliar tendrá lugar otro debate acerca de los títulos otorgados a María en los documentos conciliares. Unos proponían los de "madre de la Iglesia", "mediadora", "medianera de todas las gracias" e incluso el de "corredentora". A otros les parecía excesivo e incluso un gesto contraproducente. En el ámbito de la conferencia episcopal alemana reunida en Fulda, Rahner y Ratzinger habían manifestado al respecto que un excesivo énfasis en el papel de María en la redención podría perjudicar las relaciones ecuménicas con el resto de los cristianos, en especial con los reformados; además, no se veía claro el título de "mediadora" aplicado a la Virgen, desde el punto de vista de la multisecular tradición conciliar. Proponían, en fin, incorporar el esquema sobre María como último capítulo del *De Ecclesia*, para integrar la mariología en la doctrina sobre la Iglesia. Fue ésta, de hecho, la postura defendida por Frings ante la asamblea conciliar.[90]

Nos encontramos, pues, ante dos mariologías aparentemente excluyentes: la "cristotípica" destacaba la unidad entre Cristo y María, y por eso reclamaba para ella los títulos de "corredentora" y "medianera de todas las gracias"; y la "eclesiotípica", propia del movimiento litúrgico, que enfatizaba la relación entre María y la Iglesia. Sobre la postura del cardenal Frings de Colonia escribió, con una evidente sintonía, el arzobispo Ratzinger en 1979:

> En el concilio, cuando el movimiento litúrgico, cristológico y ecuménico se enfrentaban al mariano, y ambos bandos amenazaban con convertirse en alternativas irreconciliables, [el cardenal Frings] dirigió un llamamiento de súplica a los padres conciliares para encontrar un punto en común. Se resistía enérgicamente a una oposición precipitada y corta de miras, según la cual la Iglesia debía decidir entonces entre ser moderna, bíblica,

---

la curia en la ciudad eterna. Mientras tanto, en otoño de ese año de 1963, un editor holandés establecía contactos con Rahner, Schillebeeckx y Küng, "para poner en marcha el proyecto de una revista teológica internacional, que llevaría el nombre de *Concilium*" (cf. G. Alberigo, *Storia del concilio vaticano II*, 3, Bolonia, Il Mulino, 1996, p. 326). Ratzinger formará parte del primer consejo de redacción.

90 Cf. R. M. Wiltgen, *El Rin desemboca en el Tíber*, pp. 106-107.

litúrgica y ecuménica, o seguir siendo "anticuada" y mariana. Su deseo personal era compatibilizar ambas instancias, dar a la liturgia la hondura cordial de la piedad mariana, y abrir para lo mariano la gran corriente de la tradición litúrgica.[91]

El 30 de septiembre de 1963, el cardenal Frings había pedido al aula conciliar que se fundiera el esquema sobre María en el *De Ecclesia*, lo apoyaron los obispos de Inglaterra y Gales.[92] Tras un prolongado debate, al final la votación fue favorable a esta propuesta. Ratzinger consideraba que de este modo "la mariología se convierte en eclesiología, lo cual significa que en la idea de Iglesia está también la *Ecclesia celestis*, la Iglesia de los bienaventurados, de los salvados, y de que por medio de ésta podría verse reforzada la idea espiritual y escatológica de la Iglesia".[93] La Iglesia no es sólo visible y peregrina: hay una parte importante que ha alcanzado ya la meta definitiva, y sigue formando parte de un modo muy activo en la Iglesia. Ratzinger saldrá al paso de posibles confusiones en las interpretaciones de estos sucesos, y escribirá después en 1964: "Entendámonos: el objetivo de este concilio no era destruir –lenta y con seguridad– la devoción mariana y asimilarse

[91] J. Ratzinger y H. U. von Balthasar, *María, primera Iglesia*, Madrid, Encuentro, 2005, p. 12; cf. J. Wicks, "Six Texts by Prof. Joseph Ratzinger as peritus before and during Vatican Council II", pp. 160-161. El 18 de septiembre de 1964 intervino Frings sobre este tema en el aula conciliar: AS III/2, p. 10.

[92] Cf. J. Grootaers (ed.), *Actes et Acteurs à Vatican II*, Leuven University Press, 1998, II/1, pp. 343-346.

[93] *Das Konzil auf dem Weg*, pp. 23, 47. En una comunicación a un congreso celebrado en el Vaticano en 1966: "De relatione inter conceptum historiae salutis et quaestionem eschatologicam" (28 de septiembre de 1966), en A. Schonmetzer (ed.), *Acta congressus internationalis de Theologia Concilii Vaticani II: Romae, diebus 26 septembris–1 octobris 1966 celebrati*, Roma, Typis Polyglottis Vaticanis, 1968, pp. 484-490, Ratzinger explicaba la dimensión escatológica de la historia de la salvación, intentando también ponerla en relación con la visión más metafísica propuesta por el concilio de Calcedonia o Tomás de Aquino (cf. *ibid.*, pp. 484-486). Sin embargo, la fe en la encarnación, expuesta en Calcedonia –sigue diciendo–, es a la vez histórica y ontológica (cf. *ibid.*, 488). De igual manera, la resurrección es un hecho histórico con importantes consecuencias ontológicas. "*Jesus Dominus est.* Aquello que trasciende la historia de la salvación y la fenomenología de la existencia humana conduce hacia el Ser divino *(Est divinum)*, el cual es ya hoy de alguna manera nuestra esperanza y nuestra promesa [escondida] bajo el velo de la fe" (*ibid.*, p. 489).

de este modo al protestantismo, sino que había de evitar –tras los requerimientos de nuestros hermanos separados– una teología especulativa que se olvida de la Escritura".[94]

Ratzinger hablaba así de María como modelo de la Iglesia: ella, en su humildad, da vida y esperanza a toda la humanidad, tal y como debe hacer la Iglesia. Por eso María será la "primera Iglesia", aquella que encarna del mejor modo lo que supone ser Iglesia y colaborar con la misión de Cristo.[95] Así, los frutos de este segundo periodo de sesiones llegarían poco a poco: por ejemplo, se habían aprobado la ya ampliamente aceptada constitución dogmática sobre la sagrada liturgia *Sacrosanctum concilium* y un decreto sobre los medios de comunicación.[96] Ratzinger hacía una valoración conclusiva de todo este periodo: "El final de esta segunda fase del concilio, a pesar de sus muchos aspectos positivos, no presenta el mismo optimismo que había en el primero. [...] El impulso [de la renovación] viene del servicio prestado día tras día. No viene, además, sin la fe, la esperanza y la caridad diarias de cada uno de nosotros".[97]

---

94 *Ergebnisse und Probleme der dritten Konzilsperiode,* Colonia, Bachem, 1965, pp. 30-31. Más que un progresismo ingenuo y acrítico, los principios que movían a Ratzinger coincidían más bien con el *ressourcement,* con la vuelta a las fuentes que había propuesto la teología de la época. A la vez reconocía que se ha dado –respecto a esta cuestión– una evolución en el punto de vista. Declaraba bastantes años después, al reconsiderar tal vez con más perspectiva su propia visión: "Cuando todavía era un joven teólogo, antes de las sesiones del concilio (y también durante las mismas), como ha sucedido y sucede hoy a otros muchos, abrigaba ciertas reservas sobre fórmulas antiguas, como por ejemplo aquella famosa de *Maria numquam satis,* 'sobre María nunca se dirá bastante'. Me parecía bastante exagerada" (*Informe sobre la fe,* Madrid, BAC, 1986, p. 114). Hablaba después con claridad de sus causas. "Personalmente, al principio estaba muy determinado por el severo cristocentrismo del movimiento litúrgico, que el diálogo con mis amigos protestantes intensificó todavía más" (*Dios y el mundo. Creer y vivir en nuestra época,* Barcelona, Círculo de Lectores-Galaxia Gutenberg, 2002, p. 278); sobre la evolución mariológica de Ratzinger, puede verse mi artículo "María en los escritos de Joseph Ratzinger", *Scripta de Maria,* 5, 2008, pp. 309-334.

95 Cf. *Das Konzil auf dem Weg,* p. 48.

96 Cf. C. Cremona, *Pablo VI,* p. 240.

97 *Das Konzil auf dem Weg,* pp. 75-76.

II.III. Tercer periodo conciliar (1964)

A finales de 1963, había quedado claro que este concilio no iba a ser breve, y que se trataba también de un momento de renovación.[98] El concilio se alargaba y los gastos iban en aumento: miles de personas se alojaban en Roma, se habían publicado millones de páginas –esquemas, textos, traducciones– e incluso se habían tenido que adquirir las sillas, hasta ahora alquiladas.[99] Casi un año después, el 14 de septiembre de 1964, empezaba el tercer periodo de sesiones del concilio, donde nuestro teólogo acude ya como perito nombrado por Pablo VI. Como expresión de la colegialidad de los obispos, el Papa concelebrará con 25 prelados en la misa de inauguración. Ratzinger dirá del nuevo Papa que su actitud era "muy parecida a la de Juan XXIII, quien decía que quería ser tanto el Papa de los que pisan el acelerador, como de los que quieren frenar".[100]

Nuevos debates

El 7 de julio se les había comunicado a los padres conciliares una reducción drástica de esquemas que serían discutidos en el aula conciliar (el llamado por la prensa alemana "plan Döpfner") con los siguientes temas: la revelación, la Iglesia, el ecumenismo, los obispos, los laicos y la relación de la Iglesia con el mundo moderno. Junto con una concelebración eucarística muy diferente a la misa que daba comienzo al concilio, se presentaron en el aula conciliar nuevos observadores, entre los que se encontraban 39 párrocos, 15 mujeres y numerosos laicos. Al mismo tiempo, como alternativa a la influencia ejercida por los obispos centroeuropeos, se organizó una oposición que

---

98 Cf. G. Alberigo, *Breve historia del concilio Vaticano II*, p. 104. El tono que tomaba por momentos el concilio era también polémico. Por ejemplo, el 4 de diciembre se difunde *ein Pamphlet* contra Ratzinger y otros teólogos y obispos (cf. N. Trippen, *Josef Kardinal Frings (1887-1978)*, II, pp. 399-400).

99 Cf. A. von Teuffenbach, *I papi del xx secolo*, pp. 124-125.

100 *Das Konzil auf dem Weg*, p. 9.

ocasionó como efecto positivo que los textos conciliares se revisaran con más cuidado y precisión. Así lo veía Ratzinger.[101]

En la escena mundial, la situación se estaba complicando: la guerra de Vietnam se agravaba, mientras China anunciaba que tenía la bomba atómica. En la antigua Unión de Repúblicas Soviéticas Socialistas (URSS) terminaba la era Kruschev, con un ralentizamiento del proceso de desestalinización. No sólo el concilio se estaba complicando. El tercer periodo de sesiones del concilio se abrió con la numerosa presencia de 3 074 obispos. Para aligerar el transcurso de las sesiones, se modificó el reglamento, con vistas a que el número de intervenciones se redujeran y se mantuviesen las verdaderamente significativas.[102] La dinámica conciliar se aceleró. Según Schatz, "el tercer periodo de sesiones fue el más tumultuoso y dramático".[103] Ratzinger comentaba de esta forma, en octubre de 1964, de modo sucinto pero significativo: "La norma del concilio no puede ser la *diplomacia* y su oportunidad, sino sólo la *teología* y, con ella, la cuestión de la *verdad*".[104]

Otro tema que se había incluido en la agenda del concilio era la relación con judíos y musulmanes. De hecho, en mayo de 1964, Pablo VI anunciaba el establecimiento del nuevo Secretariado para los no cristianos, y a mediados de octubre se aprobó la declaración *Sobre las relaciones de la Iglesia con las religiones no cristianas*.[105] El teólogo de Múnster se mostraba plenamente de acuerdo con los planteamientos doctrinales. Quedaba

101 Cf. *Ergebnisse und Probleme der dritten Konzilsperiode*, p. 23.

102 Cf. *ibid.*, p. 108.

103 K. Schatz, *Los concilios ecuménicos*, p. 292.

104 *Ergebnisse und Probleme der dritten Konzilsperiode*, p. 35. También se discutió sobre la libertad religiosa, cuyo documento estuvo sometido a numerosas revisiones. En este texto fue definitivo el apoyo de los obispos norteamericanos. Ahí se afirmaba que la libertad religiosa se basaba en la forma de ser de la persona y de la sociedad, y no en una concesión de la autoridad política. Era un derecho humano. Se buscaba en este sentido la libertad de las conciencias, y no tan sólo una incierta y arbitraria libertad de conciencia, bajo la que podrían justificarse los atropellos más sorprendentes (cf. M. Fazio, *De Benedicto XV a Benedicto XVI. Los papas contemporáneos y el proceso de secularización*, Madrid, Rialp, 2009, pp. 116-117).

105 Trippen sugiere la autoría de Ratzinger del discurso de Frings sobre la relación de los cristianos con el pueblo judío: "también en este caso Joseph Ratzinger fue el principal inspirador" (cf. N. Trippen, *Josef Kardinal Frings (1887-1978)*, II, p. 424).

sin embargo todavía pendiente, desde la primera sesión, el esquema sobre la revelación, bloqueado por la polémica en torno a la existencia en ella de una o de dos fuentes. Ratzinger había sostenido la íntima unidad entre ambas, como veíamos. Un nuevo texto revisado había sido distribuido en mayo de 1963. Nuestro teólogo opinaba que dicho esquema era "un compromiso pacífico que impide muchas causas de división, pero que también evita decir otras muchas cosas sobre las que sería bienvenida una doctrina complementaria".[106]

El 14 de noviembre de 1964, el cardenal Frings hablaba con un texto preparado por Ratzinger: al no poderlo leer, se dirigía al aula conciliar con el texto aprendido de memoria. En primer lugar criticaba el mismo título del esquema (*Revelación: sagrada Escritura y tradición*) pues no le parecía adecuado, ya que entraría en polémica con la doctrina luterana de la *sola Scriptura*. La tesis que sostenía Frings era que la revelación fluye de una única fuente que estaría formada tanto por la Escritura como por la tradición.[107] Como veíamos, "los argumentos usados por Frings –afirma Valente– incluyen las distinciones y las nuevas perspectivas ya formuladas por Ratzinger en su trabajo sobre san Buenaventura suspendido por Schmaus, y en los que el joven profesor bávaro había profundizado en Bonn, en el curso del semestre de invierno de 1959-1960 sobre "Naturaleza y realidad de la revelación".[108]

Pablo VI intervino al respecto, sugiriendo que se introdujeran algunas mejoras en el texto sobre la revelación, entre las que se encontraba la célebre frase: "La Iglesia no obtiene solamente de la sagrada Escritura su certeza

---

106 Citado por R. M. Wiltgen, *El Rin desemboca en el Tíber*, p. 202. A pesar de que hubo numerosas enmiendas y propuestas, la comisión teológica no cambió nada del texto, por lo que la polémica estaba servida. Mientras tanto, el esquema sobre las misiones era rechazado en noviembre por parecer poco acorde con la nueva conciencia misionera, mientras la cuestión de la familia del Esquema XXIII –a petición del cardenal Döpfner– era remitida a la decisión del Papa (cf. G. Alberigo, *Breve historia del concilio Vaticano II*, pp. 130-132). El 6 de agosto de 1964, Pablo VI publicaba la encíclica *Ecclesiam suam*, calificada por el americano Fulton Sheen como la "encíclica del diálogo", pues el término aparecía 27 veces en el texto: cf. AS II/1, p. 773.

107 Cf. G. Caprile (ed.), *Il concilio Vaticano II. Cronache del concilio Vaticano II*, I, p. 52.

108 G. Valente, *Ratzinger professore*, pp. 84-85; cf. H. Verweyen, *Ein unbekannter Ratzinger*, pp. 27-34.

sobre las palabras reveladas". Es decir, la recta comprensión de la revelación contaba no sólo con la Biblia, sino también con la tradición y con su lectura en la Iglesia. Se introdujeron entonces las correcciones oportunas, y el texto definitivo fue aprobado al final el 18 de noviembre de 1965, ya en el siguiente periodo conciliar. Años después, Ratzinger hacía un balance ampliamente positivo de esta Constitución dogmática. Apreciaba en primer lugar que la Escritura sea el "alma de la teología". La guía segura para leer la Biblia la constituían los Padres de la Iglesia y las liturgias de oriente y occidente. La sagrada Escritura debe ser leída en la Iglesia, con el *sensus Ecclesiae*, y para esto la tradición constituye una garantía, un buen contexto hermenéutico, tal como había recordado la escuela de Tubinga.[109]

La Iglesia de los Padres

El día 21 de ese mismo mes fueron aprobados la constitución dogmática *Lumen gentium*, el decreto sobre el ecumenismo y el de las Iglesias orientales.[110] Quedaban sin embargo todavía algunos temas pendientes: por ejemplo, el sacerdocio y la dimensión misionera de la Iglesia, pues había que prestarles la atención y el espacio adecuados en las discusiones y en los textos conciliares. Para el cardenal Frings, el papel misionero de la Iglesia era de tal importancia que no podía despacharse con unas cuantas proposiciones, tal como lo atestiguaba la colaboración que había realizado en el mundo de las misiones (recuérdese su comprometida colaboración con *Misereor* y *Adveniat*). Propuso de este modo elaborar un esquema completo sobre la misión de la Iglesia para la cuarta sesión del concilio. Ratzinger colaborará en la redacción del decreto *Ad gentes* sobre la dimensión misionera de la Iglesia, tal como iremos analizando.

---

109 Cf. "Einleitung zum Kommentar der Dogmatischen Konstitution über die göttliche Offenbarung des Zweiten Vatikanischen Konzils und Kommentar zu Kap. 1, 2 und 6 der Konstitution", en *Lexikon für Theologíe und Kírche. Supplementary Volume 2*, Friburgo, Herder, 1967, pp. 498-528, 571-581; véase también A. Nichols, *Joseph Ratzinger*, pp. 65, 91-96.

110 En el debate sobre el ecumenismo que tuvo lugar entre 18 de noviembre y el 2 de diciembre de 1963, se había presentado un documento preparado por Teusch y Ratzinger (cf. N. Trippen, *Josef Kardinal Frings (1887-1978)*, II, p. 393).

Mientras tanto, seguía vivo el tema eclesiológico: "La Iglesia no puede ser considerada según modelos políticos –insistía Ratzinger–, sino a partir de imágenes bíblicas que destacan *un* punto de la realidad. [...] 'Cuerpo de Cristo' es, por así decirlo, una contraseña *(Stichwort)*, una fórmula telegráfica de la liturgia de la Iglesia, en cuyo centro está la liturgia, la unión en el cuerpo de Cristo".[111] El cuerpo eucarístico de Cristo se constituía de este modo en el centro de la Iglesia, a su vez cuerpo místico del mismo Cristo. Era éste el que constituía al pueblo de Dios, como veíamos. Por eso proponía el joven perito una estructuración de la Iglesia en torno a la palabra y a la celebración del misterio de la eucaristía. Éstas serán el centro de las Iglesias locales y de toda la Iglesia.[112]

Además, el primado y el episcopado volvían a ser los temas estudiados por el joven teólogo de Múnster, con vistas a que estas dos dimensiones de la jerarquía de la Iglesia contribuyeran de modo decidido a su unidad. En el fondo, la armonía entre primado y colegialidad era una consecuencia de la mencionada sacramentalidad de la Iglesia, vivida desde tiempos de los apóstoles y continuada en la época de los Padres de la Iglesia.[113] Ratzinger comentaba los textos conciliares sobre este particular: "En el texto actual aparece este acercamiento, pero tan sólo como una estructura general de la Iglesia antigua, que ahora viene a ser traída a la memoria: la Iglesia de la época patrística, vivía de la diversidad de las iglesias episcopales, que en su recíproca unidad

111 *Ergebnisse und Probleme der dritten Konzilsperiode*, p. 25.

112 Al mismo tiempo, sigue de cerca el tema de la colegialidad episcopal del capítulo III de *Lumen gentium*. Considera que el concilio había intentado dar un paso adelante cuando, completando el concepto de primado, había procurado formular también un concepto verdaderamente espiritual de episcopado. Esto implicaría dos principios a los que no se podría renunciar, sigue diciendo: "*a)* El ministerio de unidad, el oficio papal, permanece en principio intacto e inalterado, aunque su función se presenta ahora más clara en su contexto. Éste no debe ser un gobierno monárquico, sino la coordinación de la pluralidad que forma parte de la esencia de la Iglesia. *b)* Lo plural de las Iglesias episcopales forma parte esencialmente de la única Iglesia, que constituye su estructura interna" (*ibid.*, p. 26).

113 Cf. G. Valente, *Ratzinger professore*, pp. 106-107.

constituían una *única* Iglesia".[114] En este modelo de la Iglesia de los Padres se conjugaban, de modo orgánico y dinámico, la unidad y la diversidad.

Mientras tanto, el 18 de octubre comenzó la discusión en el aula conciliar sobre el ecumenismo, en el que se proponía una revisión de la situación de los anglicanos, los protestantes y, sobre todo, de los ortodoxos respecto a la Iglesia católica. También se sugerían otros temas. "El texto propuesto fue acogido bastante favorablemente en su parte propiamente ecuménica, mientras los dos últimos temas –los judíos y la libertad religiosa– suscitaron una fuerte oposición".[115] Por su parte, el joven teólogo insistía en que la doctrina de la colegialidad podría suponer una auténtica e interesante propuesta ecuménica. "Con base en lo ya dicho, la colegialidad de los obispos, en cuanto medio para poner en acto la unidad en la multiplicidad y en cuanto expresión para la edificación de la única Iglesia de Cristo a partir de las muchas comunidades locales, describe la forma habitual de vida dispuesta para la Iglesia".[116]

Algunos habían visto en el principio de la colegialidad episcopal una amenaza a la potestad suprema del romano pontífice; Ratzinger, por el contrario, expresaba una reacción positiva ante la votación del esquema. "Cuando el 30 de septiembre de este año, día en que el capítulo sobre la colegialidad de los obispos, casi contra toda esperanza, fue aprobado en la primera votación por una mayoría de dos tercios, el presente concilio ha alcanzado su punto culminante".[117] Frente a las críticas formuladas por varios sectores contra la visión de la colegialidad que se ofrecía en el esquema, el joven teólogo argumentaba que "se complementan recíprocamente el pluralismo de

---

114 *Ergebnisse und Probleme der dritten Konzilsperiode*, p. 55. Unidad en la diversidad era un modelo antiguo pero también posible en el presente. Así, cuando en el número 23 del capítulo III de la LG se hablaba sobre las relaciones de los obispos entre sí, Ratzinger creía ver "un texto, a mi modo de entender, tanto por el significado ecuménico en su conjunto como por su desarrollo concreto en la vida eclesial, [que] podría aumentar en importancia entre las afirmaciones que hacen referencia al poder universal de la Iglesia" (*ibid.*, p. 59). Lo local y lo universal, los obispos y el sucesor de Pedro pueden dialogar y enriquecerse mutuamente, lejos de constituir instancias contrarias y dialécticas.

115 G. Alberigo, *Breve historia del concilio Vaticano II*, p. 96.

116 *Ergebnisse und Probleme der dritten Konzilsperiode*, p. 80.

117 *Ibid.*, p. 13.

las comunidades sacramentales y la unidad de los ministros eclesiásticos garantizada por el Papa".[118]

Los principios petrino y mariano

Después de debates y discusiones en uno y otro sentido, el esquema corregido sobre la Iglesia fue aprobado por una amplia mayoría a finales de septiembre de 1964. En octubre, un grupo de padres –la mayoría de origen "latino" o mediterráneo, entre los que se encontraba Marcel Lefebvre (1905-1991)– fundaron el *Coetus internationalis patrum*, intentando ofrecer un contrapeso a la corriente centroeuropea del concilio.[119] "La idea directriz –escribía uno de sus componentes– es seguir estrictamente las intenciones del Santo Padre, es decir, de concebir el Vaticano II como *continuantem*, no *adversantem*, del Vaticano I".[120] Para evitar posibles equívocos, apaciguar ánimos y a petición del mismo Papa, la comisión doctrinal del concilio redactó la *Nota explicativa praevia*, en la que se articulaban con cautela los principios del primado y de la colegialidad y, por tanto, la doctrina de la *Pastor Æternus* con la de la *Lumen gentium*.[121]

118 *Ibid.*, p. 83

119 Cf. G. Alberigo, *Breve historia del concilio Vaticano II*, p. 110.

120 Carta de el abad Berto a monseñor Carli (10 de febrero de 1964), N. Buonasorte, "Per la 'pura, piena, integra fede cattolica'", *Cristianesimo nella storia*, XXII (2), 2001, pp. 129-130.

121 Cf. G. Alberigo, *Storia del concilio vaticano II*, 4, Bolonia, Il Mulino, 1999, n. 236, p. 469.
En opinión de Ratzinger, se trataba de un texto complementario al propiamente conciliar, pues reflejaba el modo de ver de la mayoría de los padres conciliares. "El texto conciliar, elaborado por los obispos por mandato de la gran asamblea de los obispos del concilio, parte del punto de vista episcopal y, desde aquí, se dirige al centro: al ministerio comunitario de la Iglesia; el texto pontificio [la *Nota praevia*] va en dirección contraria: desde el primado hacia los obispos" (*Die letze Sitzungsperiode des Konzils*, Colonia, Bachem, 1966, p. 14). Ambas direcciones tienen la misma orientación, si bien complementaria y con un recorrido distinto. Sin embargo, añade a esto que "sus enunciados no han creado una situación sustancialmente nueva respecto a los textos conciliares", a pesar de que puedan criticarse el contexto y las circunstancias en que apareció la *Nota* (*Ergebnisse und Probleme der dritten Konzilsperiode*, p. 62; G. Alberigo, *Breve historia del concilio Vaticano II*, p. 120).
Según González Novalín, Pablo VI aprobó el famoso texto en aras a la comunión y de satisfacer también otras sensibilidades conciliares (cf. J. L. González Novalín, "Juan Bautista Montini, una vida para el papado", en J. I. Saranyana (ed.), *Cien años de pontificado romano (1891-2005)*, Pamplona, EUNSA, 2006, p. 197). Alberigo afirma que el cardenal Lercaro de Bolonia sugirió a Frings tener una intervención en contra de esta decisión papal, y el cardenal alemán

También el teólogo calvinista Karl Barth –que había asistido al concilio como observador– lo veía en esta línea de continuidad: el Vaticano II estaba apoyado "con el pie izquierdo en éstos [los siglos XVI y XIX, los concilios de Trento y Vaticano I], para caminar con el pie derecho en la dirección indicada por estos",[122] mismos concilios que precedían al Vaticano II. Ratzinger se mostraba también optimista al respecto, a pesar de las evidentes dificultades: "No hay que olvidar que la Iglesia ha sido siempre la Iglesia, y que en ella se ha encontrado siempre el camino del Evangelio".[123] Quedaban todavía pendientes algunos temas. En la semana final de la cuarta sesión sucedieron otras intervenciones de Pablo VI (sobre la libertad religiosa, el ecumenismo y el anuncio del título "madre de la Iglesia" a la virgen María) que sembraron inquietud entre los padres conciliares más afines a los planteamientos de los obispos centroeuropeos. Fuera del concilio se magnificaron en exceso esas intervenciones de Pablo VI.

Pablo VI había proclamado a María madre de la Iglesia en un acto vespertino organizado en Santa María la Mayor el mismo día en que se clausuraba el concilio. En realidad sacaba la última consecuencia del capítulo final de la *Lumen gentium* sobre María.[124] Ratzinger, que compartía una cierta perplejidad al respecto, emplazaba sin embargo a tener paciencia y esperanza,[125] al mismo tiempo que recordaba el derecho del Papa a intervenir en la elaboración de los textos conciliares, al menos como el de cualquier otro

consultó con su perito, quien se lo desaconsejó: cf. G. Alberigo, *Breve historia del concilio Vaticano II*, p. 108, lo cual contrasta con la versión expuesta por L. Declerck, "Les réactions de quelques *periti* du Concile Vatican II à *la Nota explicativa praevia* (G. Philips, J. Ratzinger, H. de Lubac, H. Schauf)", en E. Ehret (ed.), *Papstlicher Primat und Episkopat*, Ciudad del Vaticano, Libreria Editrice Vaticana, 2011, pp. 27-55). Nos queda además el testimonio de una carta del joven perito a Luthe del 9 de septiembre: "En las conversaciones con los profesores [en Münster], observo que aquí han entendido la *Nota previa* mejor que algunos de la opinión pública en Roma, pero ahora sólo hay que intentar sacar lo mejor de lo disponible" (citada en N. Trippen, *Josef Kardinal Frings (1887-1978)*, II, p. 455).

122 K. Barth, "Suivant la trace des conciles de Trente et de Vatican I?", en *Entretiens à Rome après le Concile*, Neuchâtel, 1968, p. 48; citado en A. Zambarbieri, *Los concilios del Vaticano*, p. 426.

123 J. Ratzinger, *Problemi e risultati del concilio vaticano II*, Queriniana, Brescia 1966, p. 157.

124 Cf. J. L. González Novalín, "Juan Bautista Montini, una vida para el papado", pp. 197-198.

125 Cf. "Introduzione" a *Problemi e risultati del Concilio Vaticano II*, pp. 15-16.

padre conciliar.[126] Como indicó Alberigo, "el concilio se desarrolló durante dos pontificados distintos. Juan XXIII lo convocó e inauguró; Pablo VI lo aceptó, continuó y concluyó [...] se esforzó por alcanzar la unanimidad, intervino numerosas veces para moderar y atemperar las convicciones de la mayoría del episcopado y tuvo la fortaleza de llevarlo a cabo".[127]

Las consideraciones de Ratzinger terminaban con un balance de este periodo.

> Tal vez haya sido positivo que en los últimos días del tercer periodo del concilio hemos recuperado la consciencia respecto a todas estas cuestiones; nos hemos dado cuenta con claridad de la insuficiencia de todos nuestros intentos guiados tan sólo por nuestra desmedida voluntad de triunfar. Por otra parte la sana vergüenza –se podría decir así– no ha sido el único resultado de dos meses de lucha en común por el debido testimonio de la verdad del Señor en nuestro tiempo.[128]

En una conferencia pronunciada en Roma el 28 de octubre de 1965, el teólogo Ratzinger afirmaba que "brilla la esperanza –no sin fundamento– de que algo así como un método colegial empieza a desarrollarse".[129] Y concluía de modo elocuente: "Ante la pregunta: '¿qué queda del concilio?', se podría responder con gran sencillez: 'El concilio mismo'".[130]

---

[126] Cf. *Ergebnisse und Probleme der dritten Konzilsperiode*, pp. 47 y 50; *Probleme der vierten Konzilsperiode*, Bonn, Stodieck, 1965, pp. 4-6. Sobre las opiniones marianas de nuestro teólogo, puede verse P. Blanco, "María en los escritos de Joseph Ratzinger", *Scripta de Maria*, 5, 2008, pp. 309-334.

[127] Cf. G. Alberigo, *Breve historia del concilio Vaticano II*, pp. 190-191.

[128] *Ergebnisse und Probleme der dritten Konzilsperiode*, pp. 82-83.

[129] *Probleme der vierten Konzilsperiode*, p. 6.

[130] *Ibid.*, p. 15.

II.IV. Cuarto periodo conciliar (1965)

El 3 de septiembre de 1965, en la víspera de la reapertura del concilio, Pablo VI publicó la encíclica *Mysterium fidei*, en la que recordaba la doctrina católica sobre la presencia real de Jesucristo en la eucaristía e insistía en la necesidad de usar el término "transustanciación". Unos días después, el 14, en la celebración litúrgica de la apertura del cuarto periodo, el Papa no utilizó ni la tiara ni la silla gestatoria, para después anunciar el restablecimiento del sínodo de los obispos y su próxima visita a las Naciones Unidas el 4 de octubre de ese mismo año. A esto se sumaban las ya anunciadas novedades de la reforma de la curia, la revisión del código de derecho canónico y la profundización en la cuestión de la natalidad.[131] Sin embargo, los trabajos conciliares estaban lejos de considerarse concluidos; todavía quedaba camino por recorrer y unos cuantos documentos por aprobar.

El problema de las misiones

> El cometido del futuro periodo de sesiones –había escrito Ratzinger al acabar el tercero– queda claramente establecido. Quedan por discutir solamente cuatro temas: libertad religiosa, ministerio sacerdotal, misiones e Iglesia y mundo. [...] Se podrán alargar las sesiones, a diferencia de 1964. La recogida de una cosecha ya en parte preparada es lo que principalmente caracterizará este periodo, aunque puede haber todavía sorpresas en dos de los cuatro temas en discusión –libertad religiosa y la Iglesia en el mundo contemporáneo–, pueden estar todavía sometidos a vivas polémicas.[132]

De manera que el concilio –en expresión de Ratzinger– "seguía en camino", si bien se había recorrido ya un buen trecho.

---

[131] Cf. G. Alberigo, *Breve historia del concilio Vaticano II*, p. 155.

[132] Ergebnisse und Probleme der dritten Konzilsperiode, p. 47.

"En el cuarto periodo de sesiones –comenta Schatz– hubo menos momentos dramáticos que en el periodo entre sesiones".[133] Aquél comenzó –"¡por tercera vez!",[134] exclamaba Ratzinger– con la discusión sobre la libertad religiosa. A pesar de la oposición de algunos padres conciliares, el texto propuesto fue aprobado en su sexta versión, y después promulgado por el Papa en medio de grandes aplausos. Recuerda también el teólogo alemán en su discurso "el talante del nuevo testamento, que consiste en el signo de la cruz, no en el poder terrenal".[135] Era éste uno de los temas centrales del Vaticano II, en el que también un joven obispo polaco llamado Karol Wojtyla (1920-2005) iba a intervenir con especial intensidad.[136]

Quedaba también pendiente el decreto sobre las misiones, que había sido rechazado al haberlo considerado demasiado pobre en contenido.[137]

---

[133] K. Schatz, *Los concilios ecuménicos*, p. 303. El 7 de noviembre Frings interviene en el aula conciliar y, como consecuencia, "El proyecto fue entonces sometido a crítica, con la contribución también del profesor Ratzinger" (N. Trippen, *Josef Kardinal Frings (1887-1978)*, II, p. 434).

[134] *Die letze Sitzungsperiode des Konzils*, p. 18.

[135] *Ibid.*, p. 19.

[136] El 15 de septiembre se discute en aula sobre los nn. 3-9 del texto, "que los profesores Ratzinger y Jenin claramente conocen" (N. Trippen, *Josef Kardinal Frings (1887-1978)*, II, p. 468). El 8 de octubre volverá a intervenir con un texto preparado por Jedin, Teusch y "sobre todo" Ratzinger (cf. *ibid.*, p. 560). Éste dirá por su parte que el nuevo concepto de libertad religiosa supone "el fin de la Edad Media, más aún de la época constantiniana". Pero el prolongado debate había merecido la pena. "Sólo así fue posible que el texto definitivo aprobado el 7 de diciembre de 1965 tuviese tan sólo 70 votos en contra y ocho abstenciones y, por tanto, un sí casi completo del concilio. Y no se puede afirmar que este texto haya perdido nada de lo que tenían las precedentes versiones. [...] Sigue afirmándose con fuerza que la Iglesia católica continúa considerándose el lugar concreto de la verdadera religión: 'libertad religiosa' es un enunciado en el plano de la convivencia social y política de los hombres, que varía en nada la disposición del hombre hacia la verdad, sino que se refiere tan sólo a su forma histórica de realización" (*ibid.*, p. 23).
En este periodo de sesiones se trataba sobre todo de realizar una serie de "retoques en los textos", pero no eran pocos: además de los mencionados, el referente a las religiones no cristianas y a los sacerdotes, la *Dei Verbum* y la educación católica, entre otros. El concilio había publicado 16 documentos en total y, prácticamente, había abordado todos los ámbitos de la vida e interés eclesiales. Mientras los concilios precedentes se habían impuesto la tarea de condenar herejías o poner orden en la Iglesia, el Vaticano II se propuso algo que ningún concilio anterior se había atrevido a hacer: renovar toda la vida eclesial (cf. K. Schatz, *Los concilios ecuménicos*, p. 309). Frings intervino el 7 de noviembre de 1964 y el 8 de octubre de 1965 en el aula conciliar: AS III/6, pp. 374-379; cf. T. Weiler, *Volk Gottes-Leib Christi*, p. 203 y ss.

[137] Cf. K. Schatz, *Los concilios ecuménicos*, p. 297.

"Tras el rechazo de las proposiciones sobre las misiones de la tercera sesión –relata Wiltgen–, la tarea de preparar un nuevo esquema fue confiada a una subcomisión formada por cinco miembros de la comisión sobre las misiones, elegidos por votación secreta. El P. Schütte, superior general de los Misioneros del Verbo Divino, que había recibido la mayoría de los votos, fue designado presidente. La subcomisión seleccionó a sus propios *periti* (Ratzinger, teólogo personal del cardenal Frings, de Colonia, y el P. Congar), que prepararon los fundamentos teológicos del esquema".[138] Se trataba de salvar aquel texto sobre las misiones y la tarea misionera de toda la Iglesia.

En el texto preparado por nuestro joven teólogo, entre finales de 1964 y principios de 1965, se observa una buena fundamentación trinitaria, cristológica y eclesiológica. La fundamentación de la misión de la Iglesia se encuentra en la teología joánica de las misiones del Hijo y del Espíritu. El anuncio de la palabra de Dios pasa por la conversión de los pecados: "Arrepentíos y creed en el evangelio" (Mc 1,15). Así, el bautismo hará posible que nuestra babel se convierta en una verdadera pentecostés.[139] Ratzinger no se mostraba en esos momentos demasiado optimista respecto a la equiparación de todas las religiones, pues la Biblia muestra muy clara su lucha contra la idolatría. Sólo el Dios de Abraham, Isaac y Jacob, el Dios de Jesucristo, salva.

Por eso, la misión y las misiones siguen teniendo importancia en la actualidad, y más aún en un mundo en el que está triunfando la ideología que renuncia a la verdad y busca tan sólo el poder. En este contexto, citará en

---

138 R. M. Wiltgen, *El Rin desemboca en el Tíber*, p. 294; sobre la intervención de Ratzinger en estos documentos, véase Norbert Trippen, *Josef Kardinal Frings (1887-1978)*, II, pp. 455-457, 468. La traducción al inglés del texto latino, con el título *Considerations regarding the theological foundation of the Church mission*, se encuentra en J. Wicks, "Six Texts by Prof. Joseph Ratzinger as peritus before and during Vatican Council II", pp. 285-291.

139 Cf. *ibid.*, pp. 287-291. Sobre el esquema preparado en otoño de 1964, tenemos el siguiente testimonio: "El nuevo documento es mejor; teólogos destacados como Congar y Ratzinger desempeñaron un papel importante en su desarrollo" (G. Vallquist, *Das Zweite Vatikanische Konzil*, Núremberg, Glock und Lutz, 1966, p. 491). Si bien el joven perito no participó en la reunión del 12 al 25 de enero del año siguiente, por tener que cumplir con sus obligaciones académicas, sin embargo sí que dejó sus conclusiones por escrito: cf. T. Weiler, *Volk Gottes-Leib Christi*, p. 229.

concreto al marxismo.[140] El esquema fue aprobado por una amplia mayoría, tras dos sucesivas correcciones, y promulgado el 25 de octubre de ese mismo año. Tuvo el mayor número de votos afirmativos obtenidos jamás por un documento conciliar.[141] El prestigio del joven perito iba en aumento. "El padre Ratzinger –comentaba Wenzer–, consejero del cardenal Frings, ha trabajado de manera muy eficaz y con mucha modestia en las distintas comisiones y como consejero de los obispos alemanes".[142] El mismo Congar, poco dado a elogios, añadía lo siguiente: "Menos mal que está Ratzinger. Es razonable, modesto, desinteresado y de gran ayuda".[143]

El esquema XIII

Faltaba todavía un último texto, que va a ser definitivo en la posterior hermenéutica conciliar: el esquema sobre la Iglesia en el mundo moderno (el

140 Cf. G. Valente, *Ratzinger professore*, p. 113. El trabajo fue intenso y efectivo; ahí pudo concentrar el joven teólogo todos sus recién adquiridos conocimientos de teología de las religiones. "En seis capítulos, en parte muy detallados, [el esquema] intenta dar un nuevo fundamento a la reflexión sobre la misión y determinar el modo en el que la misión debe seguir adelante" (*Die letze Sitzungsperiode des Konzils*, p. 59). Se trataba de crear un texto en sintonía con los anteriormente discutidos y aprobados, y que propusiera la tarea misionera como un cometido de toda la Iglesia, y no sólo propia de la jerarquía o de ciertas instituciones (cf. G. Alberigo, *Breve historia del concilio Vaticano II*, pp. 158-159).

141 Cf. R. M. Wiltgen, *El Rin desemboca en el Tíber*, pp. 296-298; T. Weiler, *Volk Gottes-Leib Christ*, pp. 202-205, 231-234.

142 A. Wenzer, *Chronique de la quatrième session*, París, Le Centurion, 1966, p. 284, n. 2.

143 Y-M. Congar, *Mon journal du Concile*, II, pp. 355-356: reunión del 31 de marzo de 1965. Los temas se habían ido abordando, con tranquilidad y competencia, uno a uno. Quedaba sin embargo todavía algo pendiente. El cuarto de los grandes temas a los que Ratzinger se había referido era el sacerdocio ministerial. "Ahora el esquema sobre los sacerdotes ha eliminado la orientación exclusivamente sacrificial en la idea de sacerdote y parte, de modo diferente, de la idea de la asamblea del pueblo de Dios, de manera que el sacerdocio resulta concebido en primerísimo lugar con base en el dato fundamental cristiano, el evento cristiano, como servicio a la fe. [...] Esto significa que la eucaristía no es el acto centrado en sí mismo *(in sich ruhender)* de la consagración y del sacrificio que el sacerdote celebra, y para el que sea indiferente que los 'laicos' participen o no. [...] La tarea del sacerdote consiste en prestar el servicio de un padre de familia, y pronunciar en favor de la familia de Dios la oración de la mesa de la cena del Señor, de anunciarle con la acción de gracias la muerte y la resurrección del Señor" (*Die letze Sitzungsperiode des Konzils*, pp. 65-66). Se trata de una nueva imagen de la figura del sacerdote, tal vez algo menos clerical. Respecto al controvertido asunto del celibato sacerdotal, Ratzinger concluía con un prudente "se deberá examinar con tranquilidad este asunto" (*ibid.*, p. 67).

Esquema XIII, que dará lugar después a la *Gaudium et spes*), que provocó grandes discusiones, una verdadera "lucha" –como la calificaba Ratzinger– que se prolongaría a lo largo de todo ese año. Algunos la consideraban la "obra maestra", la palabra definitiva del concilio.[144] El esquema inicial de 1962 había sido rechazado de plano porque –según nuestro teólogo– se trataba de un texto excesivamente escolástico, "presentaba ya de antemano las respuestas, como si de hecho hubieran ya convencido",[145] además de una evidente falta de sensibilidad hacia posturas personalistas.[146] "No era ni un texto bíblicamente exacto, ni estaba de acuerdo con el pensamiento actual",[147] concluye.

Era necesario por tanto un nuevo borrador con un estilo nuevo. La historia redaccional del esquema fue de este modo larga y compleja: tras la versión romana, vendrá una francófona –la de Malinas– y otra suiza, redactada en Zúrich.[148] Algunos padres se habían referido a la falta de fondo teológico en el texto, que discurriría más bien en torno a una serie de consideraciones sociales y antropológicas.[149] Según De Mattei, en este texto se entrecruzaban dos tendencias: una "optimista", francesa y teilhardiana centrada en el dogma de la encarnación por un lado, y otra más germánica y afín a la doctrina luterana de la teología de la cruz y a los presupuestos teológicos de la obra de Karl Barth.[150] Se requería, por tanto, completar este texto con una visión más teologal y positiva al mismo tiempo. Hacía falta una nueva versión.

144 Cf. G. Alberigo, *Breve historia del concilio Vaticano II*, p. 126.

145 *Probleme der vierten Konzilsperiode*, p. 7.

146 Cf. *Die letze Sitzungsperiode des Konzils*, pp. 25-26.

147 *Ibid.*, p. 28. Puede verse también "Kommentar zu Art. 11-22 der Pastoralkonstittion über die Kirche in der Welt von heute", en *Lexikon für Theologie und Kirche. Das 2. Vatikan Konzil*, 3, Friburgo, 1968, pp. 313-354; "Das Menschenbild des Konzils in seiner Bedeutung für die Bildung", en Kulturbeirat beim Zentralkomitee der deutschen Katholiken (ed.), *Christliche Erziehung nach dem Konzil*, Colonia, Berichte und Dokumentationen 4, 1967, pp. 33-65; "Iglesia abierta al mundo (entrevista con P. Rodríguez)", *Palabra*, 21, 1967, pp. 18-23. Frings interviene sobre este documento los días 24 de septiembre y 27 de octubre de 1965: AS III/5, pp. 562s.; IV/2, pp. 450s.

148 Cf. G. Alberigo, *Breve historia del concilio Vaticano II*, pp. 126-127.

149 Cf. *ibid.*, p. 127.

150 Cf. R. de Mattei, *Il concilio Vaticano II*, pp. 411-412.

Ratzinger ha dejado constancia de su opinión sobre el texto de otoño de 1965, que ocupaba un total de 83 páginas en su versión latina. Le parecía un texto excesivamente francés, algo teilhardiano y, según él, demasiado optimista e ingenuo.[151] Había además detrás de ese esquema no sólo una antropología, sino una eclesiología distinta a la *Lumen gentium*, en la que la dimensión vertical y teológica quedaba en parte silenciada, para subrayar la horizontal y puramente humana. "Casi como si el 'pueblo de Dios' fuese [sin más] un grupo sociológico entre tantos, con los que al final busca la unidad".[152] La Iglesia quedaba en cierto modo reducida a una mera institución humanitaria de alcance mundial. Ratzinger advertía que ciertos contenidos que se introducían en aquel momento estaban llevando a desvirtuar el contenido verdadero de la fe.[153]

El portavoz de los obispos alemanes hizo alguna advertencia: "Frings pidió el 27 de octubre una mayor cautela en el uso de categorías como 'mundo', 'progreso' y 'salvación'".[154] Algo parecido habían manifestado otros

---

151 Cf. *Die letze Sitzungsperiode des Konzils*, 31, pp. 39-40; "Angesichts der Welt von Heute. Überlegungen zur Konfrontation mit der Kirche im Schema XIII", en *Wort und Warheit*, 20, 1965, pp. 439-504. Tampoco calla el joven perito sobre lo que él entiende como graves defectos de planteamiento del texto conciliar: se trataba de un texto excesivamente antropológico y demasiado poco cristológico. "En el fondo, [...] se abandonaba en el frigorífico lo que le resulta propio –el hablar de Cristo y de su obra–, por considerarlo una conceptualidad congelada y, por tanto, se presentaba de un modo todavía más incomprensible y anticuado respecto a lo que ya es comprensible por la simple razón". Según él, en ese anterior borrador "la fe se presentaba como una especie de oscura filosofía sobre cosas acerca de las cuales no se sabe nada" (*Die letze Sitzungsperiode des Konzils*, p. 34).

152 *Ibid.*, p. 36.

153 Cf. *ibid.*, pp. 76-77; J. L. Allen, *Cardinal Ratzinger*, pp. 8, 79-81. Reconocía a su vez los logros del documento. "Ha sido mérito del proyecto conciliar localizar este problema y haber buscado una forma nueva, no autoritaria, de hablar con el hombre. Sin embargo, se debería haber diferenciado entre anuncio y diálogo" (*Die letze Sitzungsperiode des Konzils*, p. 38). No todo podía ser un diálogo ajeno a la verdad; de hecho, la mejor garantía de diálogo es ella misma: supone una plataforma común, con más solidez que el mero consenso. La propuesta de una ética mundial tenía su sentido, si bien en ocasiones el texto aparecía influido por el mencionado teilhardismo, es decir, de un excesivo entusiasmo por la ciencia, la técnica y el mito del progreso. La utopía teñía, en cierto modo, esas páginas.

154 A. Zambarbieri, *Los concilios del Vaticano*, p. 312; cf. *Acta Synodalia S. Concilii Oecomenici Vaticani II*, III/5, Ciudad del Vaticano, Typis Poliglottis Vaticanis, 1974, p. 532. Sobre el discurso de Frings, escribía Semmelroth: "La [intervención] del cardenal Frings fue preparada por

padres, entre los que se contaban también Döpfner de Múnich, König de Viena, Höffner de Múnster, así como Karol Wojtyla.[155] Esta reacción dará lugar al llamado "documento de Ariccia", que se acercará bastante más a la versión final aprobada por los padres conciliares.[156] La carencia denunciada vino a ser colmada con el "final cristológico" que presenta cada uno de los capítulos de la *Gaudium et spes*: Cristo está en el centro del misterio del hombre. Con esto se trataba –en opinión de Ratzinger– de "descubrir esta vocación a Cristo en lo más profundo del corazón humano, para hacer así capaz al hombre de escuchar la llamada de Cristo: he aquí la voluntad más profunda del concilio".[157]

Tuvo además una aportación concreta. Ratzinger era miembro de la subcomisión cuarta, encargada de revisar el capítulo tercero sobre la actividad humana en el mundo. Pero fue llamado también para revisar el número 9; contribuyó con un largo párrafo de 370 palabras, que daría después lugar a un nuevo número: el 10.[158] En estas líneas, proponía que el ser humano podía hacer frente a las ideologías si atendía a una llamada divina, que superaba sus propias posibilidades. Jesucristo trae consigo el reino y ofrece las respuestas definitivas a los interrogantes humanos. La Iglesia entabla el diálogo con el mundo a la luz de la gloria de Dios que se refleja en el rostro de Jesucristo (cf. 2 Co 4,6). "Por tanto, la Iglesia invita a todos los pueblos a escuchar el mensaje que ella ofrece con la fe, y quiere escuchar todas las preguntas y respuestas de aquellos con quienes forma una sola raza y una única historia".[159]

---

el profesor Ratzinger" (O. Semmelroth S. J., *Tagebuch am 24. September, 1965*, citado en N. Trippen, *Josef Kardinal Frings (1887-1978)*, II, p. 473).

155 Cf. *Acta Synodalia S. Concilii Oecomenici Vaticani II*, IV/2, pp. 660-663; R. M. Wiltgen, *El Rin desemboca en el Tíber*, pp. 290-293.

156 Cf. G. Richi Alberti, *Karol Wojtyla: un estilo conciliar*, Madrid, Publicaciones San Dámaso, 2010, pp. 308-311.

157 *Die letze Sitzungsperiode des Konzils*, p. 58.

158 Texto original en latín en J. Wicks, "Six Texts by Prof. Joseph Ratzinger as peritus before and during Vatican Council II", pp. 309-310.

159 *Ibid.*, p. 310. En un comentario posconciliar al capítulo segundo ("Kommentar zu Art. 11-22 der Pastoralkonstittion über die Kirche in der Welt von heute", *Lexikon für Theologie und Kirche. Das 2. Vatikan Konzil 3*, Friburgo, 1968, pp. 313-354), el profesor de Tubinga se refiere al conocido concepto de "signo de los tiempos" con la siguiente pregunta: "¿no es con Cristo

Los frutos del concilio

> Los servicios del profesor Ratzinger como *peritus* del concilio Vaticano II –recapitula Wicks–, en colaboración con otros miembros del concilio, llevan a los principios fundamentales sobre la revelación por parte de Dios, sobre el destinatario humano de la palabra de Dios, de la Escritura inspirada, y de la misión de la Iglesia en medio de la familia humana a la que Dios envió a Cristo y al Espíritu.[160]

Éstos constituían los frentes abordados. Quedaba alguna novedad más. El 7 de marzo de 1965 Pablo VI celebraba por primera vez la eucaristía en italiano –es decir, en lengua vernácula– en una parroquia romana; sería un primer gesto, fruto de la reforma litúrgica.[161] El 18 de noviembre se aprobaba la constitución dogmática *Dei Verbum* sobre la Escritura en la vida de la Iglesia y el decreto sobre el apostolado de los laicos, a la vez que se cambiaba el nombre del Santo Oficio por el de Congregación de la Doctrina de la Fe.[162]

como verdadero 'signo de los tiempos' la verdadera antítesis de la normatividad de Cronos, como [el concilio] habla de la expresión *vox temporis?"* (*ibid.*, p. 313). Alude allí al *Ariccia-Text*, en el que no aparecía tan clara esta unión de Cristo como consumación del Cronos escatológico. Tras recordar las dimensiones trinitaria y cristológica presentes en el texto conciliar (cf. *ibid*, pp. 313-314), recorre los misterios de la persona humana como imagen de Dios, de la realidad del pecado, de la existencia de la verdad y la dignidad de la razón, de la libertad y de la muerte, del ateísmo y del anuncio de Cristo a este mundo (cf. *ibid.*, pp. 315-350). En fin, llega al famoso texto de GS 22, en el que propone a Cristo como nuevo hombre. Tras destacar el cristocentrismo del texto y su condición como único Mediador, recuerda cómo Cristo se dirige al Padre al pronunciar el *Abba, Pater!* (cf. *ibid.*, p. 354; T. Rowland, *La fe de Ratzinger. La teología del papa Benedicto XVI*, Granada, Nuevo Inicio, 2009, pp. 65-93). No vemos tan claras, sin embargo, las interpretaciones de J. A. Komonchack, "Interpreting the Second Vatican Council", *Landas*, 1, 1987, pp. 81-90; L. Boeve, "*Gaudium et spes* and the crisis of the modernity: the end of the dialogue with the world", en M. Lamberrigts y L. Kenis (eds.), *Vatican II and its legacy*, Leuven, Leuven University Press, 2002, p. 90; N. Boyle, "On earth, as in heven", *Tablet*, 9, 2005, pp. 12-15. Pero indudablemente el debate sigue en pie, y es posible que lo siga durante varios años más.

160 J. Wicks, "Six Texts by Prof. Joseph Ratzinger as peritus before and during Vatican Council II", p. 253.

161 Cf. G. Alberigo, *Breve historia del concilio Vaticano II*, p. 149.

162 Cf. *ibid.*, p. 164.

Vino entonces la serie final de textos aprobados: sobre los obispos y los sacerdotes, las misiones, las religiones o la relación de la Iglesia con el mundo. Así, el 7 de diciembre se aprobaban algunos textos más, incluida la constitución pastoral *Gaudium et spes*.[163]

> Cuando el 7 de diciembre fueron aprobados estos últimos cuatro textos [...] –recordaba Ratzinger–, un espíritu de alegre gratitud invadió a los obispos reunidos por última vez en asamblea conciliar en San Pedro. Se advirtió un desbordado ambiente de alegría cuando al final se abrazaron y se intercambiaron el ósculo de la paz.[164]

Había llegado el momento de la exultación. Una vez recuperado el silencio, se leyó el texto común de Pablo VI y el patriarca de Constantinopla, en el que se levantaba la recíproca excomunión de 1054. Era un obstáculo menos para la unidad entre católicos y ortodoxos.

En la mañana del 8 de diciembre, solemnidad de la inmaculada concepción de María, una multitud de 300 mil personas se reunía en la plaza de San Pedro, a pesar de no ser un día espléndido. Mientras todas las campanas de Roma repicaban al unísono, una larga procesión de padres conciliares precedía a Pablo VI, quien estaba sentado en la silla gestatoria para poder ser visto por todos. En la homilía, el Papa recordó la relación entre la encarnación –Dios se hace hombre– y la divinización del cristiano: el hombre se hace como Dios. Eran éstas las bases del diálogo entre la Iglesia y el mundo.[165] Ese día de la clausura del concilio, se abrían sin duda nuevos tiempos para la Iglesia. Los logros del concilio –según Ratzinger– eran también evidentes, y se encontraban en perfecta continuidad con la enseñanza de la Iglesia a lo largo de los siglos.[166]

---

163 Cf. *ibid.*, p. 164-165.

164 *Die letze Sitzungsperiode des Konzils*, p. 71.

165 AS IV/7, p. 658.

166 Cf. C. Cremona, *Pablo VI*, p. 247.

Georg, el hermano del joven teólogo había viajado a Roma con el coro de niños cantores de la catedral de Ratisbona que dirigía desde hacía poco, y dio un concierto al que asistieron todos los padres conciliares.[167] El balance era provisional y prometedor al mismo tiempo.

> Por citar tan sólo los resultados teológicos de mayor importancia –valoraba Ratzinger–, el concilio ha insertado de nuevo, en el conjunto de la Iglesia, una doctrina del primado que antes aparecía peligrosamente aislada; ha integrado asimismo la mentalidad jerárquica aislada en el misterio único del cuerpo de Cristo; ha vinculado de nuevo una mariología aislada en el conjunto; ha hecho que la liturgia sea, de nuevo, accesible y comprensible. Y con todo esto ha dado un valeroso paso adelante en el camino de la unidad de los cristianos.[168]

O dicho con otras palabras y de un modo más breve: "Si tuviera que citar algunos aspectos fundamentales, resaltaría la importancia que se concede a la Biblia y a los Padres de la Iglesia; la nueva imagen personalista del hombre; la afirmación sobre la esencia de la Iglesia; el acento ecuménico y, en fin, la intuición fundamental de la renovación litúrgica".[169] Ante todo y más allá de consideraciones académicas, el joven perito extraía consecuencias de permanente vigencia, para su tarea teológica y para su misión de pastor: "La fe de quienes tienen un corazón sencillo –añadía– es el mayor tesoro de la Iglesia; servirla a ella y vivirla es el cometido más alto de la renovación eclesial".[170] Aquí se encuentra el futuro de la Iglesia, concluía.

---

[167] J. Catalán, *De Joseph Ratzinger a Benedicto XVI*, p. 352.

[168] *Teoría de los principios teológicos*, p. 443.

[169] *Ser cristiano en la era neopagana*, Madrid, Encuentro, 1995, p. 118.

[170] *Die letze Sitzungsperiode des Konzils*, p. 77.

III. Arzobispo

> No pensé que hubiera ningún peligro a la vista –recordaba Ratzinger– cuando el nuncio Del Mestri, sirviéndose de una excusa, me fue a visitar a Ratisbona. Charló conmigo de lo humano y lo divino y, al final, me puso en la mano una carta que debía leer en casa y pensármelo. La carta contenía mi nombramiento como arzobispo de Múnich y Frisinga. Fue para mí una decisión terriblemente difícil. Se me había autorizado a consultar con mi confesor. Hablé con el profesor Auer, quien conocía con gran realismo mis límites tanto teológicos como humanos. Esperaba que él me disuadiese. Pero, para gran sorpresa mía, me dijo sin pensarlo demasiado: "Debe aceptar". Así, después de haber expuesto otra vez mis dudas al Nuncio, escribí –bajo su atenta mirada–, en el papel del hotel donde se alojaba, la declaración que expresaba mi consentimiento.[1]

Las circunstancias variaron sensiblemente para el ya prestigioso teólogo en los años siguientes. Aquí empieza una nueva etapa para nuestro teólogo, en la que –de este modo tan inesperado– imitará a su maestro Agustín, después obispo de Hipona. El profesor se convierte ahora un poco más en pastor.[2]

---

1 *Mi vida*, p. 129.

2 Cf. P. Blanco Sarto, "Ratzinger, arzobispo de Múnich y Frisinga", *Nuestro Tiempo*, 633 (3), 2007, pp. 95-109.

III.I. Un nuevo ministerio (1977-1978)

Con el tiempo, el cardenal Ratzinger explicará los motivos de su aceptación, que tenían que ver también con toda una vida dedicada a la teología.

> Al principio tuve grandes dudas sobre si podía y debía aceptar ese nombramiento. Para empezar, tenía muy poca experiencia como pastor de almas; siempre me había sentido más inclinado hacia la labor docente. [...] Por otra parte, mi salud era más bien precaria, y la nueva misión exigía también esfuerzo físico. Así que pedí consejo. Me dejé asesorar porque, en situaciones tan extraordinarias como ésta, había que pensar un poco algo que, en principio, no estaba en mis planes. "Pero la problemática actual de la Iglesia [–me decían–] está estrechamente relacionada con la teología. Es bueno que haya ahora teólogos que quieran ser obispos". Así que acepté.[3]

Tenía en contra la inexperiencia y un cierto cansancio debido a su carrera académica.[4] "La pureza de la doctrina fue la obsesión del pontificado de Pablo VI –afirmaba uno de sus biógrafos–, la antorcha encendida que tenía que poner en manos de sus sucesores, que iban a encontrar también tantos pabilos vacilantes".[5] Un teólogo con sentido pastoral podía ser un buen obispo, pensaban algunos.

"Colaborador de la verdad"

Así, el 28 mayo de 1977, el ya conocido teólogo era consagrado arzobispo de Múnich y Frisinga por Josef Stangl, prelado de Wurzburgo, además de los obispos Graber y Tewes, como suele ser habitual en la Iglesia católica, para expresar la comunión, la colegialidad y la colaboración mutua entre los obispos.

---

3 *La sal de la tierra*, p. 88.

4 Cf. J. Chélini, *Benedicto XVI, heredero del concilio*, Bilbao, Mensajero, 2008, p. 132.

5 J. L. González Novalín, "Juan Bautista Montini, una vida para el papado", en J. I. Saranyana (ed.), *Cien años de pontificado romano (1891-2005)*, Pamplona, EUNSA, 2006, p. 204.

> Fue aquél un día extraordinariamente bonito –recordaba el actual Benedicto XVI–. Era un radiante día que auguraba el verano, en la vigilia de Pentecostés de 1977. La catedral de Múnich (que, tras la reconstrucción posterior a la II Guerra Mundial, daba una tremenda impresión de sobriedad) estaba magníficamente adornada, y transmitía una atmósfera de alegría que le envolvía a uno de manera irresistible. Experimenté la realidad del sacramento: que en él sucede algo que es verdad. Después, la oración ante la columna de la virgen María –la *Mariensäule*– en el corazón de la capital bávara. El encuentro con muchas personas que acogían al recién llegado, para ellos desconocido, con una cordialidad y una alegría que no se debían tanto al aprecio por mi persona, sino que me mostraban una vez más lo que es el sacramento. Saludaban al obispo, que lleva el misterio de Cristo.[6]

En las fotos de aquel feliz momento se le ve rodeado de risueños y sonrosados muniqueses, que ofrecen sus parabienes al nuevo obispo. Lógicamente los *Dompätzen* de Ratisbona, dirigidos por su hermano Georg, ofrecieron una composición para coro a ocho voces: *Pues ha dado órdenes a sus ángeles*, de Mendelssohn.[7]

A pesar de la alegría del momento, la situación de la Iglesia en Alemania mostraba sus variados matices. Por ejemplo, ese mismo año se había reunido un grupo de 70 teólogos para exigir un inmediato concilio Vaticano III, en el que se proponía –entre otras sugerencias– la derogación de la encíclica *Humanae vitae* de Pablo VI, la urgente admisión de las mujeres en el

---

6 *Mi vida. Recuerdos (1927-1977)*, Madrid, Encuentro, 1997, p. 130.

7 Cf. S. von Kempis, *Benedetto. La biografia*, Milán, Marietti, 2007, p. 179.
La celebración tuvo un gran éxito de clero y público. Recordaba el nuevo arzobispo de ese día "que sentía la fe y las oraciones de todos los presentes como una fuerza que me sostenía en una tarea que superaba mis propias fuerzas" (*Vieni, Spirito creatore! Omelie sulla Pentecoste*, Turín, Lindau, 2006, p. 93). La ceremonia de ordenación episcopal había sido hermosa y conmovedora, en una catedral que –por la guerra y la posterior restauración– había perdido su anterior apariencia barroca. Ahora era sin más un sobrio templo gótico, con las paredes desnudas. En el centro vital de la capital bávara, en la famosa *Marienplatz*, pronunció una oración y dirigió sus primeras palabras a los muniqueses como arzobispo (cf. P. Pfister, "Joseph Kardinal Ratzinger in den Ordinariats-Korrespondenzen 1977-2001-eine Textauswahl", en P. Pfister (ed.), *Joseph Ratzinger und das Erzbistum München und Freising*, pp. 277-280).

sacerdocio o la unión inmediata e incondicional con la Iglesia reformada. La historia se repite. Era todavía el final de los movidos años setenta, marcados paradójicamente al mismo tiempo por el consumismo y el comunismo, por el bienestar económico y la ideología marxista.[8]

Múnich ya no era, pues, la idílica y encantadora ciudad de antaño. El crecimiento industrial y la inmigración habían cambiado en parte su romántico rostro. Los problemas eran también los de una gran ciudad. Alguien pensó que el profesor Ratzinger podría estar todavía en otra longitud de onda, pues él procedía del mundo de la universidad. Encontramos también una confesión autobiográfica en este sentido.

> Cuando fui consagrado obispo, la punzante conciencia de mi propia insuficiencia, de mi incapacidad ante la grandeza de la tarea, fue aún mayor que en mi ordenación sacerdotal. Fue para mí maravillosamente consolador sentir a la Iglesia en oración, que invocaba a todos los santos: sentir que la oración de la Iglesia me envolvía y abrazaba físicamente.[9]

Ese respaldo le parecía definitivo.

Se sentía así apoyado desde arriba, a la vez tenía también muy claro cuáles eran sus propias limitaciones, su misión y sus prioridades.

> Como lema episcopal escogí dos palabras de la tercera epístola de san Juan: "colaborador de la verdad", ante todo porque me parecía que podían

---

8 Cf. J. Orlandis, *La Iglesia en la segunda mitad del siglo XX*, Madrid, Palabra, 1998, p. 228. La archidiócesis bávara reunía tanto a la gran ciudad de Múnich como a la histórica Frisinga. Tenía una población de unos tres millones de habitantes –de los cuales dos tercios son católicos– y una compleja y extensa estructura: casi 800 parroquias y más de 1 000 establecimientos católicos, entre los que se encontraban escuelas, guarderías y hospitales. Sus más de 2 mil sacerdotes y religiosos, tan sólo estaban superados por un ejército de 6 mil monjas. Había 100 seminaristas y numerosos bautizos (16 900 al año). Si bien la práctica religiosa no era tan alta, la asistencia a la misa los domingos y las fiestas seguía siendo elevada. El partido dominante, el CSU (el *Christlich-Soziale Union*, heredero del *Bayerische Volkspartei* enfrentado al nazismo), estaba inspirado en las ideas del catolicismo social. "Ratzinger hereda, pues, una diócesis que sigue siendo profundamente cristiana, donde el cristianismo sigue impregnando la vida social" (J. Chélini, *Benedicto XVI, heredero del concilio*, p. 134).

9 *El espíritu de la liturgia. Una introducción*, Madrid, Cristiandad, 2001, p. 213.

> expresar bien la continuidad entre mi anterior tarea y el nuevo cargo; ya que –con todas las diferencias que se quiera– se trataba y se trata siempre de lo mismo: seguir a la verdad, ponerse a su servicio.[10]

Quería dar de este modo una prioridad y un protagonismo definitivo a la verdad, inseparable del amor. Amor y verdad no sólo eran una de las claves de su teología, e intentará dar rendida cuenta de ellos en su breve episcopado. *Veritas in caritate, caritas in veritate* (cf. Ef 4,15). Así, la nueva responsabilidad que había asumido le hizo reflexionar sobre el papel y la importancia de ambos, aunque tal vez no siempre había cobrado total conciencia de este difícil equilibrio.[11]

Tal vez este modo de ver las cosas podía significar algo más, de forma que la decisión por parte del Papa parecía ir en firme. "El nombramiento de Ratzinger [...] a la cabeza de la archidiócesis de Múnich en 1977 –recapitula y valora un conocido historiador–, expresó la voluntad de Pablo VI de ofrecer al catolicismo alemán una línea de resistencia a los desarrollos pastorales y teológicos que eran considerados arriesgados para la Iglesia alemana".[12] Era por tanto este nuevo arzobispo una pequeña "pica en Alemania", con la que se pretendía ofrecer una alternativa a la deriva que había tomado

---

10 *Mi vida*, p. 130.

11 "He de decir que –declaraba en el año 2000–, a lo largo de las décadas de mi actividad docente como catedrático, sentí una crisis con mucha fuerza en mi interior a la hora de reivindicar la verdad. Temía que el modo en que manejamos el concepto de verdad en el cristianismo fuese arrogancia, e incluso falta de respeto hacia otros. La pregunta era: ¿hasta qué punto necesitábamos de eso ahora? He analizado con mucho detenimiento esta pregunta, y finalmente comprendí que renunciar a la verdad supone renunciar a los fundamentos. [...] El cristianismo se presenta con la pretensión de decirnos algo sobre Dios, sobre el mundo y sobre nosotros mismos; algo que es verdad y que nos ilumina. Por eso llegué a la conclusión de que, precisamente en nuestra época, [...] necesitamos de nuevo buscar la verdad, así como el valor para admitirla. En este sentido, la frase que elegí como lema [episcopal] resume parte de mi misión como sacerdote y teólogo: que debe ser en concreto –con toda humildad, con la conciencia de poder equivocarse– colaborador de la verdad" (*Dios y el mundo. Una conversación con Peter Seewald*, Barcelona, Galaxia Gutenberg-Círculo de Lectores, 2005, pp. 246-247). Volver al esplendor de la verdad, para alcanzar la plenitud del amor.

12 A. Riccardi, "Europa occidentale", en AA. VV, *La Chiesa del Vaticano II (1958-1978), Storia della Chiesa*, XXV/2, Cinisello Balsamo, San Paolo, 1994, p. 396.

la Iglesia del posconcilio en tierras germanas. El análisis crítico de estos presupuestos por parte de un teólogo y de un intelectual podían traer interesantes consecuencias. El nuevo arzobispo era una especie de punta de lanza, sugieren algunos.

En cualquier caso, este nuevo nombramiento trajo consigo una auténtica crisis personal para el profesor Ratzinger, tal como él mismo declara.

> Ser nombrado arzobispo de Múnich supuso para mí una gran sorpresa, sí, y me impresionó mucho. Y desde luego no fue una contrapartida a concesiones oportunistas. [...] A ese nombramiento no se puede acceder por el mero hecho de ser profesor. Pero lo más importante para mí fue no apartarme de la dirección tomada en mi vida desde la niñez, y permanecer fiel a ella.[13]

Junto al tan cacareado cambio en la orientación de Ratzinger, existe también una clara línea de continuidad, un invisible hilo conductor que recorre toda su vida y su obra. Se puede considerar que, al mismo tiempo que iba descubriendo la verdad de modo progresivo, ha sabido ser fiel a sí mismo, a sus ideas y a lo que pensaba que Dios le pedía. No se trataba de acumular méritos o hacer carrera. No considerará el ministerio episcopal –y el posterior cardenalato– como una culminación profesional.

Casi un mes después de su ordenación episcopal, el 27 junio, el nuevo arzobispo era nombrado también cardenal por Pablo VI, con el título de la iglesia santa María Consoladora, en el Tiburtino, un barrio obrero en la periferia de Roma. Después de haberle sido impuesto el capelo cardenalicio, el arzobispo Ratzinger recordaba al volver a Múnich aquella nueva responsabilidad con las siguientes palabras:

> En el discurso al colegio cardenalicio en la Sala Clementina del Vaticano, el papa [Pablo VI] nos ha dicho cosas muy serias. Nos ha recordado que la vestidura roja de los cardenales es un símbolo de su disposición al martirio.

---

13 *La sal de la tierra. Cristianismo e Iglesia católica ante el nuevo milenio* (entrevista con Peter Seewald, 1996), Madrid, Palabra, 1997, p. 86.

> La Iglesia lo explica con la siguiente fórmula: quien la lleva debe estar dispuesto a responder de la fe *usque ad effusionem sanguinis*, hasta el derramamiento de sangre.[14]

De esta forma, nos habla no sólo de la simbología, sino de cómo iban a poder evolucionar los hechos.[15] También la defensa de la verdad y del amor puede llegar hasta el mismo derramamiento de sangre. No constituía un honor, sino un oneroso deber.[16]

Primeras homilías

El recién creado cardenal Ratzinger comenzó con su nuevo trabajo, también –como todos los obispos– en colaboración con sus hermanos en el episcopado. Del 30 de septiembre al 29 octubre de 1977 tuvo lugar en la Ciudad eterna el sínodo de obispos sobre la catequesis, donde el recién nombrado cardenal de Múnich coincide también con Karol Wojtyla, entonces cardenal de Cracovia. Ese encuentro tendrá importantes consecuencias en el futuro.

---

14 *Cooperadores de la verdad. Reflexiones para cada día del año*, Madrid, Rialp, 1991, p. 251.

15 Cf. "Joseph Kardinal Ratzinger in den Ordinariats-Korrespondenzen 1977-2001-eine Textauswahl", pp. 283-284.

16 Ratzinger no era un desconocido. Pablo VI había leído su *Introducción al cristianismo* y conocía su labor durante el concilio. En otra ocasión, el mismo Ratzinger relataba los entresijos de su nombramiento como cardenal. "Dos o tres días de mi consagración episcopal el 28 de mayo, me informaron de que había sido nombrado cardenal. Para mí fue una gran sorpresa. Todavía no me lo explico. Sé que Pablo VI se había fijado en mi trabajo como teólogo, hasta el punto de que me había invitado a predicar unos ejercicios espirituales en el Vaticano. Pero no me sentía suficientemente seguro con mi francés o mi italiano como para preparar y afrontar la tarea, por lo que decliné el ofrecimiento. Pero esto denotaba que el Papa me conocía" (cf. S. von Kempis, *Benedetto*, p. 175).
Manifiestaba de igual manera sus pensamientos más profundos en aquella ocasión, y cómo se encontraba en esos momentos. "Yo había sido tantos años un simple profesor, muy lejano de la jerarquía y no sabía cómo comportarme, y me sentía poco a gusto en aquel ambiente. A pesar de que me sentía demasiado poca cosa, el Papa fue muy bueno y me animó". Se sintió reconfortado por el apoyo pontificio a su habitual timidez de profesor, poco dado por tanto a los usos y costumbres de la curia vaticana. Sin embargo, recordaba también que la mayoría de los asistentes a la ceremonia de imposición del capelo cardenalicio procedían de Baviera. "El Papa estaba contento –comentó años después el cardenal– porque en cierto modo era una confirmación [del acierto] de su elección" ("Il Signore sceglie la nostra povertà" [entrevista], *30 Giorni* [agosto de 2003], p. 25).

Los obispos alemanes aprovecharon para hacer unos días después una visita *ad limina* al papa Pablo VI.[17] Sin embargo, el nuevo cardenal debía también emplearse a fondo al mismo tiempo en su nuevo ministerio.

> El profesor Ratzinger –recapitula un periodista alemán– tuvo nuevas experiencias en relación con la Iglesia y el mundo. En primer lugar, que el papa [Pablo VI] –y también los católicos de Múnich– tenían una gran esperanza en su persona. [...] A algunos les impresionaban las edificantes homilías del cardenal arzobispo y su arte al pronunciarlas; les impresionaba [además] que se pusiera también a su altura, y que cautivara a los fieles desde el púlpito.[18]

Las homilías –casi sin papeles– en la catedral muniquesa se harán célebres, con su mitra, su báculo y su habitual y característico movimiento circular de la mano derecha.

En 1977 predicó una serie de homilías en adviento y navidad, que intentan acercarse a la situación actual. Ante un grupo de enfermos, predicaba: "'Adviento' se encuentra también la palabra *visitatio*, 'visitación' que significa simplemente 'visita'. [...] La enfermedad y el sufrimiento pueden ser, al igual que una gran alegría, algo así como un adviento personal, una visita de Dios que entra en mi vida y quiere acercárseme".[19] Definía del siguiente modo al hombre contemporáneo:

> En mi vida cotidiana tengo poco tiempo para él y poco tiempo para mí mismo. Estoy ocupado en mis negocios de la mañana a la noche y hasta escapo de mí mismo porque no sé qué hacer conmigo mismo. [...] De este modo me voy asilvestrando en mi interior. Las cosas me empujan y arrastran; sólo soy una pieza en el gran mecanismo.[20]

---

17 Cf. "Joseph Kardinal Ratzinger in den Ordinariats-Korrespondenzen 1977-2001-eine Textauswahl", pp. 294-295.

18 H.-J. Fischer, *Benedicto XVI*, Barcelona, Herder, 2005, pp. 34-35.

19 J. Ratzinger, *La bendición de la Navidad. Meditaciones*, Barcelona, Herder, 2007, p. 16.

20 *Ibid.*, p. 17. Era necesario, requería recuperar la humanidad en el trato con los enfermos, e incluso en la relación con nosotros mismos. Por eso la solución será volverse hacia ese Niño que

Al mismo tiempo, el nuevo arzobispo empezó rápidamente a predicar las verdades de fe que consideraba que debían ser recordadas en ese momento concreto en la principal diócesis bávara. En el libro *Mitte der Kirche* (1978), se recogen las homilías que el nuevo arzobispo pronunció sobre la eucaristía nada más empezar su ministerio episcopal, y que serán continuadas en los años siguientes. En ellas se hace una detenida catequesis sobre el misterio eucarístico, el centro, el corazón de la vida cristiana (como reza el título). Rehúye aquí, sin embargo, cualquier tono profesoral, y se limita a su función de pastor, aunque –como era de esperar– detrás de esas palabras hay mucha teología.

Así, por ejemplo, recordó a los muniqueses una vez más el carácter sacrificial de la misa: "la eucaristía es mucho más que una simple cena; su precio ha sido la muerte, y la majestuosidad de la muerte está presente en ella".[21] La lógica que explica el misterio eucarístico será siempre la de la donación, la entrega y el sacrificio. "Lo primero que nos dice [la eucaristía] es que Dios se da a sí mismo para que nosotros podamos dar".[22] Entrega, muerte y resurrección –todo el misterio pascual– se encuentran actualizadas en cada celebración eucarística, recordaba. El sacrificio de la cruz será por eso también la "fiesta de la resurrección".[23]

---

es Dios, dirigir nuestra vida a él. Dejarnos llenar por su luz y su gracia. Es esto lo que simboliza el nórdico árbol de navidad. "El verdadero árbol de la vida no está lejos de nosotros, en algún paraje perdido del mundo. Ha sido erigido en medio de nosotros, no sólo como imagen y signo, sino en la realidad. Jesús, que es el fruto del árbol de la vida, la vida misma, se ha hecho tan pequeño que cabe en nuestras manos" (*ibid.*, p. 51). El árbol de navidad –Cristo– se hallaba en un claro del bosque: brillaba en medio de una multitud de árboles oscuros, el resto de la humanidad.

21 *Gott ist uns nah. Eucharistie: Mitte des Lebens*, Augsburgo, Sankt Ulricht, 2001, p. 43.

22 *Ibid.*, p. 44.

23 Cf. *ibid.*, p. 61. No deja tampoco por ello de abordar temas más controvertidos, en los que se había creado cierta confusión no sólo en la diócesis bávara. "La eucaristía no es, en sí misma, el sacrificio de la reconciliación, sino que presupone este sacramento. Es el sacramento de los reconciliados, al que el Señor invita a quienes se han hecho una misma cosa con Él" (*ibid.*, p. 59). No se trata por tanto de la mesa de los pecadores, sino de la mesa de los elegidos y reconciliados. De modo que bautismo, penitencia y eucaristía están íntimamente unidos. A la vez, aborda de igual manera temas más teológicos: se refiere, por ejemplo, a la actualidad y vigencia del término "transustanciación", tal como se había propuesto en el debate teológico

A pesar de la elevación teológica y espiritual de estas homilías, el ambiente eclesial en la nación alemana no era demasiado halagüeño. Las tensiones y los problemas se daban de igual manera en la diócesis bávara. Se trataba de "El cansancio de la fe, la crisis de vocaciones, el descenso del nivel moral, también entre los creyentes",[24] resumía así la situación un periodista del *Süddeutsche Zeitung*, el periódico bávaro por excelencia. La crítica y la polémica se extendían de igual forma a todos los niveles de la sociedad y de la Iglesia. Eran los años anteriores a la caída del Muro de Berlín, en los que el marxismo todavía desarrollaba un importante papel en el mundo de las ideas y en la vida política.

En la sociedad alemana se notaba una cierta tensión, también porque el grupo terrorista *Rote Arme Fraktion* había cometido algunos atentados. El cardenal no se mantiene al margen de estas cuestiones y pide en sus homilías oraciones por la paz y el fin del terrorismo.[25] También desarrolla una importante labor constructiva y de diálogo. En ese año de 1978, mantiene encuentros con periodistas, inmigrantes o empleados de correos, por ejemplo; asiste a un encuentro ecuménico, donde coincide con el hermano Roger Schutz, fundador de la Comunidad de Taizé; participa en un debate televisivo

---

del momento (cita allí por ejemplo a E. Schilllebeeckx, *Die eucharistische Gegenwart*, Düsseldorf, 1967).

Habla sin ambages de la presencia real de Jesucristo en la renovación del misterio pascual: "'Esto es mi cuerpo' significa por tanto ésta es mi persona presente en mi cuerpo" (*Gott ist uns nah*, p. 80; alude allí a la "bonita aportación" de K. Lehmann, "Persönliches Gebet in der Eucharistiefeier", *Communio*, 6, 1977, pp. 401-406). Se trata pues de una presencia –real, personal y sustancial– de Jesucristo en la eucaristía, y no meramente simbólica o sociológica. Reaparece por último aquí de manera parecida la eclesiología eucarística, que el joven Ratzinger creyó ver años atrás en Agustín con motivo de su primer trabajo teológico, inspirado a su vez por Henri de Lubac (*Volk und Haus Gottes in Augustins Lehre von der Kírche*, Múnich, Zink, 1954). La clave de la unidad en la Iglesia se encuentra en el mismo misterio eucarístico. "El contenido, el acontecimiento de la eucaristía, es la unión de los cristianos a partir de su separación, para llegar a la unidad del único pan y del único cuerpo. La eucaristía se entiende por tanto en sentido dinámico y eclesiológico. Es el acontecimiento vivo que hace a la Iglesia ser ella misma" (*Gott ist uns nah*, pp. 121-122, cita allí al obispo de Hipona en su *Tractatus de dominica santae Paschae*).

24 P. Seewald, "Mitarbeiter der Wahrheit", en P. Seewald (ed.), *Der deutsche Papst*, Augsburgo-Hamburgo, Bild, 2005, p. 66.

25 Cf. "Joseph Kardinal Ratzinger in den Ordinariats-Korrespondenzen 1977-2001-eine Textauswahl", p. 301.

titulado "¿Existe el demonio?" o encabeza una peregrinación a Asís.[26] Cualquier oportunidad es perfecta para hablar del amor y la verdad.

El "año de los tres papas"

Las sorpresas se iban a seguir dando a lo largo de ese mismo año. El 6 de agosto de 1978, fiesta de la transfiguración del Señor, estando de vacaciones en Austria, el cardenal de Múnich fue informado de la muerte de Pablo VI, cuando volvía de una excursión. Rápidamente voló a Roma para asistir al funeral. Allí llegó. "Me impresionó la absoluta sencillez del féretro –recuerda–, con los evangelios puestos encima. Esta pobreza, querida por el Papa, me dejó casi sin habla".[27] Será el estilo de los funerales pontificios de los últimos años, en los que se pretende reflejar la sencillez y la pobreza evangélicas. La historia, sin embargo, deparará todavía más sorpresas.

"Los dos cónclaves de 1978 resultaron extraordinariamente sorprendentes",[28] comenta un historiador. Los días 25 y 26 de agosto de 1978, el nuevo cardenal participa en el cónclave en el que será elegido Albino Luciani (1912-1978), quien tomará el nombre de Juan Pablo I, "el Papa de la sonrisa". Allí Ratzinger coincidirá de nuevo con Karol Wojtyla. Se intercambiaban libros desde 1974.

> El polaco –comenta Weigel–, que había leído algunos libros de Ratzinger, admiraba la inteligencia teológica de ese alemán más joven que él, reconociéndola más profunda y amplia que la suya propia. Cada uno veía en el otro a un hombre valiente, intelectual y moralmente. A una persona que no se dejaría llevar por los vientos de la moda o por las presiones externas. Alguien en quien confiar cuando llegaran tiempos difíciles.[29]

26 Cf. "Pontifikalhandlungen und ausserordentlich Funktionen von Erzbischof Joseph Kardinal Ratzinger 1977-1982", en P. Pfister (ed.), *Joseph Ratzinger und das Erzbistum München und Freising*, pp. 207-214.

27 "Il Signore sceglie la nostra povertà", p. 25.

28 E. de la Lama, "Juan Pablo I y Juan Pablo II en los umbrales del tercer milenio", en J. I. Saranyana (ed.), *Cien años de pontificado romano (1891-2005)*, p. 213.

29 G. Weigel, *La elección de Dios. Benedicto XVI y el futuro de la Iglesia*, Madrid, Criteria, 2006, p. 14.

El nuevo Papa quería continuar el programa de Pablo VI con el "corazón" de Juan XXIII. Juan Pablo I impresionó al mundo por su sonrisa y por sus dotes catequéticas, aprendidas del párroco de su pueblo. Una enfermedad repentina se lo llevaría para siempre. En la última audiencia de su pontificado, un día antes de morir, decía el Papa veneciano: "Las últimas palabras de la oración del Señor son: 'Señor, que os ame siempre más' [...] Lo cual significa: amar a Dios no poco, sino mucho, no pararse en un punto al que se ha llegado, sino –con su ayuda– progresar en el amor".[30] Al día siguiente fallecía en su propio lecho. Una noticia triste en un mundo que presentaba también sus problemas.

En efecto, allá donde se mirara, había crisis: hambre y pobreza en el Tercer mundo, guerrilla y sectas en Latinoamérica, el este de Europa estaba todavía separado por el Muro de Berlín, el concilio todavía no había sido comprendido en toda su profundidad. "El diagnóstico y el tratamiento estaban claros: la Iglesia necesitaba un Papa espiritual".[31] Ratzinger manifiesta su total aprecio por la persona del nuevo pontífice: para él era una persona de "gran bondad y luminosa fe".[32] Parece que la simpatía es mutua. Juan Pablo I "estaba adornado de cualidades, virtudes humanas y cristianas –cortesía, amabilidad, sencillez, alegría, sentido del humor– que le hacían capaz de

Al parecer, el arzobispo de Cracovia había leído la *Introducción al cristianismo* del profesor Ratzinger, quien se lo había enviado a petición del filósofo de Múnster, Josef Pieper. Aunque ambos no se habían tratado muy de cerca –ni siquiera durante el concilio–, la coincidencia y la comunión de ideas eran muy profundas (cf. *ibid.*, p. 203). Lo vi por primera vez en el sínodo de 1977 [sobre la catequesis] –recuerda Ratzinger–, y después nos conocimos un poco más en el cónclave de 1978. Es decir, no hace tanto que nos conocemos. Me entendí muy bien con él desde un primer momento; pero no se me ocurrió ni de lejos que el Papa pudiera contar conmigo para nada especial" (P. Seewald, "Freunde Gottes", en P. Seewald (ed.), *Der deutsche Papst*, pp. 104-106). El cardenal bávaro había tenido también la ocasión de conocer al futuro Juan Pablo I. "En una ocasión –relata Weigel– Luciani se había apartado de su camino para ir a visitar a Ratzinger, cuando éste último se tomó sus primeras vacaciones como cardenal en la diócesis de Luciani, en el verano de 1977. A Ratzinger le conmovió e impresionó tal cortesía hacia un miembro tan reciente en el colegio [cardenalicio] como él" (*La sal de la tierra*, p. 91).

30 A. von Teuffenbach, *I papi del xx secolo*, Roma, Edizioni Art, 2008, pp. 161-162.

31 F. Derwahl, *Der mit dem Fahrrad und der mit dem Alfa kam. Benedikt XVI. und Hans Küng-ein Doppelporträt*, Múnich, Pattloch, 2006, p. 219.

32 Cf. "Il Signore sceglie la nostra povertà", p. 25.

atraer a las multitudes con una dulce fascinación".[33] A esto se unía su firmeza y su fidelidad a la fe, como demostró en su antigua diócesis veneciana cuando salió la encíclica *Humanae vitae*.[34]

El nuevo Papa nombra a Ratzinger enviado especial para el III Congreso mariano internacional, que tuvo lugar en Guayaquil (Ecuador).[35] Aprovecha la ocasión entonces el cardenal alemán para hermanar ambas diócesis, la bávara y la ecuatoriana. En su intervención, abordaba el papel de María en la fe y en la vida y formulaba así una pregunta un tanto radical y profundamente teológica:

> ¿Por qué se puso este congreso bajo la protección de María? La primera respuesta la podemos dar al mirar la historia religiosa de América Latina. Los pueblos de Sudamérica, al tener un alma *naturaliter catholica*, han mantenido estrechos lazos de unión con la santísima virgen María, reconociendo en ella la bondad de Dios, el misterio de Jesucristo y de la encarnación. [...] América Latina ha descubierto su cristianismo desde su mismo centro, frente a la avaricia y crueldad de los europeos. La fe cristiana ha sido su salvación y consuelo. No podemos construir el futuro sólo con la racionalización y la reflexión.[36]

33 E. de la Lama, "Juan Pablo I y Juan Pablo II en los umbrales del tercer milenio", p. 217.

34 Cf. *ibid.*, p. 219.

35 Cf. "Pontifikalhandlungen und ausserordentlich Funktionen von Erzbischof Joseph Kardinal Ratzinger 1977-1982", p. 213.

36 *Boletín Salesiano* (Guayaquil), agosto-diciembre de 1978, p. 25.
No sólo la razón, sino también el corazón, construyen la cultura. Se refería entonces a las dos ideologías nacidas en la modernidad a partir del racionalismo y de la razón meramente técnica y calculadora: por un lado, el capitalismo y, por otro, el marxismo. Eran ambos extremos que se debían evitar, proponía el cardenal Ratzinger. "Para establecer un equilibrio necesitamos las culturas de la intuición y del corazón, como las personifican América Latina y, de un modo diferente, también África. Sería una desgracia que los pueblos latinoamericanos se dejaran fascinar por los éxitos técnicos y comerciales de los pueblos del mundo europeo y anglosajón. [...] Ciertamente América Latina debe participar en las discusiones técnicas y económicas del momento actual, para ocupar el puesto que le corresponde por sus energías materiales y espirituales. Pero no debe abandonar esa cultura del corazón que parece dar al mundo aquello que necesita, tanto como la tecnología o las materias primas. [...] Debe mantener esta cultura del corazón en la profesión de su fe en María y, por ella, en Cristo Jesús, Señor nuestro" (*ibid.*, p. 26).

El día 5 de septiembre de 1978 moría en los brazos de Juan Pablo I el metropolita Nikodin de Leningrado. "Ortodoxo, pero ¡cómo ama la Iglesia!", comentó el Papa al recordar ese triste acontecimiento.[37] Mientras el cardenal bávaro se encontraba todavía en Ecuador, recíbia un golpe duro e inesperado: el recién elegido Papa fallecía el 28 septiembre, en medio de la consternación general. Precisamente el 23 septiembre, pocos días antes, una delegación polaca –con Karol Wojtyla a la cabeza– había visitado la archidiócesis de Múnich y Frisinga, con el objeto de buscar también una reconciliación histórica entre los dos bandos en la segunda Guerra Mundial.[38]

Es bien conocida la pugna Siri-Benelli en el cónclave, que se resolvió en la candidatura de Wojtyla, apoyada también por los cardenales alemanes.[39] La primera impresión que le produce al arzobispo bávaro su colega polaco parece altamente positiva.

> Me gustó su franqueza sin complicaciones –recuerda–, muy humana, y la cordialidad que irradiaba. También su sentido del humor. Enseguida se percibía en él una piedad que no tenía nada de falsa ni de exterior. Se notaba pues que era un hombre dedicado a Dios. Era una persona que no tenía nada de artificial [...]. Había vivido [en su Polonia natal] todo el drama de la ocupación alemana y rusa, del régimen comunista. Se había construido él mismo su propio camino intelectual. Había estudiado a fondo la filosofía alemana. Además, se apartaba de lo ya trillado en los puntos esenciales de la filosofía. Aquella riqueza intelectual y su manera de disfrutar con el

37 Cf. E. de la Lama, "Juan Pablo I y Juan Pablo II en los umbrales del tercer milenio", p. 221.

38 Era el momento de hacer las paces, y no sólo de hacer cuentas, sostenían sus promotores, los cardenales polaco y bávaro. "En septiembre de 1978, se decide un nuevo destino –comentaba el periodista Peter Seewald–: durante una reunión, [Ratzinger] acuerda con el obispo de Cracovia, Karol Wojtyla, que ha llegado el momento en que alemanes y polacos –de un modo más decidido que hasta ese momento– "recorran juntos el camino". Cuatro semanas más tarde, el polaco será el nuevo romano pontífice, elegido con el apoyo de los cardenales alemanes" (P. Seewald, *Benedicto XVI. Una mirada cercana*, Madrid, Palabra, 2006, p. 280). "Perdonamos y pedimos perdón", era el lema de ese encuentro de reconciliación. La paz interior entre polacos y alemanes parecía que había empezado con buen pie. Y casualmente, ambos promotores de la paz van a ser –antes o después– papas.

39 Cf. F. Derwahl, *Der mit dem Fahrrad und der mit dem Alfa kam*, p. 220.

diálogo y el intercambio de ideas, eran cosas que hicieron que me cayera simpático desde un primer momento.[40]

Según la opinión común, el cardenal polaco salió elegido como alternativa al irresuelto binomio Siri-Benelli, también porque Wojtyla conocía bien el italiano.[41] Así, los cardenales en el cónclave se habían dado cuenta de que "necesitábamos algo totalmente nuevo".[42] Con el apoyo de los obispos alemanes, Karol Wojtyla iba a ser elegido sumo pontífice el 16 octubre de ese mismo año de 1978, y se asignaría el nombre de Juan Pablo II, siguiendo con la línea de síntesis de su propio predecesor. Tenía ante sí una ingente labor. "Juan Pablo II se reconocía por tanto ante una herencia. [...]. El papa Wojtyla no ve el concilio como un árbol desarrollado, bello e inmarcesible [...]. Al contrario, ve el concilio como una semilla viva o como un viento sobre cuyas alas es necesario dejarse llevar. [...] El Espíritu sopla donde quiere".[43]

El nuevo cardenal alemán resumía el año 1978 como "el año de los tres papas": un Pablo y dos Juan Pablos.[44] En la homilía pronunciada en la catedral muniquesa el último día del año 1978, el día de san Silvestre, el cardenal se refería al nuevo Papa, Juan Pablo II, de la siguiente manera:

---

40 *La sal de la tierra*, p. 85.

41 Cf. J. Chélini, *Benedicto XVI, heredero del concilio*, pp. 142-143.
"Debo decir –señala en otro lugar Ratzinger– que [el nuevo Papa] me produjo una gran impresión. [...] Todos esperábamos que fuese, por una parte, un Papa de diálogo, muy abierto a todas las gentes, con capacidad pastoral y, por otra parte, con una clara dimensión teológica. Por eso su llamada a hacer examen de conciencia: ¿cuál es la voluntad de Dios para nosotros en este momento? Estábamos convencidos de que la elección [de Luciani] había estado en correspondencia con la voluntad de Dios [...] y si un mes después de haber sido elegido había muerto, era que Dios nos estaba diciendo algo. [...] Teníamos que reflexionar sobre cuál era la guía de Dios en ese momento. Creo que la función histórica de Juan Pablo I fue abrir la puerta a un Papa no italiano, a una decisión bien distinta" (G. Weigel, *La elección de Dios*, p. 203).

42 Cf. *Il Signore sceglie la nostra povertà*, p. 26; cf. también M. Bardazzi, *De Joseph Ratzinger a Benedicto XVI*, Madrid, Encuentro, 2006, pp. 63-67.

43 E. de la Lama, "Juan Pablo I y Juan Pablo II en los umbrales del tercer milenio", pp. 229-230.

44 Cf. *Öffnet die Türen für Christus und fürchtet euch nicht. Silvesterpredigt 1978*, Erzbistum München und Freising, 1979, pp. 3-4.

> Hay una nueva fuerza y una nueva alegría en el Papa, que a la vez viene de una tierra que ha sido siempre maltratada por los poderosos, pero que siempre ha recordado que la fe y la esperanza abren el futuro. "Abrid las puertas a Cristo y no tengáis miedo": estas palabras del inicio de su pontificado resuenan en nuestros oídos y en nuestros corazones; éstas pueden ser una buena pauta para el nuevo año.[45]

III.II. Sentar las bases (1979-1980)

En plena sintonía con el nuevo pontífice –tal como se irá viendo con el tiempo–, el arzobispo bávaro no dejará de denunciar sin miedo alguno las lacras y los problemas del momento. En uno de sus volúmenes de teología había propuesto una lectura atenta del concilio Vaticano II.

> Por citar tan sólo unos ejemplos –había recordado apenas 10 años después del concilio–, el hecho de que en estos últimos 10 años se hayan vaciado nuestras iglesias, seminarios y conventos es algo que cualquiera puede advertir tan sólo ojeando las estadísticas, si es que no lo ha vivido personalmente; tampoco es necesario aportar muchas pruebas para demostrar que el clima de la Iglesia no sólo es frío, sino mordaz y agresivo; el que existan partidos que desgarran por doquier las comunidades forma parte de nuestras vivencias cotidianas, que ponen en peligro la alegría del cristiano. Quien se atreve a denunciar tales cosas es tachado inmediatamente de pesimista y [resulta] excluido de cualquier diálogo. Pero aquí se trata pura y

---

45 *Ibid.*, p. 4.
Así, el cardenal Ratzinger continuaba con su homilía y se refería al futuro haciendo una especial mención a la importancia de la familia y de los niños. Sin embargo, quería ir también a la más profunda raíz cristiana, para fundamentar bien esos nuevos retos que proponía a sus feligreses para el nuevo año. "'En tus manos encomiendo todo mi ser': la Biblia ha propuesto con razón esta inquietante imagen. Sí, existe un vacío, en el que se fundan la mala suerte y nuestros límites. Pero este vacío está 'en tus manos', en manos de quien es verdad y amor. Es éste el conocido programa con el que sólo puede haber esperanza. Nuestro vaso, nuestra alma está en *sus* manos; por eso la mala suerte no tiene fundamento para quienes quieren vivir en *sus* manos" (*ibid.*, pp. 13-14).

simplemente de hechos empíricos, y creerse en la obligación de negarlos no es pesimismo, sino tácita desesperación. No: ver los hechos como son no es pesimismo, sino realismo.[46]

Un ministerio difícil

Con estas denuncias, el cardenal Ratzinger será considerado a partir de ese momento como un gran "aguafiestas", un "pesimista", incluso alguien contrario al "espíritu del concilio", muy a pesar suyo. Para remediar esta nueva situación –por fortuna, transitoria–, es necesario sentar bien las bases, pensaba el nuevo arzobispo. Junto a sus inspiradas homilías, que llenaban de fervor a sus feligreses, no faltaron tampoco los comentarios críticos.

> Su inmediato nombramiento como arzobispo y, pocas semanas después, como cardenal –recuerda Fischer–, fue visto [por algunos] como una "intromisión romana" en los asuntos alemanes. Política vaticana, sin más. No obstante, el cardenal arzobispo había recibido una diócesis difícil. Tareas administrativas, compromisos de agenda y obligaciones varias que consumían su tiempo le hicieron difícil la investigación teólogica.[47]

"Nosotros, los bávaros": así había comenzado diciendo en uno de sus discursos, con un pañuelo metido en la manga, tal como hacen las gentes sencillas de Baviera. Con eso se había ganado en principio el favor de sus

[46] *Teoría de los principios teológicos. Materiales para una teología fundamental*, Barcelona, Herder, 1985, p. 443.

[47] A lo que añade Fischer: "Joseph Ratzinger tuvo que superar esta prueba. Pronto había en Múnich opiniones a favor y en contra del arzobispo. [...] En efecto, el bávaro (y los católicos de Múnich estaban en general satisfechos de que, después de Döpfner, oriundo de Franconia, hubiesen recibido por fin a un obispo de su propia tierra) había hecho una notable carrera como profesor de teología, cosa que reconocían también sus críticos. [...] Como profesor de teología [...] había podido organizar ya alguna vez, lleno de preocupación y en términos polémicos, la "pureza de la doctrina". Ahora, siendo arzobispo, debía ocuparse también como pastor de aquellos católicos que no eran dóciles corderitos. En realidad, ese hombre encanecido y algo tímido tenía que aprender muchas cosas nuevas en su nuevo cargo. Su inteligencia, incuestionablemente alta, y su conquistador encanto –cuando él quería– podían ayudarle a dar ese cambio" (H.-J. Fischer, *Benedicto XVI*, pp. 13-14).

paisanos, aunque no todo iba a ser fácil.[48] Más bien se trataba de una complicada situación. Los actos y las reuniones que se conservan filmados, manifiestan esta sintonía del obispo con sus feligreses, además de su buen humor. Incluso se le ve en una fiesta de algún pueblo, haciéndole frente a una enorme jarra de cerveza. Pero existían también polémicas y tensiones. Cara y cruz de una labor que el cardenal bávaro desempeñó con indudable dedicación.

> También se presentaron contrariedades –sigue contando el periodista del *Frankfurter Allgemeine Zeitung*–. Entre los párrocos de Múnich, el cardenal bávaro y accesible escritor de teología, gozaba de notable prestigio. Pero en otros ambientes no era precisamente "un encanto" (un *krachlederner*, como dicen en Baviera para designar al hombre típicamente campechano), que dominara el trato desenvuelto entre la gente, como lo hacía su predecesor, Julius Döpfner.[49]

Al mismo tiempo, no dejó de criticar las mejorables costumbres de sus paisanos bávaros. Censuraba la "comodidad burguesa" y el "afán capitalista" de sus contemporáneos, a la vez que "la degeneración adiposa del corazón que sólo desea poseer y gozar".[50] Fue por tanto aquélla una prueba de fuego, de la que al menos salió vivo. Sus obligaciones pastorales no le impidieron, sin embargo, algún que otro compromiso académico. Por ejemplo, el 4 de marzo de 1979, el famoso teólogo Karl Rahner recibe un homenaje de

48 Cf. S. von Kempis, *Benedetto*, p. 180.

49 "A nadie le sorprendió –señala Fischer– que adquiriera rápidamente el dominio en las tareas administrativas. Ya en la universidad había salido airoso en esas tareas organizativas con inteligencia, aunque sin excesivos entusiasmos. Además, Ratzinger sabía desde el principio que, en la labor pastoral de Múnich, le esperaba mucho trabajo. Desde el primer momento, dio prioridad a su actividad pastoral, aunque no siempre se vio coronada por el éxito. [...] Algunos de los sacerdotes del arzobispado necesitaban una guía firme, aunque no la celebraran. Y el sentido común libró al nuevo arzobispo de exagerar en las medidas disciplinares. Por otra parte, el arzobispo conocía muy bien los usos y las costumbres de Baviera" (H.-J. Fischer, *Benedicto XVI*, p. 15), concluye este periodista berlinés.

50 P. Seewald, *Benedicto XVI*, p. 109.

la ciudad de Múnich.[51] Ir con la verdad y el amor por delante ayuda siempre al ser humano, repetía una y otra vez. "Colaborador de la verdad" era su lema episcopal, que deseaba llevar a la práctica con caridad. Para esto se requería de la fuerza de la oración y así lo recordaba en la cuaresma de ese año de 1979 en una carta pastoral titulada *La oración cambia el mundo*. Era ésta una propuesta audaz y revolucionaria.[52]

Pocos días después, el día 7 junio, Juan Pablo II visitaba el campo de exterminio de Auschwitz acompañado por una comitiva de obispos alemanes, entre los que se encontraba el cardenal Ratzinger. Hicieron allí una detenida y profunda oración, una plegaria de petición de perdón.[53] Unos días más adelante –el 16 de ese mismo mes–, el arzobispo predicaba una homilía en la iglesia de san Miguel, en una misa de acción de gracias en honor de santa Dorotea de Montau: una sencilla madre de familia con nueve hijos, que al final de sus días se hizo monja benedictina.[54] El cardenal proponía a esta bávara como ejemplo de realismo y sentido común. "Sin un cierto realismo y sin un amor humilde en esas pequeñas monedas con las que contamos todos los días, no se puede alcanzar el gran tesoro de la nueva vida y del amor eterno".[55]

---

51 Cf. "Pontifikalhandlungen und ausserordentlich Funktionen von Erzbischof Joseph Kardinal Ratzinger 1977-1982", p. 216.

52 Allí afirmaba –con palabras de Pablo VI– que "la oración es la respiración de la Iglesia". En ella hay que fundamentar toda la acción de la Iglesia, pues antes de la acción viene la adoración, repetía. Animaba así a hablar con Dios con palabras sencillas: "Nada nos puede impedir llamar de nuevo a la puerta, intentar rezar de nuevo, incluso cuando encontramos palabras tan sencillas como éstas: 'Dios mío, déjame conocerte'" (*Beten verändert die Welt*, Erzbistum München und Freising, 1979, p. 5). Un trato sencillo y eficaz, que llevará a una inevitable conclusión: "El mundo no mejorará si los hombres no quieren construir un mundo mejor. Pero no hay mayor fuerza para cambiarlo que la oración, a través de la cual Dios no nos deja y por ella nos unimos a él" (*ibid.*, p. 10). Este mundo cruel puede ser mejorado y redimido por Cristo, por medio de nuestra oración. Sólo así se pueden borrar los errores y crueldades de los hombres.

53 Cf. "Pontifikalhandlungen und ausserordentlich Funktionen von Erzbischof Joseph Kardinal Ratzinger 1977-1982", p. 218.

54 Cf. *id.*

55 *Wege nach ihnen. Die heilige Dorothea von Montau. Predigt beim Gottendienst zu ehren der Heiligen Dorothea von Montau am 17. Juni 1979 in der münchener St. Michelskirche*, Erzbistum München und Freising, 1979, p. 5.

El arzobispo-intelectual manifestó una simpática acogida a las fiestas y celebraciones en los distintos pueblos bávaros. A lo largo y ancho de su diócesis, participó de su alegría popular. Sin ser un gran comedor ni un bebedor, compartió con ellos jarras de cerveza, salchichas y las *Spätzle*, especialidad de pastas bávaras y suabas. A pesar de estar más a gusto en su despacho que en esas fiestas populares, forzó su naturaleza reservada y se desvivió para recorrer su inmensa diócesis, para confirmar, visitar o presidir funerales o jubilaciones de sus sacerdotes. Contaba con cuatro obispos auxiliares y un vicario y había trabajo para todos.[56]

Respecto a las dificultades con que se encontraba, su estrategia era hablar, escuchar y decidir después. Conservaba esta forma de actuar de sus años de universidad y de las discusiones con sus colegas. Será éste un método que conservará con los años. "No buscaba la guerra –resume Chélini–, pero si otros la hacían, no rehuía el combate. Todos reconocían la solidez de su doctrina y su eminente calidad de teólogo".[57] Eran éstos sus cometidos más

Vida y amor. Siempre recalaba el nuevo arzobispo en el fundamento más profundo: la unión con Dios y con Jesucristo. También el 12 julio, con motivo de la misa de acción de gracias en el tercer aniversario de la muerte del cardenal Julius Döpfner, celebrada en la catedral de Múnich, el cardenal Ratzinger pronunciaba una homilía titulada *Mirar más a Cristo*. Refiriéndose a su predecesor en la sede arzobispal, concluía su homilía con las siguientes palabras: "Queremos agradecer a nuestro obispo, con quien nosotros nos convertimos en portadores de Cristo, por haber dirigido nuestra mirada hacia el poder vivo del Señor, y así ahora todos nosotros nos sabemos nacidos en su misericordia" (*Christlicher Glaube und Europa. 12 Predigten*, Múnich, 1981, p. 144).

56 Cf. J. Chélini, *Benedicto XVI, heredero del concilio*, p. 139.
Administra, como es lógico, numerosos sacramentos. Sobre esto hará una confesión personal, siendo ya Papa, en un coloquio con sacerdotes, en la que expresaba una evolución personal al respecto: "En mi juventud yo era más bien severo. Decía: los sacramentos son los sacramentos de la fe; por tanto, donde no hay fe, donde no hay práctica de la fe, los sacramentos no se pueden impartir. Después, siendo arzobispo de Múnich, hablaba de esto con mis párrocos. También entre ellos había dos corrientes: una severa y una condescendiente. Con el tiempo también yo he comprendido que debemos seguir siempre el ejemplo del Señor, que estaba muy abierto incluso hacia las personas marginadas en Israel en aquella época; era un Señor de la misericordia, según muchas autoridades oficiales demasiado abierto hacia los pecadores, a los que acogía o permitía que lo acogieran a él en sus cenas, atrayéndolos hacia sí en su comunión" (*Encuentro con sacerdotes de la diócesis Bolzano-Bressanone*, 6 de agosto de 2008). Así como Jesús comía con los pecadores, así el pastor debe acoger a las ovejas perdidas de Israel, hasta que puedan ser acogidas "en la mesa de los elegidos" de la eucaristía.

57 J. Chélini, *Benedicto XVI, heredero del concilio*, p. 140.

habituales. En las cronologías de la etapa de su episcopado se advierte una intensa actividad por toda Baviera, tal como suele ser habitual en los obispos: visitas pastorales, confirmaciones, compromisos con sus hermanos en el episcopado, celebraciones de todo tipo, reuniones, recepciones a los distintos estamentos de la sociedad bávara.[58]

El caso Küng

Un acontecimiento marcará su trayectoria teológica y pastoral de un modo especial. En el año de 1979 se creía que el arzobispo Ratzinger había vetado a Johann Baptist Metz –su antiguo colega de Múnster y famoso creador de la "teología política"– como profesor de teología en la universidad de Múnich,[59] por considerar sus enseñanzas poco acordes con la doctrina católica, si bien el veto procedía más bien de Hans Maier, ministro de educación bávaro y buen amigo del arzobispo.[60] Karl Rahner protesta, entonces, en un artículo en el periódico.[61] Tal vez por este motivo sufrió Ratzinger una cierta

58 Cf. "Pontifikalhandlungen und ausserordentlich Funktionen von Erzbischof Joseph Kardinal Ratzinger 1977-1982", pp. 204-235.
Empezó también a ir de aquí para allá en su diócesis. "Cuando íbamos en coche –comenta Thaddäus Joseph Kühnel, su antiguo chofer–, encomendábamos nuestro viaje a san Cristóbal y luego rezábamos siempre el rosario, y cantábamos algunas canciones dedicadas a la Virgen" (A. Borghese, *Tras las huellas de Joseph Ratzinger*, p. 65). Un obispo que aprovechaba los traslados especialmente para rezar. Lo que más le gustaba del paisaje –seguía recordando Kühnel– era "la naturaleza, las montañas, los paisajes". La oración y la contemplación de la belleza del paisaje bávaro constituían el principal aliciente. "Con frecuencia nos parábamos de modo imprevisto en uno de estos pequeños santuarios, verdaderas almas de aldeas desconocidas para el gran público. Encendíamos una vela y rezábamos un avemaría" (*ibid.*, p. 70). Su hermano Georg nos revela también las circunstacias familiares: "Primero estuvimos separados –recordaba muchos años después Georg–, mientras Joseph estaba en Bonn, Münster y Tubinga. Luego nos reencontramos finamente en Ratisbona, donde yo dirigía los Domspatzen y mi hermano estaba en la universidad. Fue un periodo muy bello e intenso, los tres hermanos estábamos reunidos. Ciertamente con el nombramiento y el traslado a Múnich, aunque la distancia no era mucha, era más bien la falta de tiempo la que nos mantenía alejados, porque Joseph estaba comprometido como obispo y cardenal" (G. Ratzinger, "Para mí estar en casa es estar con mi hermano", *Il Portone di Bronzo*, 12 de febrero de 2011).

59 Cf. "Joseph Kardinal Ratzinger in den Ordinariats-Korrespondenzen 1977-2001-eine Textauswahl", pp. 364-367.

60 Cf. G. Valente, *Ratzinger professore*, p. 181.

61 Cf. S. von Kempis, *Benedetto*, p. 184.

protesta al año siguiente durante una visita que hizo a la universidad.[62] Si volvemos por un momento la vista a finales de los años setenta, debemos recordar que entonces se había extendido en parte de la Iglesia centroeuropea un ambiente crítico y contrario contra cualquier autoridad eclesial. La contestación y la protesta eran el tono habitual en que se formulaba la teología.

La polémica envolvió esta vez a Hans Küng, un viejo conocido del nuevo arzobispo por sus años juntos en la universidad de Tubinga. Küng había recibido ya las advertencias del ex Santo Oficio sobre el libro titulado *Die Kirche* (1967), aparecido en la colección "Investigaciones ecuménicas", fundada por él mismo y Ratzinger. Pero será en 1970 con su texto *¿Infalible? Una pregunta*, cuando las autoridades eclesiásticas tomarán cartas en el asunto de un modo más claro. En enero de 1971, se llamó a Küng para que, en Múnich, formara parte en una reunión crítica, en la que el exégeta Schlier y el profesor Ratzinger se sentaron al otro lado de la mesa. El 8 de febrero se publicó una nota crítica sobre las tesis expuestas en ese libro.[63]

Ratzinger había escrito que la teología de Küng termina "en lo abstruso", y que estaba condenada "a la arbitrariedad". Era una teología "sin el dogma y también en contra de él".[64] En 1977, el teólogo suizo fue convocado ante los obispos alemanes para discutir sobre su libro *Ser cristiano* (1974), y fue entonces cuando él mismo rechazó a Ratzinger –en ese momento ya en Ratisbona– como posible interlocutor. Sus anteriores diferencias parecían mantenerse en pie. Poco después, su antiguo colega en la universidad sería consagrado arzobispo al mismo tiempo que, más adelante, en 1978, los obispos alemanes pensaban haber llegado a un acuerdo con el controvertido teólogo. Sin embargo, un año después, Küng volvía a escribir de un modo poco sereno sobre el primer año de pontificado de Juan Pablo II. Ratzinger criticó

62 Cf. *ibid.*, pp. 379-380.

63 Cf. G. Valente, *Ratzinger professore*, p. 175.

64 Cf. P. Seewald, *Benedicto XVI*, p. 102. Sobre la teología de Küng, puede verse: H. Verweyen, *Joseph Ratzinger-Benedikt XVI. Die Entwicklung seines Denkens*, Darmstadt, Wissenschaftliche Buchgesellschaft, 2007, pp. 62-69.

a su vez esta postura, tanto en la radio como desde el púlpito. Las gestiones se sucedieron después una detrás de otra.[65]

La tormenta se volvía a cernir sobre su persona. Se le había creado una determinada fama, tal vez por la decisión con que afrontaba los asuntos que consideraba importantes. El 18 de diciembre de 1979, Hans Küng recibe desde Roma la prohibición de enseñar teología católica. Los periódicos de todo el mundo se levantan contra esta decisión: "Un precedente del pontificado de Juan Pablo II", dice el *Frankfurter Allgemeine Zeitung*; mientras el *Times* lo califica de "oscuras reminiscencias".[66] Los medios de comunicación acusan de inquisitoriales los métodos de la Congregación de la Doctrina de la Fe, aunque en ocasiones utilicen, también ellos, medios igualmente inquisitoriales.

El 31 de ese mismo mes, el arzobispo y cardenal de Múnich predicaba una homilía en la que defendía la "fe de los sencillos". Refiriéndose a esa fe de los primeros cristianos, que a algunos les parecía demasiado "simple", afirmaba:

> Les parecía una ingenuidad imposible que ese Jesús de Palestina fuera el Hijo de Dios, y que su cruz hubiera redimido a los hombres de todo el mundo. [...] De manera que empezaron a construir su cristianismo "superior", a ver a los pobres fieles que aceptaban simplemente la letra como *apsíquicos*,

---

65 Cf. J. L. Allen, *Cardinal Ratzinger. The Vaticans Enforcer of the Faith*, Nueva York, Continuum, 2000, pp. 129-130. El periodista americano Johh L. Allen comenta al respecto que "como arzobispo, Ratzinger desempeñó un papel secundario en la decisión tomada por el papa Juan Pablo II a la hora de retirarle a Hans Küng –su antiguo colega en Tubinga– el permiso para enseñar teología católica. También se mantenía en la memoria el caso de Johann Baptist Metz, otro colega de antaño. Gran parte de la comunidad teológica lamentó que Ratzinger hubiera perdido sus raíces, como cuando Karl Rahner acusó al cardenal arzobispo de "injusticia y abuso de poder". Algunos de los sacerdotes de la diócesis de Múnich le reprochaban que estuviera aislado y que no se comunicara con ellos, aunque otros lo negaban y lo consideraban cercano. "Los defensores de Ratzinger lo recuerdan como un pastor abnegado, que sólo aparecía en los periódicos alemanes cuando tomaba alguna medida disciplinar; su amabilidad con los fieles y su sencillez –decían– quedaban en un segundo plano" (J. L. Allen, *The rise of Benedict XVI*, Nueva York, Doubleday, 2005, p. 153).

66 Cf. F. Derwahl, *Der mit dem Fahrrad und der mit dem Alfa kam*, p. 229.

como personas en un estadio preliminar respecto a espíritus más elevados, hombres sobre los que había que extender un velo piadoso.[67]

Frente a la gnosis, al hermetismo de esas teorías de algunos teólogos que querían superar la misma fe, estaba la fe de todos los creyentes, recordaba Ratzinger.

Así, el arzobispo no dudó en hacer alusión directa al caso en su prédica en el *Liebfrauendom*, en la catedral de Múnich: "No son los intelectuales los que dan la medida a los sencillos, sino los sencillos los que mueven a los intelectuales. No son las explicaciones eruditas las que dan la medida a la profesión de fe bautismal. Al contrario, en su ingenua literalidad, la profesión de fe bautismal es la medida de toda la teología".[68] El credo sabe más que los teólogos que lo ignoran. Por eso a veces los que "mueven" la Iglesia no son los intelectuales, los famosos o los más importantes; sino precisamente los más sencillos y pequeños, que son capaces de estar unidos a Dios y de proyectar en los demás esa unión con Dios. Es ésta una constante en el pensamiento de Ratzinger.

Por tanto,

> al magisterio se le confía la tarea de defender la fe de los sencillos contra el poder de los intelectuales. [Tiene] El deber de volverse la voz de los sencillos, allí donde la teología deja de explicar la profesión de fe para apoderarse de ella. [...] Proteger la fe de los sencillos, es decir, de los que no escriben libros, ni hablan en la televisión, ni escriben editoriales en los periódicos: ésa es la tarea democrática del magisterio de la Iglesia.[69]

Concluía recordando que la palabra de la Iglesia "no ha sido nunca amable y encantadora, como nos la presenta un falso romanticismo sobre

67 "Contra el poder de los intelectuales", *30 días*, VI (2), 1991, p. 68.

68 *Ibid.*, pp. 68-69.

69 *Ibid.*, p. 69.

Jesús. Por el contrario, ha sido áspera y cortante como el verdadero amor, que no se deja separar de la verdad y que le costó la cruz".[70]

Ecología y familia

El cardenal-profesor mantenía, a la vez, pocos compromisos académicos. Así, por ejemplo, el 14 marzo de 1980, Ratzinger pronunciaba en la vecina Salzburgo una conferencia titulada *Consecuencias de la doctrina de la creación*. Como veremos, éste será para Ratzinger también un tema decisivo en la actualidad: en el origen se encuentra la mejor explicación de nuestro ser. En primer lugar, pasaba revista al concepto de creación en Giordano Bruno, Galileo Galilei, Martín Lutero, Hegel y Marx y, tras este análisis histórico, llega a una consecuencia fundamental. "El hombre es dependiente. No puede

---

70 *Ibid.*, p. 71.
A partir de ese momento, unirán a ambos teólogos unas claras diferencias en el modo de ver; se suele decir. "Si hubiese un premio 'anti-Ratzinger' –sentencia Seewald– lo ganaría con toda seguridad Küng" (P. Seewald, *Benedicto XVI*, p. 143). Según cuenta el mismo Küng, el teólogo Yves Congar había recordado cómo Pablo VI había pensado en la colaboración de jóvenes teólogos, como Küng y Ratzinger, "pero que Küng tenía demasiado poco amor a la Iglesia" (*ibid.*, p. 146), sostenía el Papa. Las relaciones con el teólogo de Tubinga seguían –sin embargo y a pesar de todo– en pie, sostiene Ratzinger, quien siempre ha procurado tratarle con la cercanía lógica de antiguo colega. Años después, Ratzinger añadirá sobre este controvertido caso: "Aquí habría que desmontar un mito. A Hans Küng se le retiró en 1979 la facultad de dar doctrina en nombre y por encargo de la Iglesia. Esto no debió de gustarle nada. [...Sin embargo,] En una conversación que mantuvimos en 1982, él mismo me confesó que no quería volver a su situación anterior, y que se había adaptado muy bien a su nuevo *status*. [...] Pero eso [la prohibición de enseñar en nombre de la Iglesia] no era lo que esperaba: su teología tenía que ser reconocida como fórmula válida dentro de la teología católica. Pero en vez de retractarse de sus dudas acerca del papado, radicalizó su postura y se distanció todavía más de la fe de la Iglesia en la cristología y [en la doctrina] sobre Dios trino" (*La sal de la tierra*, p. 103).
El caso Küng parece que marcó profundamente la visión teológica y pastoral de Ratzinger. El teólogo suizo seguirá muy activo en una línea cada vez más ajena a la Iglesia. Años después, el mismo teólogo Johann Baptist Metz dirá que "Küng ejerce a veces un magisterio paralelo", mientras Walter Kasper afirmará que el teólogo suizo "divide a la Iglesia" (F. Derwahl, *Der mit dem Fahrrad und der mit dem Alfa kam*, pp. 263, 268). Este mismo cardenal alemán nos ofrece también un recuerdo y una visión con perspectiva de esos años. "Hans Küng se vio profundamente afectado por la actitud de quienes le criticaban, y también por mi actitud. Mucho más tarde le dije: 'Se habría ganado mucho si tú, por aquel entonces, a aquellos que veían las cosas de manera diferente y que siguen viéndolas así hoy en día, hubieras podido concederles que actuaban de este modo por motivos de conciencia, y no simplemente por motivos interesados, para hacer carrera o por razones parecidas'. No quiso contradecirme" (W. Kasper y D. Deckers, *Al corazón de la fe. Las etapas de una vida*, Madrid, San Pablo, 2009, p. 111).

hacer otra cosa que vivir de la confianza. Sin embargo, esta dependiencia no degrada cuando procede del amor".[71] La palabra, la verdad y el amor están en el principio de todo, y de ellas depende toda persona, toda la persona.[72]

Pero también hacía falta una ecología interior, lo que podríamos llamar una ecología del amor. En efecto, poco después publica una carta pastoral con motivo de la cuaresma, titulada *El que permanece en el amor. Unas palabras sobre el matrimonio*.[73] A pesar de que no era uno de sus temas teológicos (no había escrito apenas al respecto), el cardenal Ratzinger procedió a una detenida catequesis sobre la vida y la familia: el matrimonio como sacramento, y la situación actual de la familia y su respuesta cristiana. En 1978 –recordaba– el 40% de los alemanes vivían solos; esto se unía al clamoroso descenso de la natalidad, la difusión de los medios anticonceptivos y la banalización del sexo y del amor. Las consecuencias para el futuro iban a ser inevitables. En su querido Múnich, una de cada dos personas adultas vivía sola.[74]

La familia constituye también un hábitat, un nicho ecológico, seguía diciendo. El medio ambiente familiar ayuda al individuo. Para evitar caer en el peligro de la soledad propone el cardenal a sus feligreses no entender la autorrealización como aislamiento (sólo en el "tú" y en el "nosotros" se puede realizar alguien de modo pleno), así como recuerda que el futuro depende de la familia. Sólo en el amor, y en la relación con la verdad y con los demás, se encuentra plenamente realizado el ser humano. Por eso, hace falta acabar con un mito actual. "Un niño –concluía– no es una amenaza, una

---

71 *Im Anfang schuf Gott. Vier Predigten über Schöpfung und Fall. Konsequenzen des Schöpfungsglaubens*, Einsiedeln, Johannes, 1996, p. 93.

72 Esto presentaba una serie de implicaciones para la actividad humana, seguía diciendo. "También la 'creatividad' puede colaborar siempre con el *creatum* de la mencionada creación. Sólo cuando el sentido de la creación está claro y definido, el ser fundamenta el hacer, y entonces el hombre resulta liberado. Sólo cuando el Salvador es también el Creador, puede ser sobre todo Liberador" (*ibid.*, p. 94). La libertad se da sólo en la verdad y en el amor que proceden de la fuente originaria de la creación, mantenía el arzobispo Ratzinger. El respeto de la creación, de la naturaleza y del medio ambiente resuelve gran parte de los dilemas contemporáneos. En este sentido, no tuvo miedo de afrontar también temas que hacían referencia a la ecología con la que ha de hacer sus cuentas el ser humano.

73 *Wer in der Liebe bleibt. Ein Wort über die Ehe. Fastenhirtenbrief 1980*, Erzbistum München und Freising, 1980.

74 Cf. *ibid.*, pp. 3-9.

disminución de nuestra libertad, un obstáculo para la autorrealización. [...] Nos debería dar qué pensar el que en el Antiguo Testamento se hable del fruto del matrimonio como 'bendición', y así éste se puede constituir más adelante en el núcleo del sacramento".[75]

III.III. La despedida (1981)

El arzobispo Ratzinger procuraba mantenerse al margen de polémicas, y simplemente intentaba seguir adelante con su labor pastoral. Le preocuparán, por tanto, también los atentados contra la vida humana y el medio ambiente, precisamente en aquellos años en los que se oían ya claramente las voces de alarma lanzadas por los grupos ecologistas. En la primavera de 1981, en la catedral de Nuestra Señora en Múnich, Ratzinger hablará largo y tendido sobre la vida y su origen. Se trata de volver al principio. "La amenaza que sufre la vida humana por el hombre –asunto del que se habla por todas partes– ha dado una mayor prioridad al tema de la creación. Sin embargo, al mismo tiempo, se puede observar paradójicamente una casi total desaparición del mensaje de la creación en la catequesis, en la predicación, e incluso en la teología".[76]

75 *Ibid.*, p. 9.

76 *Creación y pecado* (1985), EUNSA, Pamplona 1992, p. 19.
Comenzaba así a glosar los primeros capítulos del *Génesis*, confrontándolos con afirmaciones de científicos como Galileo y Monod, y de ideólogos como Marx y Bloch. La conclusión es palmaria: "No necesitamos hoy esconder que creemos en la creación. No *podemos* permitirnos el lujo de esconderla. Pues sólo si el universo procede de la libertad, del amor y de la razón, sólo si estas fuerzas son las dominantes, podremos confiar unos en otros, encarar el futuro y vivir como hombres" (*ibid.*, p. 41). Esa creación por parte de Dios –seguía explicando– se realiza en directa relación con todos los hombres y mujeres, a quienes el Creador pide su colaboración libre y amorosa. "Es propio del camino cristiano el convencimiento de que nosotros sólo podemos ser realmente 'creativos' –y, por tanto, creadores–, si lo somos en unión con el Creador del universo. Sólo podemos servir de verdad a la tierra cuando la asumimos siguiendo la instrucción de la palabra de Dios. Entonces podemos perfeccionar y hacer avanzar el universo y a nosotros mismos" (*ibid.*, p. 63).

Creación y degradación

Cada persona puede continuar esa labor creadora de Dios o, por el contrario, intentar aniquilarla. De hecho, precisamente por eso, el hombre ocupará un lugar privilegiado en la creación.

> El hombre ha sido creado a imagen y semejanza de Dios (cf. Gn 1,26 y ss.). En él se tocan el cielo y la tierra. Dios entra a través del hombre en la creación; el hombre está dirigido a Dios. Ha sido llamado por Él. La palabra de Dios en la Antigua Alianza sigue teniendo valor para cada hombre en particular: "te llamo por tu nombre, tú eres mío". Cada hombre es conocido y amado por Dios, ha sido querido por Dios; es imagen de Dios.[77]

El hombre, en armonía con la naturaleza, ocupará el centro de la creación.

Esto no llevó a Ratzinger a confiar en un optimismo ingenuo sobre el hombre, en quien habita también una semilla de maldad. Lo recuerda con una anécdota:

> Después del sínodo de obispos dedicado a la familia [en 1980], mientras deliberábamos en un pequeño grupo qué temas podían ser tratados en el próximo, recayó nuestra atención en las palabras con las que Marcos resume el mensaje de Jesús al comienzo de su evangelio: "El tiempo se ha cumplido, y el Reino de Dios está cerca. Convertíos y creed en el evangelio". Uno de los obispos, al reflexionar sobre ellas, afirmaba que, en realidad, este resumen del mensaje de Jesús, hacía mucho tiempo que lo habíamos dividido en dos partes. Hablábamos mucho y a gusto de la evangelización, de la Buena Nueva, de hacer atrayente a los hombres el cristianismo. Pero casi nadie –opinaba ese obispo– se atreve ya a expresar el mensaje profético: ¡convertíos![78]

[77] *Ibid.*, p. 70.

[78] *Ibid.*, p. 87.
El pecado y la conversión de él hacia Dios ocupaban también un lugar importante en la fe y en la teología, insistía el cardenal alemán. Aquí se encuentra, en el fondo, la raíz del problema

El mayor pecado es creerse un dios creador capaz de establecer unas nuevas normas. Esta actitud sin embargo no es real ni tampoco libera. Por el contrario, según Ratzinger, esa liberación sólo puede venir por Cristo, quien

> se convierte en el nuevo Adán, con el que el ser humano comienza de nuevo. Él –que, desde el fundamento, se constituye en nuestro punto de referencia (el Hijo)– establece correctamente de nuevo todas las relaciones. Sus brazos extendidos son la referencia abierta, que continúa estando abierta para nosotros. La cruz, el lugar de la obediencia, se convierte en el verdadero árbol de la vida. Cristo se convierte en la imagen opuesta de la serpiente, como dice Juan en su evangelio (3,14).[79]

El verdadero liberador nos conquista esa libertad desde la obediencia de la cruz.

Ratzinger habló de esta forma con gran claridad desde su púlpito en la catedral de Múnich, procurando ser fiel a sus ideas y a las enseñanzas de Jesucristo. Esto le proporcionará de un modo inevitable tanto popularidad como críticas. Era el precio de ser un "colaborador de la verdad".

> La Iglesia –afirmaba en 1996, recordando aquellos años– tiene que interpelar a las conciencias de los poderosos y de los intelectuales, pero también a las de los frívolos que pasan por la vida sin querer ver la miseria que hay a su alrededor, y a muchas otras conciencias. Me vi obligado a acometer esta tarea como obispo. Era evidente el déficit espiritual, la pérdida de

sobre los atentados contra la vida y el ambiente, recordaba el arzobispo. En efecto, esta reflexión tomará cuerpo en el sínodo de obispos de 1983, sobre la penitencia y la reconciliación en la misión de la Iglesia, en el que Ratzinger –ya prefecto– será nombrado presidente. La realidad del pecado –estaba ya diciendo Ratzinger unos años antes, en Múnich en 1980– marca profundamente a la persona. "De ahí que podamos decir claramente: la forma más grave de pecado consiste en que el hombre quiera negar el hecho de que es criatura, porque no quiere aceptar la medida y los límites que esto trae consigo. No quiere ser criatura porque no quiere ser medido, porque no quiere ser dependiente. Entiende su dependencia del amor creador como una resolución extraña. Pero esta resolución extraña es esclavitud, y de la esclavitud hay que liberarse" (*ibid.*, pp. 96-97).

[79] *Ibid.*, p. 103.

> la fe, el descenso de las vocaciones, la escasa estatura moral –incluso entre hombres de Iglesia–, así como la alarmante inclinación a la violencia, y otras muchas cosas más. Como a los Padres de la Iglesia, resonaban en mí aquellas palabras de las Escrituras en las que se condena a los pastores que, para evitar problemas, actúan como perros mudos y permiten que esos peligros se extiendan.[80]

En este momento se acordaba de su primer maestro, quien también tendrá que hacer las veces de obispo.

> Forma parte de esta tarea –y cito de nuevo a san Agustín– "corregir, reprender y sufrir disgustos". Explicaba [el santo obispo de Hipona] en un sermón: "*Tú* quieres vivir mal, quieres hundirte; pero *yo* no puedo quererlo: debo reprenderte, aunque a ti no te guste". Y entonces ponía el ejemplo de aquel padre que sufría la enfermedad del sueño, y cuyo hijo le despertaba continuamente pues ése era el único modo de curarle. El padre decía: "déjame dormir, estoy agotado". Y el hijo respondía: "no, no puedo dejar que duermas". Ésa –proseguía Agustín– es la misión del obispo.[81]

El pastor no podía abandonar a sus ovejas en el sueño o en el descarrío, sino que debía estar él mismo atento para poder señalar a su rebaño los peligros que les podían apartar del buen camino. En sus homilías criticó por tanto el aborto, pero también promovió la unidad entre los cristianos –sobre todo con ortodoxos y protestantes– y las relaciones con los judíos, así como el diálogo con los no creyentes. Con los jóvenes no tuvo dificultad en hablar sobre el celibato o la anticoncepción artificial. E incluso no dudó en salir a la calle para protestar contra la opresión del gobierno comunista polaco de aquel entonces contra los trabajadores del sindicato Solidarność.[82]

---

80 *La sal de la tierra*, p. 89.

81 *Ibid.*, p. 208.

82 Cf. entrevista con Wilfried Röhmel, "Avvenire" (22 de abril de 1995). Véase también M. Bardazzi, De *Joseph Ratzinger a Benedicto XVI*, pp. 70-72.

Una visita de Roma

Juan Pablo II había ofrecido a Ratzinger, nada más empezar su pontificado, el puesto de prefecto para la Congregación para la Educación Católica. El cardenal bávaro contestó que apenas había llegado a su diócesis. Del 15 al 19 noviembre de 1980, el Papa visita Alemania, donde coincide con el cardenal Ratzinger en Múnich y Altötting. El último día se reúnen con el Papa 600 mil jóvenes en la *Hauptbanhoff*.[83] No faltaron, sin embargo, en esa ocasión tampoco momentos duros y difíciles, como una crítica a la Iglesia expresada en público por una muchacha ante Juan Pablo II.[84] El arzobispo bávaro defenderá con valentía la visita papal.

> El acontecimiento eclesial más emocionante para nosotros fue la visita del Papa a Alemania en 1980 –predicaba con gran convicción–. Su estancia en nuestro país se convirtió en una gran fiesta de la fe, de la esperanza y del amor, que acalló los tonos críticos y hostiles que, si bien fueron secundarios, antes adoptaron el aire de ser los principales. [...] El viaje del Papa fue para nosotros una poderosa defensa del hombre, del mundo y de Dios. Fue, pues, un viaje al servicio del Paráclito, del intercesor que nos ha enviado Cristo.[85]

Su labor procuró ser de verdad y también de paz. Estaba convencido de que a ésta sólo se llega por medio del amor y la verdad. "Ratzinger flageló –recapitula de nuevo un periodista muniqués– 'el enturbiamiento del ambiente general del momento, que lleva consigo el descenso de la natalidad', la 'hipertrofia del tener y del placer' y la 'codicia capitalista'. Levantó la voz hacia el oeste contra 'la escalada de violencia, el embrutecimiento de las personas, que se extiende por toda la tierra'. Y en lo que a la Iglesia se refiere 'sobre la urgente tarea de los cristianos para recuperar la capacidad de anticonformismo, lo cual significa la capacidad de oponerse a ciertas manifestaciones culturales'. Y Ratzinger fue escuchado. Incluso cuando algunos medios de comunicación le tildaron de apocalíptico, la gente se sintió interpelada. Sólo de la carta pastoral de mayo de 1980, se pidieron al obispado 50 mil ejemplares. [...] El *Süddeutsche Zeitung* elogió al obispo, al decir que 'de todos los obispos conservadores, Ratzinger es el que tiene una mayor capacidad de diálogo'" (P. Seewald, "Mitarbeiter der Wahrheit", en P. Seewald (ed.), *Der deutsche Papst*, p. 70).

83 Término en alemán para la principal estación de ferrocarril.

84 Cf. G. Zizola, *Benedetto XVI. Un successore al crocevia*, Milán, Sperling & Kupfer, 2005, pp. 405-406.

85 *Colaboradores de la verdad*, pp. 381-382.

Estas palabras suenan en tierras alemanas con especial intensidad y denotan una determinada valentía. Esta misma preocupación tenía sin embargo un ámbito más amplio. Entre los días 26 de septiembre y 25 de octubre tenía lugar, en Roma, el sínodo de obispos sobre "La misión de la familia cristiana en el mundo contemporáneo", del que Ratzinger es nombrado relator por Juan Pablo II. De ese sínodo saldrá un año después una Exhortación apostólica del Papa titulada *Familiaris consortio*.

> Juan Pablo –recuerda Allen– convocó a Ratzinger como *relator*, secretario, del sínodo de obispos sobre la familia, y allí hizo valer su capacidad para escuchar y sintetizar las intervenciones de los obispos (aparte del hecho que sus propias intervenciones en el sínodo defendían las posturas tradicionales sobre el control de la natalidad y sobre otros aspectos de la moral sexual). Sus aptitudes profesionales para exponer sus propios puntos de vista y escuchar a los demás, unido a su reconocido prestigio como teólogo, hicieron que llamara poco la atención cuando Juan Pablo llamó a Ratzinger a Roma en 1981.[86]

En 1981 quedó vacante por jubilacion la prefectura de la Congregación de la doctrina de la fe. Ahora Juan Pablo II volverá a pensar en su colega alemán, y esta vez no podrá rechazar su petición.[87]

86 J. L. Allen, *The rise of Benedict XVI*, p. 154.
De aquella misma ocasión recordaba a su vez el cardenal Martini: "Durante todo un mes pude verlo en el aula sinodal, y comprobar cómo escuchaba las intervenciones que se hacían y con qué pertinencia respondía e intervenía. Me impresionó el hecho de que, en un momento especialmente delicado de los trabajos sinodales, confesó con gran sencillez que, ya que había trabajado hasta muy tarde la noche anterior, no había sido capaz de preparar el texto esperado, y pedía de este modo posponer su intervención. No sabía si admirar más su sabiduría o su sinceridad" (C. M. Martini, "Un servitore della fede e della tradizione", en AA.VV., *Alla scuola della verità*, Cinisello Balsamo, San Paolo, 1997, p. 186). Era éste su habitual modo de conducta, que le ganó a su vez la simpatía del pontífice polaco. En este punto coincidían plenamente. La colaboración entre ambos siguió creciendo. La vida y la familia será un tema urgente que unirá a estas dos personalidades tan distintas.

87 Cf. J. Chélini, *Benedicto XVI, heredero del concilio*, pp. 144-145.

> El Papa me dijo en una ocasión que tenía intención de llamarme a Roma, y yo le expuse mis inconvenientes. "Entonces –me dijo– tendremos que pensarlo un poco más". Pero después de su atentado [en mayo de 1981] volvimos a vernos, y en aquel momento me hizo saber que seguía pensando lo mismo. Yo volví a ponerle trabas, pues me sentía más atraído por la teología, y creía que tenía cierto derecho a seguir con mis publicaciones [...], así que el Papa me contestó: "no, eso no es un problema; podemos arreglarlo". Eso fue todo: nunca hubo una conversación programática ni nada parecido.[88]

De modo que fue sin más llamado a Roma, para colaborar con el Papa y con toda la Iglesia, abandonando su *Heimat*, su querida patria.

Cives bavaricus sum

Al igual que Pablo repetía con orgullo *cives romanus sum*, Ratzinger decía algo parecido de su patria chica. *Cives bavaricus sum*, podía decir con pleno orgullo. Años más tarde lo reconocería el mismo cardenal, según este periodista. "Cuando muchos años más tarde le pregunté por su antiguo talante, reconoció que –si bien no le gustaría dar marcha atrás– 'sí que ahora haría muchas cosas de un modo distinto, pues a otra edad se ven las cosas de un modo diferente'".[89] Así, en una circunstancia no sencilla, se puede decir que Ratzinger hizo un determinado papel que consideraba inevitable en ese momento. Esto no le creó demasiadas enemistades. De hecho, los muniqueses le recuerdan con orgullo y cariño.

Algunos testigos del momento hablan todavía de que sus luminosas homilías eran retransmitidas por la radio a todas las parroquias de Múnich, donde sintonizaban para escucharle todos los domingos después del evangelio de la misa de 12 (tal puntualidad casi sólo es posible en esas latitudes germánicas...). En su predicación había hablado de muchos temas, también de la importancia de ir a misa los domingos, del más allá o de dejar las iglesias

88 *La sal de la tierra*, p. 93.

89 P. Seewald, *Benedicto XVI*, p. 108.

abiertas para que todos puedan encontrarse allí con Dios y con la belleza del arte. Otros feligreses retienen todavía en la memoria las manifestaciones estudiantiles de protesta que tuvieron lugar cuando se recibió la noticia de que se iba a trabajar a Roma con Juan Pablo II. No querían perder a su arzobispo.

Sólo quedaba dar los últimos retoques a su ministerio episcopal: la procesión del *Corpus Christi*, la visita a la sinagoga de Múnich, el encuentro con el arzobispo ortodoxo de Dimitrov, la despedida en la querida *Marienplatz*.[90]

> Todavía hoy me consuela saber –recapitulará más adelante– que nunca rehuí ninguno de los problemas de aquel periodo de Múnich, pues –como dije antes– no afrontar los problemas me ha parecido siempre la peor forma de desempeñar un cargo. Me parece inconcebible. Desde el principio supe que, en mi nuevo cargo en Roma, tendría que acometer tareas nada fáciles de realizar, aunque creo estar en condiciones de decir que siempre he buscado ante todo el diálogo con todos y cada uno, y eso ha dado sus frutos.[91]

Las consecuencias no se hicieron esperar: Juan Pablo II quería contar con él en Roma. El 25 noviembre de 1981 el cardenal Ratzinger es nombrado prefecto de la Congregación de la Doctrina de la Fe, y presidente de la Pontificia Comisión Bíblica y de la Comisión Teológica Internacional. El arzobispo se despide de sus feligreses anunciando que "no todas las noticias que llegan de Roma van a ser buenas". Prevé que va a un lugar de la Iglesia especialmente duro. Al mismo tiempo recuerda que *cives bavaricus semper ero*, que será siempre un buen bávaro, incluso viviendo en Roma. Por eso les pedía su apoyo, su oración y les sugería: "Sigamos juntos; continuemos juntos".[92]

---

90 Cf. "Pontifikalhandlungen und ausserordentlich Funktionen von Erzbischof Joseph Kardinal Ratzinger 1977-1982", pp. 264-270.

91 *La sal de la tierra*, p. 90.

92 Cf. P. Seewald, *Benedicto XVI*, p. 281.

IV. Prefecto

"El mundo de la curia [romana] en sí –afirmaba el cardenal Ratzinger– me era totalmente extraño, pues no había tenido ninguna relación con él. Sólo durante el concilio lo entreví, pero más bien de lejos [...] y ciertamente no como un destino personal".[1] Por ironías de la vida, quien durante el Vaticano II había mirado con recelo al Santo Oficio presidido por el cardenal Ottaviani, se convertirá ahora –a la distancia de 50 años– en su sucesor. La perspectiva "desde lejos" se modificará a una perspectiva "desde dentro". Su punto de vista evolucionará notablemente. En su despedida como arzobispo de Múnich decía, con un cierto tono de queja y nostalgia en tercera persona, que "las cosas se habían puesto difíciles para él. Quería ser sin más un hombre como todos los demás: tan solo él mismo". También les previno –como hemos señalado– de que "no todas las noticias que llegaran de Roma iban a ser estupendas".[2] A lo que añadía: "Desde el principio tuve claro que mi puesto en Roma debería depararme numerosas tareas desagradables".[3] Un arzobispo español declaraba años después que se dirigía "al lugar más duro de la Iglesia...".

---

1 *La sal de la tierra. Cristianismo e Iglesia católica ante el nuevo milenio* (entrevista con Peter Seewald, 1996), Madrid, Palabra, 1997, p. 83.

2 Citado en P. Seewald, "Mitarbeiter der Wahrheit", en P. Seewald (ed.), *Der deutsche Papst*, Augsburgo-Hamburgo, Bild, 2005, p. 71.

3 *La sal de la tierra*, p. 82.

IV.I. *Il tedesco* (1982-1985)

Ratzinger recapitulaba, en una ocasión, su primer encuentro con Juan Pablo II.

> Desde el comienzo sentí una profunda simpatía hacia él. Estoy agradecido por la confianza que me concedió, sin mérito por mi parte. Al verle rezar comprendí que era un hombre de Dios. Además, me impresionó la cordialidad sin prejuicios con la que habló conmigo. En estos encuentros del precónclave [de 1978] tomó la palabra en diversas ocasiones, y allí tuve también la ocasión de percibir su altura como pensador. Sin grandes palabras surgió una honda amistad y, nada más producirse su elección, el Papa me llamó en diversas ocasiones a Roma para charlar y, al final, me nombró prefecto de la Congregación para la Doctrina de la Fe. Para mí era un poco difícil, pues desde el comienzo de mi episcopado en Múnich, me sentía muy obligado y ligado a esta diócesis. Además existían problemas difíciles que todavía no habían sido resueltos y no quería dejar a la diócesis con ellos. De todo esto hablé con el santo Padre con gran franqueza, y con esa confianza que él tenía, pues era muy paternal conmigo. Me dio tiempo para reflexionar y él mismo también lo quería pensar. Al final me convenció, porque era ésa la voluntad de Dios. Así pude aceptar esa llamada y esa gran responsabilidad, nada fácil, que de por sí superaba mis capacidades. Pero con la confianza en la paterna benevolencia del Papa y con la guía del Espíritu santo, pude decir que sí.[4]

4 "Entrevista realizada por Andrzej Majewski para la televisión pública polaca", Roma (16 de octubre de 2005). Entre los acontecimientos ocurridos en 1982, se pueden destacar que se firma el *Documento de Múnich* sobre Trinidad, Iglesia y eucaristía, primer acuerdo común –no oficial– entre católicos y ortodoxos después de cinco siglos, en el que interviene de modo directo el cardenal Ratzinger. El 15 de febrero termina el servicio del arzobispo Ratzinger en la archidiócesis de Múnich y Frisinga, y el nuevo prefecto se establece en Roma. El 27 marzo la Congregación de la Doctrina de la Fe (CDF) publica la *Carta y observaciones sobre el "Informe final del* ARCIC*"* sobre la situación del diálogo entre anglicanos y católicos. El 7 de septiembre, tras asistir a un Encuentro de cristología, organizado por el CELAM en Río de Janeiro (30 de agosto a 3 de septiembre), Ratzinger mantiene una larga conversación con Leonardo Boff. El 29 octubre: la CDF publica una respuesta a dudas sobre temas eucarísticos: *Respuestas sobre la comunión eucarística del celebrante "por intinción" y de los fieles bajo la sola*

Inexperiencia en la curia

El arzobispo Ratzinger carga así con su piano, sus 2 mil libros y atraviesa los Alpes, y recibirá el poco imaginativo apodo de *il tedesco*, el alemán.[5] Se trataba de una auténtica jugada maestra por parte de Juan Pablo II –se suele decir–, pues también el cardenal alemán ya había madurado y evolucionado en su visión de la Iglesia.

> El prefecto Ratzinger –comenta Fischer, resumiendo su trayectoria– veía las cosas de otro modo. Y eso a 20 años de distancia. Las experiencias del profesor con los estudiantes en Frisinga, Bonn, Múnster, Tubinga y, por último, Ratisbona, y los nervios sufridos durante el sínodo de los obispos de la República Federal Alemana (en Wurzburgo, de 1971 a 1975) en las discusiones con "católicos comprometidos", le habían enseñado otro tipo de cosas. [...] El espíritu liberal del mundo occidental ha caído –según él– en una profunda crisis, que fue aireada en los desórdenes estudiantiles de mayo de 1968 y en las barricadas de París. Entre los católicos, la apertura y el *aggiornamiento* –la adaptación al mundo– habían producido un vacío. Las élites intelectuales de la Iglesia, en las cátedras y en las órdenes religiosas, [...] habían experimentado, según Ratzinger, importantes pérdidas. La identidad de lo católico se había volatilizado, razón de más para reencontrarla con firmeza. [...] Con semejante reflexión, Ratzinger no quería rechazar el concilio, sino tan sólo sus ilusiones de juventud. La ilusión de que, a través del concilio, la Iglesia católica, con un poco de buena voluntad, podría conquistar para sí a las otras Iglesias cristianas y a las grandes religiones orientales; de que, tras "abatir los bastiones" [...], la humanidad entera retornaría al seno de la Iglesia, como las aguas vuelven a su cauce.[6]

---

especie del vino. En octubre la Comisión Teológica Internacional (CTI) publica *Teología, cristología, antropología.*

5 Cf. P. Seewald, *Benedicto XVI. Una mirada cercana*, Madrid, Palabra, 2006, pp. 281-282.

6 H.-J. Fischer, *Benedicto XVI*, Herder, Barcelona, 2005, pp. 33-34.
Toda su trayectoria y su peregrinar por distintas universidades alemanas le iban a resultar de gran utilidad. Había recalado en la llamada Ciudad eterna. Ésta deparará sorpresas al profesor

Ratzinger y Wojtyla tenían también personalidades muy distintas. Weigel comenta por su parte esta decisión papal:

> Designando prefecto de la Congregación a un hombre de su talla intelectual, y no a un veterano de la curia, el Papa mostraba su deseo de conseguir una verdadera renovación de la teología siguiendo las ideas del concilio. El nombramiento de Ratzinger constituía una señal de que el Papa quería que la Congregación mantuviera una relación directa y actual con la comunidad teológica internacional.[7]

Un teólogo alemán, buen conocedor de Agustín y Buenaventura, que había presenciado de cerca el concilio, la crisis de la Iglesia y la teología en los años posteriores, y que había tenido una breve experiencia pastoral como obispo: era el nuevo hombre que hacía cabeza en la Congregación de la Doctrina de la Fe. "Juan Pablo II –comenta Chélini, el historiador francés– había cambiado el oficio de Papa. De un trabajo de oficina hizo un apostolado de itinerancia y testimonio. Pero era necesario que alguien permaneciera en el despacho. Ratzinger lo hacía con la plena conciencia de la

alemán. "Una vez allí me di cuenta de que esta curia era muy superior a su fama. Está compuesta por personas que trabajan con auténtico espíritu de servicio. [...] El trabajo de la mayoría de ellas trae consigo una mínima satisfacción, pues la mayoría se hace entre bastidores y de forma anónima, preparando documentos e intervenciones atribuidos a otros que ocupan un lugar más encumbrado en la estructura" (*Informe sobre la fe*, Madrid, BAC, 1985, p. 74). Además, el simpático temperamento italiano ofrecía sus ventajas para la teología, pues la flexibilidad típicamente romana sabía no hacer montañas de montoncitos de arena. En este sentido, era muy distinto del espíritu alemán. "Es mejor el espíritu italiano que, al organizar menos, deja espacio para la personalidad de cada uno y para las iniciativas individuales [...]. Me gusta el lado humano de los latinos, que dejan siempre lugar a la persona concreta, en el marco totalmente necesario de las normas y las leyes, pero la Iglesia está hecha para las personas, y no éstas para la ley" (*ibid.*, p. 75). El cardenal prefecto tenía gran libertad de movimientos, aunque a la vez una cierta pobreza de medios. El trabajo resultaba ingente: se encargaban no sólo de cuestiones doctrinales, sino también disciplinares e incluso matrimoniales, así como incorporaciones a la Iglesia católica o apariciones y revelaciones místicas, y de los conocidos casos de abusos sexuales por parte del clero (cf. J. Chélini, *Benedicto XVI, heredero del concilio*, pp. 185-193). Demasiado trabajo. "¡En toda la Congregación –exclamaba en cierto tono de queja– no somos más de 30!" (*Informe sobre la fe*, p. 77).

7 G. Weigel, *Biografía de Juan Pablo II*, Barcelona, Plaza & Janés, 1999, p. 597.

complementariedad de ambos papeles".[8] Enseguida empezó una larga y estrecha colaboración. "Mantenían [el Papa y el nuevo prefecto] un encuentro semanal cada viernes por la tarde, en el que Ratzinger –a solas con el Papa– repasaba el trabajo de la congregación que presidía. Los martes, antes y durante el almuerzo, solían reunirse para llevar a cabo análisis intelectuales más profundos, casi siempre en compañía de otras personas".[9]

Dificultades y mala imagen

> Es la primera vez –recapitula y valora Chélini– desde hace mucho tiempo que la Congregación de la Doctrina de la Fe se ponía en manos de un auténtico teólogo: Joseph Ratzinger. No de un sacerdote que ha estudiado teología en un seminario o universidad, sino de un teólogo de profesión que ha enseñado teología durante más de 20 años, que ha escrito decenas de obras de teología y cientos de artículos especializados. Es, además, un teólogo alemán, fruto de la universidad alemana, en la que la filosofía y la teología son impartidas con seriedad, y yo añadiría que con entusiasmo. Kant, Hegel y Heidegger son tan familiares para Ratzinger como santo Tomás, san Agustín y los Padres de la Iglesia. Conoce tan bien los grandes teólogos franceses –Chenu, Lubac, Congar– como a los grandes filósofos existencialistas alemanes o franceses.
>
> En Alemania conoce a los teólogos de su país, donde el interés por la teología es grande: trató personalmente a Karl Rahner, Hans Küng, el holandés Schillebeeckx, y tuvo como alumno a Leonardo Boff [sic], que después se convirtió en uno de los líderes de la teología de la liberación.[10]

Más bien el trato con el teólogo brasileño se limitó a que Ratzinger le pagó la publicación de su tesis doctoral. A lo largo de los años, Ratzinger

---

8 J. Chélini, *Benedicto XVI, heredero del concilio*, p. 244.

9 G. Weigel, *Testigo de esperanza*, p. 598.

10 J. Chélini, *Benedicto XVI, heredero del concilio*, p. 196.

irá acumulando responsabilidades en la curia romana: aparte de su presidencia en la Congregación, en la Comisión Bíblica y en la Comisión Teológica Internacional, será consejero de las relaciones con los Estados, las iglesias orientales, los lefebvrianos y el ecumenismo en general, de lo que se refiere al culto y a los sacramentos, a las misiones, a la educación católica y la Comisión para América Latina.[11] Es decir, de unas cuantas instituciones y dicasterios vaticanos.[12]

La Congregación de la Doctrina de la Fe –antes llamada Sacra Congregación de la Universal Inquisición y, después, simplemente Santo Oficio– es la primera de las congregaciones romanas: fue fundada en el siglo XVI por Pablo III. Había sido reformada por Pío X en 1908 y por Pablo VI en 1965, en las vísperas de la clausura del concilio. El papa Montini le había cambiado el nombre, tras el concilio, para expresar también un cambio de imagen y

---

11 Cf. *ibid.*, pp. 245-246.

12 Weigel explicaba este buen entendimiento intelectual entre ambos tal vez con algo de exageración, a la vez que dejaba relucir la profunda diferencia en los modos de ser –e incluso de ver– que existe entre los dos (uno polaco, el otro alemán; filósofo uno, teólogo el otro). Expresaba sin embargo la cercanía en lo más profundo que se daba entre ambos. Aunque lo primero no nos consta, sí que estas palabras explican bien la postura y la situación del Papa y del prefecto. "Ratzinger –uno de los intelectuales de la *Lumen gentium* (la constitución dogmática sobre la Iglesia)– y Wojtyla –uno de los arquitectos de la *Gaudium et spes* (la constitución pastoral sobre la Iglesia en el mundo moderno)– descubrieron lo que Ratzinger llamaría más tarde la 'espontánea sintonía' de la que se precisaba para asegurar el legado del concilio Vaticano II. Para ser breves, la *Gaudium et spes* tenía que interpretarse a través del prisma de la *Lumen gentium*, de forma que la Iglesia pudiera atraer al mundo moderno con su propio y único mensaje" (G. Weigel, *Testigo de esperanza*, p. 335; la cita de Ratzinger ha sido dicha de viva voz al autor).
No se debía mundanizar la Iglesia, sino cristianizar y evangelizar al mundo. En esto coincidían y era éste un irrenunciable punto de partida. El entendimiento parece haber sido recíproco. De manera que constituyeron un buen equipo, un buen tándem en todos esos años. Veintitrés. El mismo Juan Pablo II escribirá años después: "Doy gracias a Dios por la presencia y la ayuda del cardenal Ratzinger; es un amigo de confianza" (Juan Pablo II, *¡Levantaos! ¡Vamos!*, Barcelona, Plaza & Janés, 2004, p. 146). Este mismo escritor norteamericano resumía todo ese cambio con las siguientes palabras. "¿A qué renunció Ratzinger? A los ojos del mundo –y de algunos de sus críticos– a poca cosa: se convertía en uno de los dos o tres hombres más poderosos de la Iglesia católica, podía viajar por el mundo, y estaba en el centro de los asuntos del Vaticano, y no sólo en las cuestiones que tenían que ver con la Congregación. Pero Ratzinger veía las cosas de otra manera. Dejar Múnich y Frisinga para partir hacia Roma en 1981 significaba abandonar toda esperanza de escribir su gran obra teológica" (G. Weigel, *Benedicto XVI y el futuro de la Iglesia*, Madrid, Criteria, 2006, p. 204).

de modo de proceder. "Corrigiendo sus métodos le otorgó, además de su función disciplinaria, un objetivo positivo: el de promover la fe y, en concreto, el de estimular la reflexión y la investigación teológicas".[13] Juan Pablo II redefinió sus funciones en 1988. Suelen mantenerse reuniones semanales, en las que participan el prefecto junto con siete obispos, 15 cardenales y una treintena de oficiales. Son abordados entonces los temas relacionados con las cuatro sesiones que las componen: doctrinal, disciplinaria, sacerdotal y matrimonial. Se mantiene desde allí una relación intensa y continua con otras congregaciones y con los episcopados de todo el mundo. También se mantienen diálogos por medio de cartas dirigidas a diferentes teólogos, con vistas a aclarar algún punto de sus ideas personales.[14]

"Trabajamos, por así decirlo, en grandes círculos",[15] es decir, en equipo, colegialmente: con un gran número de consultas y consejeros: obispos, teólogos y otros expertos. Ratzinger imprimirá un nuevo estilo a la Congregación desde el principio: irá al trabajo con *clergyman* más que con los atavíos cardenalicios; amable, seguro y perspicaz, según lo requiera la ocasión; con una seguridad que algunos consideraban arrogancia. Era la herencia de todos los años de carrera académica.

> Sabía suscitar la aprobación, la observación complementaria, la réplica y siempre estimulaba a la reflexión. [...] Pero del mismo modo, se mostraba en los debates como un oyente atento, como un magister teológico, que escuchaba con buena disposición los argumentos de su interlocutor, prestaba atención a los análisis o a las "profecías" sobre cómo estaría la Iglesia después de 30 o 40 años tras el fin del concilio.[16]

Junto a su genuino y concienzudo método alemán, era también conocido por su constancia y su discreción. Un nuevo modo de hacer, en

---

13 Cf. *ibid.*, p. 151.

14 Cf. S. M. Paci, "Oficinas y oficiales", *30 días*, 55, 1992, pp. 38-39; J. L. Allen, *Cardinal Ratzinger. The Vaticans Enforcer of the Faith*, Nueva York, Continuum, 2000, pp. 267-272.

15 *La sal de la tierra*, p. 14.

16 H.-J. Fischer, *Benedicto XVI*, pp. 41-42.

definitiva. Una forma, pues, un tanto original de ejercer de Gran Inquisidor. "Recibe con cortesía –comenta Messori–. Cuando se está con él, uno no se siente un ignorante. No da la sensación de tener ciencia infusa. Acepta las ideas de los demás".[17] Respecto a la relación con los obispos, Ratzinger declaró con cierto sentido del humor: "Todavía no le hemos pegado a nadie...". Y explicitaba:

> Hablamos abiertamente con ellos. Claro que también tenemos una cierta visión de conjunto. Por ejemplo, les pedimos que nos entreguen listas de las publicaciones, o algunas cosas las sabemos por la correspondencia o el nuncio y, cuando es necesario, seguimos la pista. No somos como un guardia urbano, sino que queremos seguir las grandes cuestiones. Con 40 personas, es imposible vigilar a toda la cristiandad.[18]

La teología de la liberación

El 26 noviembre de 1983, poco antes de que se promulgara el nuevo *Código de derecho canónico*, la Congregación emite una prohibición a los católicos de formar parte de la masonería. De nuevo la polémica se cierne sobre

17 *Informe sobre la fe*, p. 12.

18 P. Seewald, *Benedicto XVI*, pp. 196-197.
Hans Küng –el principal artífice del título de Gran Inquisidor– nunca ahorró críticas respecto a la congregación presidida por Ratzinger, la cual veía funcionar con métodos muy distintos. "Funciona como el servicio secreto de la *Stasi*, el sistema es exactamente el mismo. Por ejemplo, se entera de todo lo importante por el periódico local de Tubinga. ¿Quién se lo cuenta? Amigos. El Santo Oficio tiene informadores por todos lados" (*ibid.*, p. 148). He aquí toda una teología de la sospecha. "Nunca he tenido la sensación de ser un hombre poderoso", confesaba sin embargo el mismo Ratzinger (*ibid.*, p. 87). Otro de sus biógrafos describe así los hábitos del prefecto en todos esos años al frente de la Congregación. "Joseph Ratzinger es un típico intelectual bávaro, profundamente vinculado a su tierra de origen. En Roma no hace demasiada vida social, también porque su trabajo es pesado y absorbente. [...] Habla varias lenguas y cuando tiene que examinar un tema acude siempre a la lengua original, no fiándose nunca –por lo delicado de los asuntos tratados [...]– de las síntesis o de las traducciones preparadas por otros. Quien quiera encontrárselo basta con que se sitúe en torno a las nueve de la mañana, en la plaza de san Pedro. De casa a la iglesia y a la Congregación (y vuelta): es uno de los purpurados que pasa más tiempo en Roma, también durante las vacaciones, que son una ocasión de oro que otros aprovechan para volver a sus países de origen" (A. Tornielli, *Ratzinger, custode della fede*, Casale Montferrato, Piemme, 2002, pp. 195-196).

la persona de Ratzinger, a pesar de no ser él el único o el principal responsable. Además, por aquellos años se habían mantenido correspondencia y conversaciones con el teólogo holandés Edward Schillebeeckx (1914-2009) y el moralista norteamericano Charles Curran (n. 1934), con lo que el nuevo prefecto vuelve a ocupar las páginas de los periódicos, casi nunca en tono elogioso. A raíz de esa advertencia, el teólogo norteamericano dejó de enseñar en la Catholic University of America, en Washington.

> Curran afirmó muchas veces –comenta Weigel– que su disenso era "responsable", porque no contradecía las enseñanzas de la Iglesia en materias infalibles. [...] Lo que el caso Curran vino, sin embargo, a dejar claro es que tanto el Vaticano como Juan Pablo II y el cardenal Ratzinger tenían una visión más amplia de la "doctrina católica" que el padre Curran.[19]

Es decir, la infalibilidad no llegaba tan sólo a las materias solemnemente definidas como dogmas; la verdad tenía un margen de existencia un poco más amplio. Tras estas ideas de Curran había, pues, una eclesiología predominantemente espiritual y mucho menos institucional: fundada en el Espíritu, pero no en Cristo. Tras analizar detenidamente los presupuestos exegéticos, Ratzinger afirmaba la unión de las dimensiones cristológica y pneumatológica en la Iglesia ya en un temprano 1974: "Es Cristo quien quiere la unión de la humanidad en la Iglesia, pero ésta se realiza sólo por la fuerza de su Espíritu como personificación del amor".[20] Aquí estaba ya implícita su posterior crítica a la teología de la liberación.

La historia era por tanto larga. La III Conferencia general de los obispos latinoamericanos de 1979, en Puebla, se había ocupado con profusión del problema social. En sintonía con estos problemas, Juan Pablo II había publicado en 1981 la encíclica *Laborens exercens*, en la que insistía en la dimensión liberadora y humanizadora del trabajo, que no debía ser tratado como

---

19 Cf. G. Weigel, *La elección de Dios*, p. 215.

20 "Institución, Carisma, Sacramentos", en Conferencia Episcopal de Colombia, *Cuestiones actuales de Teología*, Bogotá, 1974, p. 68.

una mera mercancía.[21] El ambiente era éste. La gran noticia estaba sin embargo todavía por saltar a los medios de comunicación. El 6 agosto de 1984, la Congregación de la Doctrina de la Fe publicaba la *Instrucción sobre algunos aspectos de la teología de la liberación*.

> El documento tenía sus orígenes en una conversación de 1982 entre Juan Pablo II y el cardenal Ratzinger –afirma este mismo autor estadounidense–. La iniciativa intelectual correspondía a Juan Pablo, convencido de que la liberación era un gran tema bíblico y cristiano, y de que la Iglesia tenía la responsabilidad de elaborar la verdadera teología de la liberación, sobre todo a la luz de lo que estaba ocurriendo en América central.[22]

En efecto, en marzo de 1983, con motivo de su visita pastoral a Nicaragua, Juan Pablo II había podido ver con sus propios ojos las consecuencias de una interpretación del cristianismo en clave marxista. Se abordaba entonces, con el nuevo documento, el problema desde el punto de vista teórico. Frente a una evidente falta de justicia social en países del Tercer mundo, ciertos paladines de la teología de la liberación proponían una revolución política con tintes religiosos, dirigida a suprimir esa situación injusta.[23]

---

21 Cf. J. Chélini, *Benedicto XVI, heredero del concilio*, p. 202.
Entre los acontecimientos destacables de 1983, podemos recordar los siguientes: el 25 de enero se promulga el Código de derecho canónico de la Iglesia católica latina, en el que Ratzinger participa en su fase final; en cuaresma, el cardenal Ratzinger predica unos ejercicios espirituales al Papa y a la curia romana; el 13 de mayo, la CDF publica una notificación sobre la confrontación con el reverendo George de Nantes; el 7 de julio, la CDF publica una respuesta a dudas sobre la interpretación del decreto *Ecclesiae pastorum*; el 6 de agosto, la CDF publica una Carta sobre algunas cuestiones relacionadas con el ministro de la eucaristía; el 24 de septiembre, la CDF envía una carta al cardenal Höffner sobre el examen de la *Opus angelorum*; del 29 de septiembre al 29 de octubre, el prefecto desempeña el cargo de presidente en la VI asamblea sinodal sobre "Reconciliación y penitencia en la misión de la Iglesia"; el 26 de noviembre, la CDF emite una prohibición a los católicos de formar parte de la masonería; el 2 de diciembre, la CDF ofrece una traducción de *carnis resurrectionem* del símbolo apostólico.

22 G. Weigel, *Testigo de esperanza*, p. 615.

23 Su profundización en la teología de la liberación la publicará en "Institución, Carisma, Sacramentos", en Conferencia Episcopal de Colombia, *Cuestiones actuales de Teología*, pp. 55-76; "Geleitwort", en L. Weimer, *Die Lust an Gott und seiner Sache oder Lassen sich Gnade und Freiheit, Glaube und Vernunft, Erlösung und Befreiung vereinbaren?*, Friburgo, 1981, pp. 5s.;

"Fue una mala suerte histórica –comenta Allen– para los teólogos de la liberación encontrarse con Joseph Ratzinger, quien iba a ser un formidable oponente".[24] En efecto, aquel discurso teológico le recordó al prefecto sus años en Tubinga, bajo el dominio de la filosofía marxista de Bloch, la teología política de Metz y la teología de la esperanza de Moltmann. No en vano, algunos de los teólogos de la liberación habían estudiado en Alemania.[25] Ratzinger busca todavía unos orígenes más remotos, que procedían de los estudios exegéticos, tal como hemos mencionado ya:

"Die Theologie der Befreiung", *Neue Ordnung*, 38, 1984, pp. 285-295; "Sobre una cierta liberación", *Informe sobre la fe*, Madrid, BAC, 1985, pp. 187-211; "La eclesiología del Vaticano II" y "Libertad y liberación. La visión antropológica de la instrucción *Libertatis conscientiae"*, en *Iglesia, comunicadora de vida. Conferencias y homilías pronunciadas en su visita al Perú*, Lima, 1986, pp. 7-43; "Libertad y liberación. La visión antropológica de la Instrucción *Libertatis conscientia"*, en *Iglesia, ecumenismo, política. Nuevos ensayos de eclesiología*, Madrid, BAC, 1987, pp. 279-301; *Politik und Erlösung. Zum Verhältnis von Glaube, Rationalität und Irrationalem in der sogenannten Theologie der Befreiung*, Opladen, Westdeutscher Verlag, 1986. Sobre este tema, se pueden ver además, en uno y otro sentido: comentarios de Arrieta, Gutiérrez, Schillebeeckx, Boff, Santa Ana, Richard, Araya, en Equipo dei (ed.), *Teología de la liberación: Documentos sobre una polémica*, San José, Costa Rica, 1984; L. Boff y C. Boff, "Fünf grundsätzliche Bemerkungen zur Darstellung von Kardinal Ratzinger", *Orientierung*, 48, 1984, pp. 99-102; L. Boff y C. Boff, "Convocatoria Geral em Prol da Libertaçao", en *Carta aberta ao Cardenal Prefeito da Congregaçao para a Doctrina da Fé*, 1986, pp. 251-262; L. Boff y C. Boff, "Die Theologie der Befreiung post Ratzinger locutum", en Edward Schilebeeckx (ed.), *Mystik und Politik. Theologie im Ringen um Geschichte und Gesellschaft. Johann Baptist Meiz zu Ehren*, Mainz, 1988, pp. 287-311; J. L. Segundo, *Teología de la liberación. Respuesta al cardenal Ratzinger*, Madrid, Cristiandad, 1985; F. Biot, *Léve-toi et marche. Réponse á Ratzinger*, París, 1985; F. Moreno, "La teología de la liberación, Nicaragua y el Cardenal Ratzinger", *Tierra Nueva*, 52-53, 1985, pp. 186-192; M. A. Barriola, *Fieles al Papa desde America Latina: otra respuesta al Cardenal Ratzinger*, Montevideo, Instituto Teológico del Uruguay "Mariano Soler", 1987; H. Cox, *The Silencing of Leonardo Boff. The Vatican and the Future of World Christianity*, Glasgow, 1988; G. Bulanyi, *Und verbrannte doch nicht. Karfreitagsbrief an Kardinal Ratzinger*, Thaur, 1996; R. Corel y R. Koch, *Papst ohne Heiligenschein. Joseph Ratzinger in seiner Zeit und Geschichte*, Fráncfort, Zambon, 2006; H. Verweyen, *Joseph Ratzinger-Benedikt XVI. Die Entwicklung seines Denkens*, Darmstadt, Wissenschaftliche Buchgesellschaft, 2007, pp. 135-143.

24 J. L. Allen, *Cardinal Ratzinger*, p. 137.

25 Cf. *ibid.*, pp. 137-139. De 1984 se puede destacar un documento de la Pontificia Comisión Bíblica (PCB) sobre *Biblia y cristología*. Ratzinger es nombrado miembro de la Congregación de la Causa de los Santos y doctor *honoris causa* del College of St. Thomas, St. Paul. Minnesota. Mientras la revista *Concilium* publica una "Declaración de solidaridad con los teólogos de la liberación". En febrero Ratzinger pronuncia en Estados Unidos sendas conferencias tituladas "Obispos, teólogos y moral" y "Disenso y proporcionalismo en teología moral". Entre marzo

> La importancia de Bultmann no está tanto en las afirmaciones positivas [sobre exégesis bíblica] cuanto en el resultado negativo de su crítica: el núcleo de la fe, la cristología, se abrió a nuevas interpretaciones. [...] Lo que sí permanece es un abismo entre la figura de Jesús de la tradición clásica y la idea que puede y debe transmitirnos esta figura interpretada con una nueva hermenéutica.[26]

Aquí se separa al Jesús histórico del Cristo de la fe. Allí se proponía un Cristo revolucionario, que se habría olvidado de su condición divina y de su misión redentora. Se trataba de la reinterpretación de un Cristo que no necesitaba ser Hijo de Dios. Su Reino sería de este mundo. "Se impone a los hombres de modo inmediato –continuaba– la tarea de hacer del cristianismo un instrumento de la transformación concreta del mundo para unirlo a todas las fuerzas progresistas de nuestra época".[27]

No debía ser politizado el concepto de reino de Dios –sostenía Ratzinger–, ni tampoco ser sacralizada la política. La libertad, tal como la entiende la Iglesia, no es un concepto político, sino que se refiere más bien a "la libertad de los hijos e hijas de Dios" a la que aludía san Pablo (cf. Rm 8,21). Se trataba de liberar a la persona del único verdadero mal: el pecado y su capacidad de alienar y esclavizar al individuo, no de una lucha de clases tantas veces manipulada.[28] Afrontaba, pues, Ratzinger de modo directo un problema am-

y septiembre se dan una serie de apoyos y pronunciamientos de algunos teólogos europeos a favor de Gustavo Gutiérrez. El 14 mayo Leonardo Boff recibe una carta del nuevo prefecto; 13 de junio: la CDF dirige una carta a Edward Schillebeeckx por su libro *El ministerio en la Iglesia* (1980); 25 de junio: un grupo de teólogos publica un manifiesto en el *New York Times*, pidiendo un mayor espacio de libertad en la Iglesia; 6 de agosto: la CDF publica la Instrucción sobre algunos aspectos de la teología de la liberación; 6 de octubre: la Comision Teológica Internacional (CTI) publica Dignidad y derechos de la persona humana; 24-28 de agosto: *Communio* convoca una reunión internacional en Santiago de Chile, de la que nacerá la "Declaración de los Andes" contra la teología de la liberación, firmada por 24 teólogos latinoamericanos; 26 de noviembre: Leonardo Boff recibe una advertencia de la CDF. En ese mismo año, la comisión católico-luterana publica una declaración conjunta titulada Ante la unidad.

26 *Informe sobre la fe*, pp. 198-199.

27 *Ibid.*, p. 206.

28 Cf. G. Weigel, *La elección de Dios*, p. 217.

pliamente difundido en la Iglesia: el de la reducción del cristianismo a mera praxis, a pura acción. Las reacciones no se hicieron esperar.

> Ya en diciembre de 1984 –escribía el citado corresponsal del *Frankfurter Allgemeine Zeitung*–, después de tan sólo tres años al frente de la Congregación, el cardenal Ratzinger parecía haber perdido las simpatías de mucha gente. Los gobiernos de los Estados comunistas le reprochaban haberles ofendido en lo más profundo. En una *Instrucción* fechada en septiembre de 1984, Ratzinger había designado al comunismo "vergüenza de nuestro tiempo", y lo había denunciado como un engaño [...]. A partir de entonces –continuaba Fischer–, los diplomáticos y representantes de los países gobernados por el comunismo no se cansaron de hacer constar al Vaticano con sus quejas que se sentían aludidos. Juan Pablo II, el Papa que venía de la Polonía todavía comunista, escuchó con una sonrisa pícara también las quejas de los cardenales y obispos del Vaticano, que afirmaban que Ratzinger se había expresado de una forma "muy poco diplomática". Y dejó hacer a su teólogo jefe. En realidad, la expresión "vergüenza de nuestro tiempo" le gustaba.[29]

Fue uno de los temas centrales de su trabajo y de su reflexión teológica. Así, iba poniendo en evidencia los presupuestos eclesiológicos, cristológicos e incluso de la separación entre razón e ideología. Parece ser que era el momento ideal para hacer balance. Según Fischer, en 1984, 15 años después de la reunión de los teólogos liberacionistas en Medellín, la teología de la liberación había perdido fuerza no por una supuesta persecución, sino por su propia inercia y por la escasez de recursos argumentativos. Entonces actuó Ratzinger.

> La intervención de la Iglesia a favor de los pobres no ha sido alcanzada por el veredicto respecto a la teología de la liberación como programa político. Libertad y liberación siguen siendo ideas centrales del cristianismo de

29 H.-J. Fischer, *Benedicto XVI*, p. 22.

la Iglesia católica, también en Latinoamérica. Pero, con el documento de Ratzinger, a los "teólogos de la liberación" se les había negado el estado de inocencia política. Según la orientación del guardián de la fe, ellos debían actuar como fermento para mejorar la sociedad, y no cooperando con miembros de partidos políticos o con guerrilleros.[30]

IV.II. Un sínodo (1985-1992)

Un poco más adelante, el 25 de enero de 1985, Juan Pablo II había convocado un sínodo extraordinario para final de año (extraordinario también porque sólo participaban en él los presidentes de las conferencias episcopales de todo el mundo), en el que se proponía revisar el concilio Vaticano II, a los 20 años de su celebración. Se trataba –según Ratzinger– de una idea personal del Papa. "Entre otras cosas, se requería que la Iglesia se olvidara de una interpretación política del Vaticano II en términos de tradicionalismo y progresismo, y pensara en el concilio como un acto religioso cuyo protagonista principal es el Espíritu santo".[31] Era éste el reto planteado. Ese año, la congregación dirigida por el cardenal alemán –en contra de su última praxis habitual– emitió muy pocos documentos. Sin embargo, hubo un hecho que acaparó la atención de todo el mundo católico: el verano anterior, acompañado por un periodista experto en cuestiones religiosas, Ratzinger "pasó

30 *Ibid.*, pp. 26-27.
En julio de 1985 visitó Lima y recibió el doctorado *honoris causa* en dos universidades. El cardenal alemán quedó impresionado por la pobreza de algunas de las zonas de la capital y decidió visitar Villa "El Salvador", un barrio marginal limeño. Lo recorrió durante cinco horas en un medio de transporte público. Allí le presentaron a Emérita Cabrera Toro, una viuda con cuatro hijos que padecía cáncer de mama en fase terminal. Emérita impartía su clase de catequesis todos los jueves. "El cardenal Ratzinger –cuenta un testigo presencial– se enteró de esto, la visitó; sus ojos se nublaron, su corazón se ablandó y estamos seguros de que lloró al ver la pobreza de esta familia y la vocación de servicio de esta señora". El cardenal le regaló a la viuda un rosario y, al llegar a Roma, se encargó de que les llegara un donativo mensual, por medio de la parroquia cercana. Una de las hijas de Emérita esperaba un hijo a quien quería llamar Joseph si era niño, o Josie si era niña (cf. J. Catalán, *De Joseph Ratzinger a Benedicto XVI. Los enigmas del nuevo Papa*, Madrid, Espejo de Tinta, 2005, p. 256).

31 G. Weigel, *Testigo de esperanza*, p. 673.

revista" a toda la Iglesia y al concilio. Primero estas intervenciones aparecieron por entregas en *Gesù*, una conocida revista religiosa italiana y, más tarde, como un libro-entrevista titulado *Informe sobre la fe*.

El *Rapporto sulla fede*

"Hay que seguir siendo fiel –decía allí– al hoy de la Iglesia, no al ayer o al mañana. Y ese hoy de la Iglesia son los documentos del Vaticano II en su autenticidad, sin reservas que los recorten ni abusos que los desfiguran".[32] El periodista recreaba la escena.

> Entre esos veraneantes [en el seminario de Brixen-Bressanone] –recuerda Messori, el periodista entrevistador– estaba un sacerdote de rostro intenso y de modales aristocráticos, a pesar de sus orígenes pertenecientes a la baja burguesía, con el pelo ya blanco, un cuerpo diminuto y un modesto *clergyman* sin distintivo alguno. El cardenal prefecto pasaba allí, desde hacía años, sus dos semanas de vacaciones anuales. De esos pocos días, tres había decidido reservármelos a mí (y todavía no sé por qué). Nos veíamos por la mañana y conversábamos hasta la hora de comer, delante de la grabadora. En el comedor, las buenas y robustas hermanas tirolesas nos servían una sencilla comida regional. Después de una breve siesta, de nuevo ante la grabadora. Los últimos días también nos vimos después de la cena para revisar y aclarar algunos puntos.[33]

Afrontó allí muchos temas: desde la liturgia y la teología de la liberación, a la realidad de la Iglesia o la existencia del demonio, pasando por el ecumenismo y las relaciones con religiones no cristianas, la centralidad de la eucaristía o el papel de las conferencias episcopales. Toda una cosmovisión y un diagnóstico de la situación actual de la Iglesia. Ratzinger entró sin miedo a los problemas y se dispuso a buscar sus posibles causas. En primer lugar, el prefecto iba allí en busca de las raíces de los efectos negativos que

32 *Informe sobre la fe*, p. 32.

33 *Corriere della Sera*, 20 de abril de 2005.

se presentaban a finales del siglo xx: el escepticismo, el relativismo y la crisis de la verdad en el mundo actual. "En un mundo donde –afirmaba allí–, en el fondo, el escepticismo ha contagiado también a muchos creyentes, supone un verdadero escándalo la convicción de la Iglesia de que haya una Verdad con mayúscula y que esta Verdad sea reconocible, expresable y –dentro de ciertos límites– definible también con precisión".[34] De este modo, habrá que afrontar el viejo prejuicio –frecuente también en nuestros días– por el que la verdad se decide a mano alzada. "Por lo demás –añade–, es evidente que las verdades no se crean por votación. Una doctrina es verdadera o no es verdadera. De esta regla básica no se aparta el procedimiento clásico de los concilios ecuménicos, no obstante una opinión contraria ampliamente difundida. [...] La unanimidad moral [de las votaciones] no tiene en el concilio el carácter de votación, sino de testimonio".[35]

Sin embargo, el análisis iba más allá, pues también la mentalidad actual rechaza los dogmas, hasta el punto de llegar incluso a la investigación teológica.

> En esta visión subjetiva de la teología, el dogma es considerado como una jaula intolerable, un atentado contra la libertad del investigador. Se ha

---

34 *Informe sobre la fe*, p. 28.

35 *Ibid.*, p. 70.
Era una denuncia anticipada de la después conocida y repetida "dictadura del relativismo". Tras la crisis del mismo concepto de verdad, el prefecto seguía analizando los fundamentos de la fe cristiana. Habrá que ir a las fuentes, seguía explicando. Así, en primer lugar, se ocupó del sentido de la revelación y de la Escritura, de la lectura que debe hacerse de la Biblia para obtener de ésta su más íntima verdad. También la Escritura está en crisis, afirmaba, pues se presentan una infinidad de lecturas dispersas e incluso contradictorias entre sí, en las que el lector se pierde. El texto se disuelve tras sus interpretaciones, más o menos acertadas. Como consecuencia, la voz de la Iglesia dejaría de tener aquí la más mínima importancia. "El vínculo entre la Biblia y la Iglesia se ha hecho pedazos. Esta separación, que se inició en el ámbito protestante en tiempos de la Ilustración dieciochesca, recientemente se ha difundido también entre los investigadores católicos. La interpretación histórico-crítica ha hecho de esta última una realidad independiente de la Iglesia. Ya no se lee la Biblia a partir de la tradición de la Iglesia y con la Iglesia, sino de acuerdo con el último método que se presente [a sí mismo] como "científico" (*ibid.*, p. 83). Por el contrario, para Ratzinger hace falta un contexto interpretativo –un auténtico hábitat– en el cual poder leer la palabra de Dios. Y ése es la Iglesia. Biblia e Iglesia deben ir profundamente unidos y formar parte de un mismo contexto hermenéutico. La lectura de la Biblia ha de realizarse en la Iglesia, repetirá una y otra vez.

> perdido de vista el hecho de que la definición dogmática es un servicio a la verdad, un don ofrecido a los creyentes por la autoridad querida por Dios. Los dogmas –ha dicho alguien– no son murallas que nos impiden ver, sino muy al contrario ventanas abiertas al infinito.[36]

Más adelante, desde su doble perspectiva de teólogo y prefecto, hará un análisis sobre la función de la teología en la situación actual.

> Gran parte de la teología parece haber olvidado que el sujeto que hace teología no es el estudioso individual, sino la comunidad católica en su conjunto, la Iglesia entera. De este olvido del trabajo teológico como servicio eclesial, se sigue un pluralismo teológico que en realidad es, con frecuencia, puro subjetivismo, individualismo que poco tiene que ver con las bases de la tradición común. Parece como si el teólogo quisiera ser a toda costa "creativo"; pero su verdadero cometido es profundizar, ayudar a comprender y a anunciar el depósito común de la fe, nunca "crear".[37]

No hacen falta más concilios, sino conocer y aplicar de verdad uno de los eventos eclesiales más importantes de la historia contemporánea. Tras esto, pasa a una valoración del posconcilio. Hace así un balance de los últimos 20 años transcurridos después del concilio, que le hizo merecedor del

---

36 *Ibid.*, 80.

37 *Ibid.*, p. 79; cf. también p. 216.
La verdad, la Biblia, los dogmas y la teología eran síntomas de una profunda crisis, precisamente porque habían salido de su verdadero hogar, la Iglesia. El diagnóstico era duro. A pesar de la apariencia negativa y pesimista de todo este planteamiento –Balthasar afirmaba: "Ratzinger no es pesimista; es tan solo realista" (H. U. von Balthasar, *Examinadlo todo y quedaos con lo bueno* [entrevista con Angelo Scola], Madrid, Encuentro, 2007, p. 8), el cardenal alemán proponía en todo momento una mirada hacia adelante, a la vez que una vuelta a los orígenes y a ese acontecimiento del siglo XX que marcará el comienzo del tercer milenio: el Concilio Vaticano II. Este acontecimiento eclesial se encuentra en directa relación con toda la historia y la tradición anteriores de la Iglesia: "Existe una continuidad que no permite ni retornos al pasado ni huidas hacia delante, ni nostalgias anacrónicas ni impaciencias injustificadas. Hay que seguir siendo fiel al *hoy* de la Iglesia, no al *ayer* o al *mañana*. Y ese hoy de la Iglesia son los documentos del Vaticano II en su autenticidad, sin *reservas* que los recorten ni *abusos* que los desfiguran" (*Informe sobre la fe*, p. 37).

calificativo de "pesimista". Ratzinger intentaba, sin embargo, sin más, ceñirse a los datos.

> Resulta evidente que los últimos 20 años han sido decididamente desfavorables para la Iglesia católica. Los resultados que se han seguido del concilio parecen oponerse cruelmente a las esperanzas de todos, empezando por las del papa Juan XXIII y, después, las de Pablo VI. Los cristianos son de nuevo minoría, más que en ninguna época desde la antigüedad.[38]

Las iglesias vacías, los seminarios en franca regresión, la práctica religiosa en abierto descenso. El diagnóstico no era demasiado halagüeño. A lo que añadía:

> Los papas y los padres conciliares esperaban una nueva unidad católica y ha sobrevenido una división tal que –en palabras de Pablo VI– se ha pasado de la autocrítica a la autodestrucción. Se esperaba un nuevo entusiasmo y ha terminado con demasiada frecuencia en el hastío y el desaliento. Esperábamos un salto hacia delante, y nos hemos encontrado ante un proceso progresivo de decadencia que se ha desarrollado en buena medida bajo el signo del "espíritu del concilio", provocando de este modo su descrédito.[39]

---

38 *Ibid.*, p. 35.

39 *Ibid.*, p. 36.
La esperanza conciliar había sido cambiada –de repente– en un generalizado sentimiento de decepción. Todo esto, sin embargo, no deberá llevar a los cristianos a la pasividad, sino que han de darse cuenta de que la esperanza la otorga Dios. Para hacer frente a esta situación, Ratzinger proponía un decidido y esperanzado programa para el futuro: "El cristiano debe ser realista; con un *realismo* que no es otra cosa que atención completa a los signos de los tiempos. Por eso no me cabe en la cabeza que se pueda pensar (con un sentido nulo de la realidad) en seguir caminando como si el Vaticano II no hubiera existido nunca. Los efectos concretos que hoy contemplamos no corresponden a las intenciones de los padres [conciliares], pero tampoco podemos decir: 'mejor sería que nunca hubiera existido'. El cardenal John Henry Newman, historiador de los concilios y gran estudioso convertido al catolicismo, decía que un concilio representa siempre un riesgo para la Iglesia [...]. Es verdad que las reformas exigen tiempo, paciencia y que entrañan riesgos; pero no es lícito decir: 'dejemos de hacerlas porque son peligrosas'. Creo que el verdadero momento del Vaticano II aún no ha llegado" (*ibid.*, p. 46). La solución está, como siempre, en volver a los orígenes, asumiendo de igual modo la situación actual. "Debemos tener siempre presente que la Iglesia no es nuestra, sino

Reacciones

> No sólo recibí críticas –recuerda Messori en una entrevista en *La Vanguardia*– sino también amenazas. Cuando escribí el libro con Ratzinger, en la Iglesia católica existía aún la protesta de las izquierdas, llamada progresista. Había un gran caos, porque se pensaba que el concilio Vaticano II había sido una ruptura, el inicio de una nueva Iglesia y, por tanto, se quería destruir el pasado. [...] Con ese libro se rompió un tabú; era la primera vez que un prefecto de la Doctrina de la fe aceptaba hablar claro con un periodista, pero el gran impacto fue que Ratzinger decía algo que parecía reaccionario y escandaloso. Confirmaba la fe de siempre: decía que el católico debe adecuarse al espíritu nuevo del concilio Vaticano II, pero al mismo tiempo no debe renegar de la tradición.[40]

Quedaron, pues, estampadas esas ideas en las páginas impresas. La discusión y la polémica estaban servidas, aunque en realidad tan sólo se buscara un legítimo debate sobre la naturaleza y la importancia del Vaticano II. "Un lunes gris y frío del noviembre romano, comenzó el Sínodo extraordinario de obispos de la Iglesia católica. Exactamente cuatro años antes, el 25 de noviembre de 1981, el Papa había nombrado a Ratzinter prefecto [...]. La coincidencia era totalmente casual. [...] No obstante, el sínodo estuvo marcado por el cardenal bávaro", recuerda el berlinés Fischer.[41]

El libro *Informe sobre la fe* cobró tal importancia, que enseguida surgió de nuevo la polémica.

> En una rueda de prensa posterior en pocos días al 25 de noviembre de 1985, fecha de comienzo del sínodo extraordinario, el cardenal belga Godfried

suya. [...] Verdadera 'reforma', por consiguiente, no significa entregarnos de modo desenfrenado a levantar nuevas fachadas, sino –al contrario de lo que piensan ciertas eclesiologías– procurar que desaparezca, en la medida de lo posible, lo que es nuestro, para que aparezca mejor lo que es suyo, lo que es de Cristo" (*ibid.*, p. 61).

40 J. Catalán, *De Joseph Ratzinger a Benedicto XVI*, p. 243.

41 H.-J. Fischer, *Benedicto XVI*, p. 30.

> Danneels formuló la siguiente queja: "¡No es un sínodo sobre un libro, sino sobre un concilio!" [...] Danneels tenía razón, por supuesto, y Ratzinger habría sido el primero en reconocerlo. Con el paso de los años, Ratzinger dijo: "El cardenal Danneels tenía razón [...] cuando dijo que el *Rapporto* –como se conocía el libro en todo Roma– no era el punto de partida del sínodo". El cardenal [alemán], no obstante sí pecaba de modestia en un aspecto. [...] Poniendo sobre la mesa tales cuestiones [como la comunión eclesial y la fidelidad al concilio], el *Rapporto* desempeñó un papel fundamental en la elaboración del bastidor intelectual en que se situaron los debates del sínodo.[42]

"Fue una especie de terapia de choque",[43] comenta Weiler, a pesar de que a veces el debate se enconó de un modo un tanto especial. También las polémicas tienen –a la larga– una misión en la historia de la Iglesia.[44]

---

42 G. Weigel, *Testigo de esperanza*, p. 673.

43 G. Weigel, *La elección de Dios*, p. 226.

44 Recordaba sin embargo el mismo Ratzinger, con ironía y asombro, al mismo tiempo: "surgió el debate sobre mi libro *Informe sobre la fe*, publicado en 1985. El grito de protesta que se levantó contra este libro sin pretensiones, y culminaba con una acusación: 'es un libro pesimista'. En algún lugar se intentó incluso prohibir la venta, porque una herejía de este calibre no podía ser tolerada. Los que detentaban el poder de la opinión pública pusieron el libro en el *Índice*. Una nueva Inquisición hizo sentir su fuerza. Se demostró una vez más que no hay peor pecado contra el espíritu de la época que convertirse en el rey de la falta de optimismo. La cuestión no era: ¿es verdad o no lo que se afirma?, ¿es justo o no el diagnóstico? Pude constatar que nadie se preocupaba de formular tales cuestiones tan pasadas de moda. El criterio era simplemente: hay optimismo o no; con este criterio, mi libro era, sin duda, un fracaso" (*Mirar a Cristo. Ejercicios de fe, esperanza y amor*, 1989, Valencia, Edicep, 1990, pp. 49-50).
Su amigo el teólogo Hans Urs von Balthasar recordaba los acontecimientos que se desencadenaron, alimentados por un cierto complejo antirromano, que en esta ocasión se había globalizado. "Casi todos los días –afirmaba en 1986– se leen en los periódicos ataques violentos –más aún, llenos de rencor– contra el Papa, el cardenal Ratzinger y todo lo que viene de Roma. Se ensañan con ellos de manera casi histérica, como ese señor que se ha visto obligado a atacar en el *Süddeutsche* [*Zeitung*] la entrevista a Ratzinger, tres semanas antes de la publicación de la traducción alemana. Ha habido ataques furiosos, incluso por parte de obispos franceses, o lanzados con rabia, como un número entero de *New Blackfriars*, en Inglaterra. La lista se podría alargar a placer y crecería sin fin si se añadieran las afirmaciones personales, sobre todo por parte del clero (Suiza y Alemania ocuparían aquí probablemente el primer puesto)" (H. U. von Balthasar, *Examinadlo todo y quedaos con lo bueno*, pp. 51-52).

A pesar de todo, el cardenal no renunció a retocar con detalle la traducción del controvertido libro al alemán, al mismo tiempo que recordaba que se trataba sin más de una entrevista periodística, con lo que daba lugar a la posibilidad de que existiera el matiz.[45] En cualquier caso, el sínodo estudió con valentía las luces y las sombras del mundo y de la Iglesia del posconcilio. A la vez que esperanzado, Ratzinger se manifestaba de un modo totalmente realista, y el *Informe final* hablaba sin empacho del "misterio de la iniquidad" en nuestra época, al mismo tiempo que sostenía que el Vaticano II había sido "una gracia de Dios y un don del Espíritu santo", asimismo denunciaba las "lecturas parciales y selectivas" de sus textos.[46] Se tenía que volver al principio, seguía diciendo. "La Iglesia gana en credibilidad si habla menos de sí misma, y anuncia más a Cristo crucificado". Por tanto, para renovar la Iglesia lo que hace falta son santos, concluía. De esta manera se esperaba un relanzamiento de la evangelización de la Iglesia y de la tarea ecuménica, de tal modo que "la comunión imperfecta que ya existe con las Iglesias y las comunidades no católicas pueda, con la gracia de Dios, convertirse en comunión total".[47]

Comentaba al respecto un teólogo anglosajón:

> La relación final de los padres sinodales es más optimista, sin embargo, que la de Ratzinger [en su *Informe*]: como Caravaggio frente a Goya. Pero se trata más que nada de diferencias en el género que en la sustancia. Un individuo puede considerar oportuna una profecía sobre el inquietante futuro; una reunión solemne del episcopado, por el contrario, ha de tener en cuenta el deber que tiene de no poner en peligro la virtud teologal de la esperanza.[48]

---

45 Cf. "Vorwort zur deutschen Ausgabe", en *Zur Lage des Glaubens. Ein Gesprächt mit Vittorio Messori*, Múnich-Zúrich-Viena, Neue Stadt, 1985, pp. 5-6.

46 Cf. G. Weigel, *La elección de Dios*, p. 226.

47 Cf. G. Weigel, *Testigo de esperanza*, pp. 673-677; las citas del *Informe final* del sínodo están tomadas de este texto.

48 A. Nichols, *Joseph Ratzinger (1988)*, Cinisello Balsamo, San Paolo, 1996, pp. 307-308.

El catecismo del Vaticano II

Quedaban sin embargo todavía problemas pendientes. En el *Informe*, ya Ratzinger había manifestado su preocupación por la catequesis y la enseñanza de la doctrina en la Iglesia, que se presentaba también a su vez dispersa y atomizada.

Puesto que la teología no parece capaz de transmitir un modelo común de la fe, también la catequesis se halla expuesta a la desintegración, a experimentos que cambian continuamente. Algunos catecismos y muchos catequistas ya no enseñan la fe católica en la armonía de su conjunto –gracias a la cual toda verdad presupone y explica las otras–, sino que buscan hacer humanamente más "interesantes" (según las orientaciones culturales del momento) algunos elementos del patrimonio cristiano.[49]

Enseñan otras cosas. "La catequesis –continúa– no puede seguir siendo una enumeración de opiniones, sino que debe volver a la certeza sobre la fe cristiana con sus propios contenidos, que superan con mucho las opiniones reinantes".[50]

En el mismo sínodo del 85, en el mencionado clima de simultáneos esperanza y realismo, el cardenal Bernard Law, entonces arzobispo de Boston, recogiendo una sugerencia del arzobispo de Dakar, propuso la elaboración de un catecismo universal para toda la Iglesia.[51] La propuesta fue recibida con cierto escepticismo por parte de algunos sectores, pero al final prosperó (bajo ciertas condiciones, para impedir que el nuevo catecismo supusiera un paso atrás respecto al concilio). "Los padres del sínodo de 1985 –comentaba Ratzinger–, al pedir un catecismo universal, expresaron el deseo de que este libro fuera bíblico y litúrgico, y que tuviera en cuenta las situaciones vitales

---

49 *Ibid.*, p. 80.

50 *Ibid.*, p. 160.

51 Cf. W. Kasper, *Zukunft aus der Kraft des Konzils. Die ausserordentliche Bischofssynode '85*, Friburgo, Herder, 1986, p. 83. Sobre este tema, puede verse también: P. Blanco, "Joseph Ratzinger y la catequesis", en J. Sesé y R. Pellitero (eds.), *La transmisión de la fe en la sociedad contemporánea*, Pamplona, EUNSA, 2008, pp. 237-251.

del hombre contemporáneo".[52] Eran, pues, éstas las coordenadas de este ambicioso proyecto: Biblia, liturgia, actualidad. Y continúa afirmando que

> un lector honesto debe reconocer con sencillez que la Biblia informa totalmente el libro [el catecismo…]. Naturalmente ocupan un lugar importante los padres de la Iglesia, los textos de la liturgia y los documentos del magisterio; y en esto se ha prestado mucha atención para escuchar lo más equilibradamente posible tanto a la Iglesia oriental como a la occidental.[53]

Juan Pablo II tomó cartas en el asunto, y el 10 de julio de 1986 creó una comisión compuesta por 12 obispos y cardenales. Tras unas primeras reuniones, poco a poco el proyecto fue tomando forma: se deseaba saber qué tipo de libro se quería y a quiénes iba dirigido. La forma que adquirió fue la de un catecismo mayor, escrito para los obispos y para todos aquellos que colaboran con ellos en la catequesis, así como para todos los cristianos e incluso dirigido a los no creyentes que quieran conocer la doctrina que enseña la Iglesia sobre determinados puntos.[54] Quería ser, por tanto, un catecismo de toda la Iglesia y para todo el mundo. "El catecismo no quiere transmitir opiniones de grupos, sino la fe eclesial, que no ha sido inventada por

[52] *Ser cristiano en la era neopagana*, Madrid, Encuentro, 1995, p. 79.

[53] *Ibid.*, p. 80. A pesar de advertir la necesidad teórica de tener un nuevo catecismo en la Iglesia, todavía en 1985 Ratzinger no estaba nada seguro de las posibilidades reales de conseguirlo: "Yo expresé entonces la opinión de que todavía no había llegado el momento de [abordar] tal proyecto, y sigo pensando que esta valoración de la situación era la correcta" ("Introducción", en J. Ratzinger y C. Schönborn, *Introducción al catecismo de la Iglesia católica* (1993), Madrid, Ciudad Nueva, 1995, p. 12). No era la primera vez que se proponía elaborar un catecismo del Vaticano II, y con esta idea se publicó el *Catecismo holandés* en 1966. Dos años después, el entonces teólogo de Tubinga le había concedido el siguiente veredicto: "Tan insensato es glorificarlo como poco sensato el rechazarlo en su totalidad" (*Palabra en la Iglesia*, Salamanca, Sígueme, 1976, p. 70). En efecto, a pesar de la novedad del estilo, presentaba a la vez ciertos problemas doctrinales, que exigían ser valorados en su conjunto. Éste constituía un arriesgado precedente. A pesar de los inevitables riesgos, los demás participantes del sínodo extraordinario pensaban que había llegado la ocasión: "Cuando los obispos, en 1985, echaron una mirada retrospectiva y otra prospectiva, se formó en ellos, diríamos de un modo espontáneo, la convicción de que había llegado el momento, y de que ya no podía haber más demoras" (*Introducción al catecismo de la Iglesia católica*, pp. 12-13).

[54] Cf. *ibid.*, pp. 16-20.

nosotros. Sólo tal unidad en lo básico y fundamental hace también posible una pluralidad viviente".[55] De modo que debía, a la vez, ser un libro claro y accesible. "La decisión fundamental se fijó rápidamente: el catecismo no debía ser escrito por eruditos, sino por pastores, a partir de su experiencia de la Iglesia y del mundo, como libro de predicación".[56] Un libro práctico que naciera de la misma práctica y que resumiera la fe de modo claro. Se eligió también la lengua en que se iban a trabajar los nueve borradores previos al texto final: el francés, lengua de gran tradición teológica y catequética. También se requería un secretario que unificara todos los estilos: resultó ser el antiguo discípulo de Balthasar y Ratzinger, Christoph Schönborn (n. 1945), actual cardenal de Viena, buen conocedor también de esta lengua.[57]

Había salido a la vez un libro orgánico y sistemático, pero ahora hacía falta seguir dando pasos, pues esta primera síntesis resultaba todavía demasiado voluminosa. Trece años después de la publicación del catecismo del Vaticano II –en 2005–, aparecía un compendio de este primer texto, cuya introducción estaba firmada por Joseph Ratzinger, presidente de esta segunda

---

55 *Ibid.*, pp. 21-22.

56 *Ibid.*, p. 24.

57 Cf. J. L. Allen, *Cardinal Ratzinger*, pp. 111-113.
"Con todo –afirmaba el prefecto–, sigue siendo para mí una especie de milagro que de un proceso de redacción tan complicado haya salido un libro legible, internamente homogéneo en lo esencial y, en mi opinión, bien escrito" (*Introducción al catecismo de la Iglesia católica*, p. 27). Así, después de 24 mil enmiendas al proyecto revisado del texto, la comisión de los 12 aprobó el texto definitivo (casi 3 mil puntos, en 700 páginas) el 14 de febrero de 1992. Evidentemente Ratzinger no es el autor del catecismo, pero qué duda cabe de que –utilizando una imagen tomada del documento con que Juan Pablo II presentaba el catecismo, la *Fidei Depositum*–, si los distintos redactores del catecismo son los intérpretes de la "sinfonía de la fe", el prefecto hizo aquí las funciones de un buen director de orquesta (cf. A. Tornielli, *Ratzinger, custode della fede*, pp. 137-139). Fue todo un éxito eclesial y editorial, que sorprendió a sus mismos autores. "En cierto modo, el *Catecismo de la Iglesia católica* es una sorpresa para mí; confieso que yo no habría tenido suficiente valor para acometer semejante empresa, porque me parecía demasiado difícil componer una síntesis mundial y universal de un texto coherente y positivo, como requiere un catecismo de la Iglesia católica. Ha supuesto una constatación, en cambio, el poder verificar en el concierto de las iglesias particulares la voz común de la fe, capaz de expresarse de un modo coherente y sistemático. Más allá de los muchos problemas innegables, emerge en la Iglesia la presencia de la comunión en la fe y el deseo compartido de hallar una síntesis, de tener en las manos de forma orgánica la belleza y la coherencia de nuestra fe" (*Ser cristiano en la era neopagana*, pp. 147-148).

comisión redactora. Curiosamente, el *motu proprio* para su aprobación y publicación lo firmaba ya Benedicto XVI, el 29 de junio de 2005. Al igual que hicieron Lutero y Trento, se proponía ahora un "catecismo menor", junto al mayor. La estructura sería la misma que en éste, aunque la forma de redacción sería dialogada –con preguntas y respuestas–, a la vez que se presentarían reproducciones de obras de arte con tema religioso, con el fin de ayudar a la comprensión de los misterios allí expuestos. "Cuarenta años después del Concilio Vaticano II y en el año de la eucaristía –escribía el 20 de marzo, el todavía cardenal Ratzinger–, el *Compendio* puede constituir un ulterior instrumento para satisfacer tanto al hambre de verdad de los fieles de toda edad y condición, como la necesidad de todos aquellos que –sin serlo– tienen hambre y sed de justicia".[58]

IV.III. Nuevos retos (1985-1991)

"El mayor componente de su vida es la renuncia, declaraba el teólogo Eugen Biser (n. 1918). También la renuncia a concluir su obra teológica. Podría haber escrito la dogmática de nuestro tiempo. Se ha sacrificado en el cargo".[59] Esa renuncia ha dado lugar, sin embargo, a frutos en muchos campos. Por ejemplo, en la teología de la liberación o en el ámbito de la catequesis, como hemos visto. Pero quedaban pendientes otras tantas dificultades. En una conferencia pronunciada en 1984 en Bogotá, se pasaba revista a los principales problemas doctrinales del momento: cultura de la vida, relativismo, ideología de género, las culturas por encima de la verdad.[60] La cuestión de las re-

---

[58] "Introducción", en *Compendio del Catecismo de la Iglesia católica*, Madrid, Asociación de editores del Catecismo, 2005, p. 13.

[59] P. Seewald, *Benedicto XVI*, p. 158.

[60] Cf. J. Chélini, *Benedicto XVI, heredero del concilio*, pp. 197-198. El 2 febrero de 1985 tiene lugar en la Academia católica de Baviera, en Múnich, un homenaje a Romano Guardini, con motivo del centenario de su nacimiento, en el que Ratzinger participa con una comunicación; 11 de marzo: la CDF emite una notificación sobre el libro de Leonardo Boff: *Iglesia: carisma y poder*; 15 de mayo: Boff recibe una segunda carta de Ratzinger; 19 de septiembre: la CDF juzga las afirmaciones teológicas de Charles Curran; 29 de septiembre: la CDF envía una *Carta a*

laciones con la teología de la liberación seguía, al mismo tiempo, en pie. En marzo de 1986, la Congregación publicaba la *Instrucción sobre la liberación y la libertad cristiana*. Surgirá, entonces, alguno que otro elogio al texto. En esta ocasión se trataba de mover a los cristianos a intervenir en la vida pública, luchando contra toda injusticia, a la vez que profundizaba en los conceptos cristianos de libertad y liberación.

Vida, libertad y sexualidad

> El hombre –escribirá Ratzinger en un comentario a la *Instrucción*– [...] debe abandonar la mentira de la independencia que no conoce vínculo alguno; debe reconocer que no es un ser autárquico ni autónomo. Debe abandonar la mentira de la arbitrariedad. Debe aceptar su dependencia, su necesidad de los otros y de la creación, sus límites, el destino del propio ser. [...] Libre es aquel que se ha identificado con su propia esencia, con la verdad misma [...]. Una vez más se pone en evidencia que la doctrina cristiana de la libertad no es un moralismo mezquino. Está guiada por una visión integral del hombre en una perspectiva histórica y, al mismo tiempo, superior a toda la historia. La *Instrucción sobre la libertad cristiana y la liberación* quiere ser una ayuda para descubrir de un modo nuevo esta perspectiva, y para insertarla en la realidad actual con toda la energía que ella encierra.[61]

---

los ordinarios acerca de las normas sobre los exorcismos; 7 de octubre: la CTI publica *Temas escogidos de eclesiología*; 24 de noviembre-8 de diciembre: sínodo extraordinario de obispos sobre la aplicación del concilio Vaticano II, en su vigésimo aniversario, y donde se pide la redacción de un catecismo para toda la Iglesia. La CDF insiste en la incompatibilidad entre masonería y fe cristiana con las *Reflexiones a un año de la Declaración*.

61 *Iglesia, ecumenismo y política. Nuevos ensayos de eclesiología*, Madrid, BAC, 1987, pp. 300-301. De 1986, podemos destacar los siguientes eventos: 20-21 de marzo: la CDF emite un dictamen sobre el libro *Carisma y poder* de Leonardo Boff; 22 de marzo: la CDF publica *Instrucción sobre la libertad y la liberación cristiana; 31* de mayo: la CTI publica *La conciencia que Jesús tenía de sí mismo*; 10 de julio: se constituye la comisión que elaborará el *Catecismo de la Iglesia católica*; 25 de julio: la CDF envía una carta a Charles Curran, con la que se le deniega el permiso para enseñar teología católica; 1 de septiembre: la CDF emite una nota crítica sobre los escritos atribuidos a György Bulányi; 15 de septiembre: la CDF emite un dictamen sobre el libro de Schillebeeckx: *Para una Iglesia de rostro humano*; 23 de septiembre: Edward Schillebeeckx recibe una advertencia de la CDF por dos de sus libros; 1 de octubre: la CDF publica una carta sobre la atención a personas homosexuales.

Ratzinger se propuso apreciar los aspectos positivos de la ya no tan nueva propuesta teológica en torno a la necesidad de la liberación.[62]

Estaban surgiendo, en la sociedad y en el mundo, nuevas situaciones y problemas. Ese mismo año de 1986, la Congregación para la Doctrina de la Fe (CDF) publicó un documento sobre la atención pastoral a personas homosexuales, que será de igual modo ampliamente comentado. Allí solicitaba comprensión respecto a esta tendencia, a la vez que proponía promover entre estas personas la vida cristiana en toda su plenitud.[63] Se adelantaba de este modo al debate que surgirá con especial fuerza y virulencia en los años siguientes. "La Iglesia –concluía Ratzinger– está convencida de que, con su enseñanza y su compromiso pastoral, no sólo custodia el precioso bien de la revelación y lo defiende de corrientes erróneas, sino que contribuye también al bien humano y espiritual de las personas homosexuales y a la integridad de la sociedad".[64] Las personas homosexuales bautizadas son exactamente iguales al resto de los cristianos: en esto no hay discriminación alguna, venía a recordar. Dios ama también a los homosexuales quienes, a su vez, están igualmente llamados a la santidad. Sin embargo, eso no implicaba dar rienda suelta a los propios impulsos, no siempre liberadores, sino en ocasiones

62 Un periodista alemán comentaba: "En los orígenes del planteamiento liberacionista había una idea fascinante –y el cardenal Ratzinger no lo negó en ninguna de las conversaciones que mantuvimos al respecto– a la que un cristiano no podía resistirse: libertad y fe cristiana están estrechamente unidas entre sí, más que en cualquier religión, por no hablar de las ideologías. [...] Así, la libertad se convierte en la idea central de lo cristiano, y ni siquiera en sus versiones más profanas se puede negar que tiene un origen cristiano. De este modo, en la teología de la liberación casi se imponía que la liberación de la pobreza y de la tiranía política, de la opresión, del hambre y de la ausencia de una educación adecuada –de las discriminaciones de todo tipo– debía ser una exigencia fundamental de la doctrina cristiana" (H.-J. Fischer, *Benedicto XVI*, p. 23). El problema es que esta liberación había quedado reducida a una versión demasiado unilateral o ideológica, proponía Ratzinger. Los efectos de estas intervenciones pronto se hicieron sentir, a pesar de que su contenido iba siempre más allá de las circunstancias. "Las dos instrucciones de la Congregación de la Doctrina de la Fe no son obras circunscritas a unas determinadas circunstancias [...]. Al aclarar la naturaleza de la libertad humana y el específico papel de la Iglesia en la transformación del mundo, las dos instrucciones contribuyeron a definir la lucha católica por la libertad" (G. Weigel, *La elección de Dios*, p. 218).

63 Cf. J. Orlandis, *La Iglesia en la segunda mitad del siglo XX*, pp. 310.

64 "Introducción", en Congregación de la Doctrina de la Fe, *Carta sobre la atención pastoral a las personas homosexuales*, Madrid, Palabra, 1998, p. 23.

destructivos. Más adelante, en 2003, la Congregación de la Doctrina de la Fe recordará que los llamados "matrimonios homosexuales" no son equiparables al matrimonio entre hombre y mujer.[65] Se trataba de apelar al sentido común, a la naturaleza humana y al modo de ser de la familia, a su correcta forma de desarrollarse y de crecer en libertad.

Quedaba sin embargo en el aire otro gran drama de nuestra época. En 1987, la Congregación de la Doctrina de la fe se ocupó del problema de la vida humana, y emitió el documento titulado *Donum vitae* sobre el respeto a la vida.

> Es un campo que a Ratzinger le interesa especialmente –comentaba Ricci–, por el testimonio heroico y profético protagonizado por la Iglesia alemana en la historia reciente. Durante los años del nazismo, el cardenal Clemens August von Galen había protestado públicamente por el tratamiento dispensado a los minusválidos por parte de los médicos del régimen. [...] Un pensamiento vivo en Ratzinger [era]: "¿qué pensarán los cristianos de las próximas generaciones y épocas de la aquiescencia de la Iglesia de nuestros días al aborto, la eutanasia, las manipulaciones genéticas? No tenemos derecho a callar".[66]

Frente a esta auténtica plaga del siglo XX, ante la que han enmudecido tantos artistas e intelectuales supuestamente comprometidos, la Iglesia no podía callar, pensaban tanto Ratzinger como Juan Pablo II. Estos temas de la bioética, la fecundación *in vitro*, la píldora del día después y el aborto serán una larga batalla para ambos y para toda la Iglesia. El respeto de la naturaleza y el considerar a la persona como imagen de Dios, impondrán sus propios límites a una ciencia un tanto ansiosa y en ocasiones algo compulsiva.[67] "Fue en el campo de la ética –recapitula Chélini– donde más tuvo que intervenir Ratzinger. Todas las medidas propuestas fueron aprobadas por

65 Cf. *Documentation catholique* 2298 (7-21 de septiembre de 2003) pp. 798-799.

66 T. Ricci, "Ratzinger del 82 al 92. Las etapas de estos diez años", *30 días*, 55, 1992, pp. 35-36.

67 Cf. J. Chélini, *Benedicto XVI, heredero del concilio*, pp. 213-215.

el Papa, quien sostuvo continuamente la mano del prefecto, ya que estas desviaciones inquietaban mucho al antiguo profesor de ética en la universidad de Lublin".[68]

Cisma y división

1988 será el año en que Joseph Ratzinger mantendrá una serie de conversaciones con Marcel Lefebvre (1905-1991) para evitar una nueva división en la Iglesia. El 5 mayo se firma un *Protocolo de acuerdo* entre el Vaticano y el líder tradicionalista, pero, un día después, el obispo disidente retiró su firma.

> Ratzinger –comenta Bardazzi–, acusado con frecuencia de ser inflexible con algunos teólogos, no lo fue menos con Lefevre. Le advirtió de las consecuencias que ese acto podría tener, pero no fue escuchado: el 29 de junio, Lefebvre ordenaba a cuatro obispos sin el permiso de la santa Sede, con lo que provocaba el cisma.[69]

Aquello fue de momento un aparente fracaso, pero la Iglesia debía ser fiel a la verdad que se le había confiado y a su misión. "El Papa y el cardenal Joseph Ratzinger habían hecho grandes esfuerzos para reconciliar al arzobispo y disidente Marcel Lefebvre sin renunciar al compromiso con el Vaticano II".[70]

---

68 *Ibid.*, p. 219.

69 Cf. M. Bardazzi, *De Joseph Ratzinger a Benedicto XVI*, Madrid, Encuentro, 2006, p. 84.

70 G. Weigel, *Testigo de esperanza*, p. 747.
Monseñor Lefebvre –un celoso obispo misionero– decía cosas sencillas, denunciaba los abusos litúrgicos, conservaba la pompa antigua de la Iglesia y "salpicaba su discurso con un anticomunismo grato a sus oyentes". No era un gran teólogo y había recibido en su juventud la influencia del pensamiento político-religioso de la Acción Francesa (cf. J. Chélini, *Benedicto XVI, heredero del concilio*, pp. 176-177). Había creado en 1970 la Fraternidad Sacerdotal de san Pío X, que contaba con un seminario propio en Ecône, en Suiza. Pero cinco años después, el obispo del lugar retiró el permiso necesario por las continuas críticas contra el Vaticano II, cuyos documentos él mismo había firmado (cf. C. Cremona, *Pablo VI*, Madrid, Palabra, 1991, pp. 256-257). Un año después, Lefebvre fue suspendido *a divinis* (prohibiéndole así ejercer como sacerdote) por seguir ordenando diáconos y sacerdotes. La cuestión se agravó con el cisma de 1988, pero a partir de entonces la situación de las relaciones con la Santa Sede han

Las protestas vendrán también del otro lado. El 25 de enero de 1989, 163 teólogos centroeuropeos habían firmado una *Declaración* en Colonia, en la que pedían un mayor pluralismo teológico y criticaban las injerencias de la Congregación de la Doctrina de la Fe en su trabajo. La historia se repetía.

> Me parece que la *Declaración de Colonia* –comentaba por su parte Ratzinger– fue publicada con cierta precipitación, en un contexto político-eclesial en el que algunos pensaban que había llegado el momento de obligar a Roma a adoptar una posición a la defensiva, y obtener [así] algo a cambio. [...] En este sentido creo que la *Declaración de Colonia* es una expresión de un malestar que tiene raíces muy variadas,[71]

que podrían responder al famoso "complejo antirromano" de los teólogos germánicos. Sin embargo, por otra parte, a estas protestas se unirán después las reivindicaciones de teólogos franceses, españoles e italianos. La contestación religiosa y la protesta teológica se había extendido con rapidez por toda Europa. Sus propios colegas serán una buena fuente de dolor de cabeza para el propio prefecto.[72]

ido evolucionando positivamente (cf. J. Orlandis, *La Iglesia en la segunda mitad del siglo XX*, pp. 113-114, 236-237).

Del año 1987, destacamos: 22 de febrero: la CDF emite la instrucción *Donum vitae* sobre el respeto a la vida naciente y la defensa de la dignidad de la procreación; 1-30 de octubre: tiene lugar en Roma el sínodo de obispos sobre los laicos. Por su parte, de 1988: 11-13 de abril: Ratzinger mantiene una serie de conversaciones con Marcel Lefebvre para evitar el cisma; 15 de abril: la Pontificia Comisión Bíblica (PCB) publica *Unidad y diversidad en la Iglesia*; 5 de mayo: Protocolo de acuerdo entre el Vaticano y monseñor Lefebvre, del que se retirará un día después el obispo disidente; 30 de junio: Lefebvre ordena cuatro obispos sin el permiso de la santa Sede, con lo que provoca un cisma; 1 de julio: la CDF publica la fórmula para la profesión de fe y el juramento de fidelidad, al asumir un oficio que se ejercita en nombre de la Iglesia; 8 de octubre: la CTI publica *Fe e inculturación*; 23 de septiembre: la CDF publica un decreto sobre la defensa de la dignidad del sacramento de la penitencia; 18 de noviembre: la CDF emite unas observaciones sobre el documento de ARCIC II: *La salvación y la Iglesia*.

71 *Ser cristiano en la era neopagana*, Madrid, Encuentro, 1995, p. 132.

72 Cf. A. Tornielli, Ratzinger, *custode della fede*, pp. 117-118; J. Martínez Gordo, *La cristología de J. Ratzinger-Benedicto XVI a la luz de su biografía teológica*, Barcelona, Cuadernos CJ, 2008, pp. 17-22. De 1989 resulta destacable: 25 de enero: 163 teólogos firman la *Declaración de Colonia* por las supuestas intromisiones de la CDF en su trabajo; 30 de enero-1 de febrero: Sesión plenaria sobre el ecumenismo entre la CDF y el Consejo para la unidad de los cristianos,

Surgirán también diferencias, incluso, dentro de la curia romana. A principios de ese mismo año de 1989 tuvo lugar una sesión plenaria sobre el ecumenismo entre la congregación que presidía Ratzinger y el Secretariado para la unidad de los cristianos. Había un cierto problema suscitado por los distintos métodos y objetivos de estas dos instituciones de la curia romana.

> La inquietud burocrática ocultaba problemas de fondo. Había veces en las que el Secretariado para la unidad de los cristianos, en virtud de sus características y de su historia institucional, tendía a ver el diálogo ecuménico como una forma de negociación. La Congregación para la Doctrina de la Fe, sobre todo con el cardenal Ratzinger a la cabeza, consideraba el ecumenismo como una exploración conjunta en las verdades de la fe cristiana, no un proceso de regateo donde las "ganancias" de un bando se constituían en las "pérdidas" del otro.[73]

No todo debían ser gestos políticos de acercamiento, sino que se requería la oración, el diálogo en la verdad y el estudio teológico. Se trataba de concepciones distintas y complementarias, pero ambas irrenunciables. Al final, tras intensas negociaciones, establecieron un protocolo de colaboración entre ambos dicasterios. Aquello fue el inicio de una prolongada y fructífera colaboración.

Al mismo tiempo, había que mirar hacia la unidad interna de la Iglesia. El 25 de febrero de 1989 el *Osservatore Romano* publicaba una fórmula de la Profesión de fe y del Juramento de fidelidad, que deberían hacer los obispos, los párrocos y los profesores de instituciones católicas. En este

para coordinar la acción conjunta; 16 de febrero: la CDF emite la nota *La nota moral de Humanae vitae y la función pastoral*; 25 de febrero: la CDF propone la fórmula de la profesión de fe y del juramento de fidelidad, que deberán hacer los obispos, los párrocos y los profesores de instituciones católicas; 19 de septiembre: la CDF publica un rescripto sobre las fórmulas para la profesión de fe a todos los que actúen públicamente en nombre de la Iglesia; en octubre, la CTI publica *La interpretación de los dogmas*; 15 de octubre: la CDF publica la carta *Orationis formas* sobre algunos aspectos de la meditación cristiana; 4 de noviembre: el proyecto del catecismo universal se remite a los episcopados.

[73] G. Weigel, *Testigo de esperanza*, p. 782.

documento se incluye una gradación de las verdades que se deben creer, lo cual ocasionó una cierta polémica. Se subrayaba también la importancia del magisterio ordinario del romano pontífice. "Aunque algunos teólogos pensaban que *Ad tuendam fidei* simplemente resumía lo que el Papa y Ratzinger habían estado defendiendo desde hacía tiempo, otros la vieron como una decisión de corregir el derecho canónico",[74] y no tanto completar y explicitar lo que se decía en el código de derecho canónico de 1983. También ese mismo año se publica la carta *Orationis formas* sobre algunos aspectos de la meditación cristiana. En este caso se trataba de denunciar algunas desviaciones que se estaban introduciendo en el modo de hacer oración entre los cristianos, especialmente al sustituirla por métodos orientales de meditación, sobre todo del yoga. "También el cuerpo reza, concluía este texto. El proceso interior de la oración se expresa en el lenguaje de los gestos del cuerpo, y la disciplina del cuerpo tiene a su vez repercusión en el alma; pero es importante respetar la adecuada correlación. [...] La expresión corporal ha de tener su fundamento en lo interior, y no al revés".[75] Cuerpo y alma deben disponerse para hablar con Cristo, y no simplemente para relajarse.

Teología y reforma

El 9 noviembre de 1989 caía el Muro de Berlín y, pocos meses después, Alemania se reunificaba. Esa misma primavera de 1990, la Congregación de la Doctrina de la Fe publicaba un documento sobre *La vocación eclesial del teólogo*, en el que se salía al paso de las protestas planteadas por algunos teólogos europeos, como en la *Declaración de Colonia*, y se pedía una teología en comunión con toda la Iglesia. Hace falta fe y espíritu de comunión a la hora de hacer teología, y no basta con la mera razón o el espíritu crítico. El teólogo no debe olvidar que su misión no consiste en adquirir un protagonismo personal, sino en servir a la Iglesia.[76] Observaba a este propósito el prefecto:

---

74 J. L. Allen, *Cardinal Ratzinger*, p. 291.

75 "Introducción", en Congregación de la Doctrina de la Fe, *La meditación cristiana. Carta "Orationis formas"*, Madrid, Palabra, 1994, p. 28.

76 Cf. A. Tornielli, *Ratzinger, custode della fede*, pp. 118-120.

la *Instrucción* inscribe el tema de la teología en el horizonte más amplio de la capacidad del hombre de conocer la verdad y de la auténtica libertad del hombre mismo. La fe no es una ocupación para el tiempo libre, y la Iglesia no es un club junto al cual existen otros parecidos. La fe responde más bien a la pregunta originaria del hombre sobre su procedencia y su destino.[77]

La teología –tal como decía la instrucción– es parte "indispensable de la Iglesia", y es "tanto más importante en tiempos de grandes cambios culturales y espirituales".[78] Por eso la relación entre los teólogos y la Iglesia resulta positiva para ambos.[79]

Por otra parte, se proponía recuperar la identidad católica de lo católico, también con otro documento.

Una de las más encendidas polémicas en los Estados Unidos durante el pontificado de Juan Pablo fue acerca de los colegios y universidades católicos. El 15 de agosto de 1990, con el documento *Ex corde Ecclesiae*, el Papa

---

77 *Natura e compito della teologia. Il teologo nella disputa contemporanea: storia e dogma*, Milán, Iaca Book, 1993, p. 91.

78 Cf. G. Weigel, La elección de Dios, p. 209. En 1990, el 6 de enero, Juan Pablo II publica *Ex corde Ecclesiae* sobre la educación católica; 24 de mayo: la CDF publica la instrucción sobre *La vocación eclesial del teólogo*; 15 de agosto: con el documento *Ex corde Ecclesiae*, Juan Pablo II anima a las instituciones católicas a revitalizar su identidad católica; 30 de septiembre-28 de octubre: tiene lugar en Roma el sínodo de obispos sobre la formación de los sacerdotes; 11 de diciembre: Ratzinger hace un elogio del cardenal Ottaviani, su predecesor en el entonces Santo Oficio; la CDF emite un dictamen sobre el valor del bautismo de la *Christengemeinschaft* de Rudolf Steiner.

79 La teología parte de la revelación tal como se presenta en la Biblia, a la vez que se completa con las aportaciones de la filosofía, la historia y las demás ciencias. El teólogo debe "extraer de la cultura circundante aquellos aspectos que permitan iluminar uno u otro de los aspectos de los misterios de la fe". La fe es lo primero y el punto de partida, y por eso la teología ha de ser también un ejercicio eclesial: el teólogo ha de pensar y argumentar de modo personal, pero también eclesial: en la Iglesia, dentro de sus límites visibles y fácilmente reconocibles. La teología ha de nacer también de la oración y de la escucha. La buena teología no se hace sólo en las bibliotecas, sino también en los reclinatorios de las iglesias. Por eso, los "guardianes de la fe" no serán los teólogos, sino los pastores y, de modo especial, los obispos. No se trata de que Roma esté vigilando y orientando a todos y cada uno de los teólogos del mundo, sino de que esta función se puede y debe descentralizar.

animó a las entidades educativas católicas a revitalizar su identidad católica, de acuerdo con los valores católicos, y no sólo los científicos.[80]

1991 debió de ser un año especialmente difícil para Ratzinger. El prefecto sufre en septiembre una hemorragia cerebral (por lo que ha de permanecer un mes en el hospital), y en noviembre, su hermana Maria muere en Alemania mientras visitaba la tumba de sus padres, el día de todos los difuntos. Es comprensible que el prefecto añore entonces el momento en que tan sólo se tuviera que dedicar a escribir libros y pide, pues, el relevo. Quiere volver a Alemania. Pero Juan Pablo II desea seguir contando con él, de modo que sigue adelante en el cargo, afronta una vez más nuevos retos, a la vez que obtiene también alguna alegría.[81] El 13 de enero del año siguiente, es nombrado miembro de la Academia de Ciencias Sociales y Políticas de Francia, "templo sagrado del racionalismo".[82]

En mayo de 1992, la Congregación vuelve a la carga con la eclesiología. En *Algunos aspectos de la Iglesia entendida como comunión* se recuerda que el primado de Pedro es un ministerio de unidad para todas las Iglesias, en comunión con todos los obispos del mundo.[83] El suyo es un servicio de amor para la comunión. "El documento expresa la esperanza que, en la luz y en la fuerza de esa conversión, se haga posible a todos el primado de Pedro en sus sucesores –los obispos de Roma– y ver llevado a efecto el ministerio petrino, tal como ha sido querido por el Señor, como universal servicio apostólico que está presente en todas las iglesias particulares",[84] es decir, en todas las dióce-

80 J. L. Allen, *The rise of Benedict XVI*, Nueva York, Doubleday, 2005, pp. 217-218.

81 Cf. P. Seewald, "Il Tedesco-ein Deutscher in Rom", en P. Seewald (ed.), *Der deutsche Papst*, p. 90.

82 Cf. J. Catalán, *De Joseph Ratzinger a Benedicto XVI*, p. 265. En 1991: 21 de enero: el prefecto Ratzinger da una conferencia en la facultad romana de teología de la universidad valdense; 9 de marzo: la CDF publica una notificación sobre la validez del bautismo en algunas comunidades supuestamente cristianas; en el consistorio de cardenales, el cardenal Ratzinger defiende la vida y ataca el aborto y la "cultura de la muerte".

83 Cf. A. Tornielli, *Ratzinger, custode della fede*, pp. 125-126.

84 "Introducción", en Congregación de la Doctrina de la Fe, *El misterio de la Iglesia y La Iglesia como comunión*, Madrid, Palabra, 1995, p. 107.

sis. Se trata por tanto de un "ministerio de amor" con todas las iglesias del mundo. Sin embargo, también cabrán en la mente del prefecto las reformas y las propuestas renovadoras, lo cual desmentirá en parte la fama que algunos medios de comunicación se empeñaban en difundir.

El *Ecclesia semper reformanda* cabía también en los proyectos del presunto "guardián de la fe". De hecho, dos años antes, en Rímini, en la costa adriática, había clamado por la necesidad de la unidad en la Iglesia –la tarea ecuménica es una tarea pendiente– y en contra de una excesiva burocratización.

> Cuanto más arraigados estemos en la compañía de Jesucristo y con todos los que le pertenecen, tanto más nuestra vida estará sostenida por aquella radiante confianza a la que san Pablo ha dado expresión: "Porque estoy persuadido de que ni la muerte ni la vida, ni los ángeles ni los principados [...] ni criatura alguna podrá separarnos del amor que Dios nos ha manifestado en Cristo Jesús" (Rm 8, 35-36).[85]

Allí hablaba también de reformas en la curia y en la burocracia de la Iglesia; idea que tal vez procedía de su experiencia al frente de la archidiócesis

85 *La Iglesia, una comunidad siempre en camino* (1991), Madrid, Paulinas, 1992, p. 93. En 1992, se pueden destacar los siguientes acontecimientos: 31 de enero: la CDF publica una nota sobre el libro *The sexual creators*, de André Guindon; en marzo Ratzinger asiste a una reunión con los obispos de Asia, donde pronuncia una conferencia sobre Cristo, la fe y las culturas; 30 de marzo: la CDF publica una instrucción sobre algunos aspectos relativos al uso de la los medios de comunicación social en la promoción de la doctrina de la fe; 28 de mayo: la CDF publica *Algunos aspectos de la Iglesia entendida como comunión*; 6 de junio: la CDF publica un decreto sobre la doctrina y usos particulares de la Asociación llamada *Obra de los ángeles*; 23 de julio: la CDF publica algunas consideraciones en torno a la respuesta a las propuestas de ley sobre la no discriminación de las personas homosexuales; 8 de diciembre: presentación del *Catecismo de la Iglesia católica*, que había sido aprobado ya antes entre los obispos, por unanimidad, el 8 de febrero. De 1993: 5 de abril: recibe el título de la iglesia suburbicaria de Velletri-Segni; 15 de abril: la PCB publica *La interpretación de la Biblia en la Iglesia*; 17 de mayo: aparece la traducción al alemán del *Weltkathechismus*, el *Catecismo de la Iglesia católica*, a la que siguen numerosas críticas y polémicas; 31 de julio: la CDF publica una respuesta a las preguntas presentadas sobre el "aislamiento uterino" y otras cuestiones; 10 de octubre: algunos obispos alemanes publican una carta, en la que admiten la probabilidad de que reciban la comunión los divorciados vueltos a casar.

bávara, pero que tal vez mantenía relación con su propia tarea presente y futura.

IV.IV. Cambio de milenio (1992-2005)

En 1992 aparecerá un nuevo libro-entrevista, esta vez de la mano de un periodista alemán, Peter Seewald. *La sal de la tierra* se convirtió –según su coautor– en "un clásico de la literatura religiosa". Se publicó en más de 20 idiomas y algunos de los expertos en el negocio editorial calificaban la "moda Ratzinger" como "un cambio de tendencia". Habrá que ver. "En nuestras preguntas –recordaba Seewald– acosé al cardenal con un aluvión de preguntas: ¿por qué ya no podemos creer? ¿Está superado el cristianismo? ¿El catolicismo es un sistema concreto, o tan sólo una tradición? [...] Con paciencia, el defensor de la fe fue explicándome los fundamentos de la fe".[86] En parte gracias a esas respuestas, Seewald acabó recuperando la fe de su infancia y adolescencia. Era una demostración práctica de cómo la razón y el diálogo pueden preparar el camino para la fe. En agosto de 1993 –casi al mismo tiempo que Juan Pablo II promulga la encíclica *Veritatis splendor* sobre las relaciones entre verdad y libertad en la ética– el cardenal Ratzinger sufre un accidente que le deja inconsciente durante un tiempo. No tarda en recuperarse. De hecho, el trabajo sigue adelante sin problemas.

Actividad intensa

En 1994, Juan Pablo II publica la carta apostólica *Ordinatio sacerdotalis*, con la que recuerda que las mujeres no pueden acceder al sacerdocio por voluntad expresa de Jesucristo. Él escogió sólo varones, a pesar de que a veces no fueran los mejores. "El hecho de que la Iglesia católica, al igual que las iglesias ortodoxas, permanezca en su convicción de fe, que ve como obediencia al Señor, no puede maravillar ni herir a nadie. Al contrario, constituirá una

86 *Ibid.*, p. 24.

ocasión para reflexionar juntos todavía más sobre los problemas de fondo".[87] De hecho, el sacerdocio no es un instrumento de poder o influencia, sino de servicio. Así acababa el documento: hay una persona mucho más importante en la Iglesia que los sacerdotes, que además es mujer: su nombre es María. Ella estaba por encima incluso de Pedro y los demás apóstoles y, por supuesto, que los obispos y sacerdotes. El reflexionar sobre la dimensión marial o mariana de la Iglesia podría constituir una buena clave de comprensión.

Poco después, la Congregación de la Doctrina de la Fe escribe a los obispos alemanes para orientarlos en la pastoral con divorciados vueltos a casar. Pueden y deben asistir a la eucarístía –se decía allí–, aunque deban esperar todavía para poder comulgar. Se trataba de conjugar la verdad con la caridad y la dignidad de la eucaristía, recordaba Ratzinger.[88] Esto suponía dar un paso atrás respecto a las declaraciones que habían hecho algunos miembros del episcopado alemán sobre este tema, quienes sin embargo no dudaron en cerrar filas en torno a Juan Pablo II, tal como harán cuando se pida que los consultorios médicos católicos no ofrezcan su colaboración indirecta para abortar. En efecto, en junio de 1998, Juan Pablo II publicó el documento en el que les pide que no faciliten tal informe que permitiera la supresión de la incipiente vida humana. Son por tanto momentos de mucho trabajo y de encendidos debates. A pesar de todo, los obispos alemanes volvieron a dar un ejemplo de comunión con el obispo de Roma y le dieron su apoyo.[89]

Aquello fue un acto acto de comunión y unidad. También habrá progresos en el ecumenismo y en la búsqueda de la unidad con los demás cristianos.[90] Fueron años intensos. El 25 marzo de 1995, Juan Pablo II publicaba

87 "Introducción", en Congregación de la Doctrina de la Fe, *El sacramento del Orden y la mujer*, Madrid, Palabra, 1997, p. 33.

88 Cf. "Introducción", en Congregación de la Doctrina de la Fe, *Sobre la atención pastoral de los divorciados vueltos a casar*, Madrid, Palabra, 2000, p. 35.

89 Cf. F. Derwahl, *Der mit dem Fahrrad und der mit dem Alfa kam. Benedikt XVI. und Hans Küng-ein Doppelporträt*, Múnich, Pattloch, 2006, pp. 261, 266.

90 Del año 1994, podría destacarse: 22 de mayo: Juan Pablo II publica la carta apostólica *Ordinatio sacerdotalis*, con la que se recuerda que las mujeres no pueden acceder al sacerdocio; 9 de junio: Ratzinger denuncia que el Consejo mundial de las iglesias podría haber tenido alguna relación con la guerrilla y la teología de la liberación en América Latina; 14 de septiembre: la CDF publica una carta a los obispos sobre la recepción de la comunión eucarística por

la encíclica *Evangelium vitae* sobre el respeto de la vida humana, y pocos días después la encíclica *Ut unum sint* sobre el ecumenismo. El 22 octubre de 1996, el Papa dirigía una carta a la Academia pontificia para la vida, en la que se invitaba a profundizar en las doctrinas sobre la evolución.[91] En verano de 1997, Ratzinger se reunió con algunos líderes luteranos en Ratisbona, para buscar un mejor entendimiento doctrinal, al mismo tiempo que mantuvo una intensa actividad en la Congregación durante ese y el siguiente año.[92]

En 1998, la Congregación había publicado una aclaración sobre algunos escritos de Anthony de Mello, por presentar cierta confusión en el ámbito de la relación con otras religiones, al ofrecer una imagen un tanto confusa de Jesucristo como el único mediador entre Dios y los hombres. Parecía que presagiaba la futura *Dominus Iesus*. De modo que no todo el mundo estaba

---

parte de los fieles divorciados que se han vuelto a casar; 6 de octubre: la CDF publica una Notificación sobre los escritos y la actividad de la señora Vassula Rydén; 27 de octubre: carta de la CDF a los obispos alemanes sobre la pastoral con divorciados vueltos a casar; Bernard Fallay sucede a Lefebvre al frente de la Comunidad de san Pío X.

91 De 1995 podemos mencionar: 25 de marzo: Juan Pablo II publica la encíclica *Evangelium vitae* sobre el respeto de la vida humana; 2 de mayo: Juan Pablo II publica la carta apostólica *Orientale lumen*, a los 100 años de la *Orientalum dignitas* de León XIII; 25 de mayo: Juan Pablo II publica la encíclica *Ut unum sint* sobre el ecumenismo; 2-29 de octubre: tiene lugar en Roma el sínodo de obispos sobre la formación de los religiosos; 5 de octubre: el cardenal Ratzinger presenta la encíclica de Juan Pablo II titulada *Veritatis Splendor*; 6 de octubre: la CDF publica una nota sobre los escritos y actividades de la señora Vassula Rydén; 28 de octubre: la CDF publica una respuesta a una duda planteada sobre la doctrina contenida en la carta apostólica *Ordinatio sacerdotalis*; 18 de noviembre: la CDF declara que la doctrina sobre el sacerdocio tal como se enunció en la *Ordinatio sacerdotalis* pertenece al depósito de la fe; 28 de noviembre: el cardenal Ratzinger pronuncia en Roma una conferencia titulada *La grandeza del ser humano en su semejanza con Dios*. 23 de febrero de 1996: el Patriarcado de Constantinopla declara la independencia de la Iglesia ortodoxa de Letonia, respecto al Patriarcado de Moscú, por lo que ambos patriarcados rompen relaciones.

92 De 1997 podemos destacar: 2 de enero: la CDF publica una notificación sobre la obra *María y la liberación humana* de Tissa Balasuriya; 30 de mayo: la CDF publica un reglamento para el examen de las doctrinas; 29 de junio: la CDF publica el *Reglamento para el examen de las doctrinas de los teólogos*; 14 de julio: Ratzinger se reúne con algunos líderes luteranos en Ratisbona; 15 de agosto: ocho congregaciones romanas publican una instrucción sobre algunas cuestiones acerca de la colaboración de los laicos en el sagrado ministerio del sacerdote; 23 de agosto: condena por parte de la CDF de algunos escritos de Anthony de Mello; 9 de septiembre: el cardenal prefecto presenta la *editio typica* latina del *Catecismo de la Iglesia católica*; el cardenal Ratzinger escribe a los obispos alemanes consultándoles sobre la posible cooperación indirecta con algunos casos de aborto.

plenamente de acuerdo con su gestión. Los ecos, rumores y las críticas recorren la vieja Europa. Al mismo tiempo, en mayo, en el imponente encuentro de los distintos movimientos en Roma, el cardenal prefecto volvía a reclamar menos burocracia y más espacio para el Espíritu en la Iglesia. Al mes siguiente, publica un artículo en la revista *30 giorni* en el que critica el *carrierismo* en el seno de la Iglesia. "En la Iglesia no debería haber 'carrerismo' alguno. Ser obispo no debe ser considerado una carrera con distintos escalones de un sitio a otro, sino un servicio muy humilde".[93]

En mayo de 1999 se crea una comisión mixta formada por católicos y protestantes, que da lugar al documento *El don de la autoridad*. Se aborda también la doctrina sobre la justificación, uno de los puntos centrales de la doctrina propuesta por Lutero. Días después, 31 octubre de 1999, se firmaba en Augsburgo, en la iglesia de santa Ana, un histórico documento conjunto entre luteranos y católicos. La Congregación de la Doctrina de la Fe publicó después una aclaración, que se publicó como anexo. El presidente de la Federación luterana mundial, el obispo Mark S. Hanson, reconoció la participación personal en la redacción de la histórica *Declaración conjunta sobre la doctrina de la justificación* del ahora papa Benedicto XVI. "Somos conscientes de que usted, con el apoyo del papa Juan Pablo II, contribuyó activamente para alcanzar este hito ecuménico",[94] afirmó tiempo después. Fue aquella una década prodigiosa, e indudablemente algo agotadora.

---

93 J. Catalán, *De Joseph Ratzinger a Benedicto XVI*, p. 275.
1998: en mayo tendrá lugar un importante encuentro de los movimientos eclesiales en Roma, en el que el cardenal Ratzinger pronunciará una conferencia titulada *Los movimientos eclesiales y su situación eclesial*; 24 de junio: la CDF emite una nota crítica sobre los escritos de Anthony De Mello; 29 de junio: la CDF publica la fórmula para la profesión de fe y el juramento de fidelidad, al asumir un oficio que se ejercita en nombre de la Iglesia, con Nota doctrinal ilustrativa de la fórmula conclusiva de la *Professio fidei*; 23 de julio: Juan Pablo II publica el Motu proprio *Apostolos suos* sobre las conferencias episcopales; 31 de octubre: se firma una declaración conjunta entre católicos y luteranos sobre *El primado del sucesor de Pedro en el misterio de la Iglesia*; 6 de noviembre: Juan Pablo II aprueba la elección de Ratzinger como vicedecano del colegio de cardenales.

94 "Declaraciones del obispo Mark Hanson", *Zenit*, 7 de noviembre de 2005.
Del año 1999 podemos destacar también: en mayo se reúne una comisión mixta entre católicos y protestantes, que da lugar al documento *El don de la autoridad*; 31 de mayo: la CDF publica una notificación sobre la hermana Jeannine Gramick y el padre Robert Nugent; 22 de junio: Juan Pablo II publica un documento en el que pide a los obispos alemanes que no

El 2000 será el año del gran Jubileo en toda la Iglesia católica. El 12 de marzo, Juan Pablo II pide perdón por los errores pasados de la Iglesia (Ratzinger lee parte del texto del documento), mientras el 6 de agosto la Congregación de la Doctrina de la Fe publica la declaración *Dominus Iesus*. Son la cara y la cruz de una misma moneda. Respecto a la petición de perdón, escribía Fischer:

> Ratzinger obviamente conocía la historia [...], los lados oscuros de la historia de la Iglesia católica, de la antigua y de la reciente. También la culpa de la Iglesia papal respecto a las demás Iglesias cristianas. Tampoco rehuía las desagradables preguntas de la historia sobre España y Latinoamérica. Él condenaba con la mayor vehemencia el antisemitismo "de todos y cada uno". Miraba con serenidad y entereza el pasado. No tenía ningún miedo a la apertura de los archivos vaticanos. Era firme en su opinión de que, frente a un mentalidad antieclesiástica y anticlerical, la Iglesia podía salir ganando si iba con la verdad histórica por delante.[95]

faciliten un informe que permite después el aborto; 30 de junio: Juan Pablo II publica la carta apostólica *Ad tuendam fidem*; 31 de octubre: la comisión conjunta católico-luterana firma en Augsburgo la *Declaración conjunta sobre la doctrina de la justificación*, de la que Ratzinger forma parte como firmante.

95 H.-J. Fischer, *Benedicto XVI*, p. 57.
Otros acontecimientos del año 2000: 11 de febrero: la CDF emite una declaración sobre la Iglesia clandestina en la República Checa; 7 de marzo: la CTI publica *Memoria y reconciliación. La Iglesia y los errores del pasado*; 12 de marzo: Juan Pablo II pide perdón por los errores pasados de la Iglesia; 26 de junio: la Iglesia revela –por expresa voluntad de Juan Pablo II– el tercer secreto de Fátima, Ratzinger ofrece un comentario autorizado de este mensaje; 30 de junio: la CDF emite una nota sobre la expresión "iglesias hermanas"; en junio, la comisión católico-ortodoxa analizó en Baltimore (Estados Unidos) el tema de las "Implicaciones teológicas y canónicas del uniatismo", tras el cual se interrumpen las conversaciones; 6 de agosto: la CDF publica la declaración *Dominus Iesus*; 4 de septiembre: Jacques Dupuis mantiene una conversación con el prefecto de la CDF; 5 de septiembre: tiene lugar en el Vaticano una conferencia de prensa sobre la declaración *Dominus Iesus*; 14 de septiembre: la CDF publica una *Instrucción acerca de las oraciones para obtener de Dios la curación*; 15 de septiembre: el cardenal Ratzinger hace un llamamiento para combatir el hambre y revisar la filosofía de fondo de las Naciones Unidas; 1 de octubre: Juan Pablo II sale al paso en defensa de *Dominus Iesus*; 30 de noviembre: la CDF emite una nota sobre el libro de Richard Meissner, *Revelación y tradición*.

Dominus Iesus

Por otra parte, en la declaración *Dominus Iesus* se recordaba que Jesucristo es el único salvador, frente a algunas propuestas –sobre todo asiáticas– que sugerían otras salvaciones y redenciones en paralelo, como veremos más adelante. Todos se pueden salvar, pero toda salvación puede venir sólo de Jesucristo. Un budista, un animista, un sintoísta o un musulmán sólo se pueden salvar en Jesucristo, pues solo él es el Hijo de Dios. La acogida no es tan cálida como la que tuvo el anterior documento sobre las culpas de la Iglesia. En principio era un encendido canto a la centralidad y unicidad de la salvación llevada a cabo por Cristo, que debería haber suscitado la aprobación unánime de todos los cristianos. Surgen, sin embargo, una serie de malentendidos con los protestantes por la parte final del documento de tipo eclesiológico, en la que se recuerda la doctrina del Vaticano II: mientras las ortodoxas son verdaderas Iglesias locales, las comunidades eclesiales surgidas a partir de la Reforma protestante han perdido algunos elementos de eclesialidad, como son el ministerio y algunos sacramentos. Por lo tanto, no son verdaderas Iglesias en sentido propio.[96]

Ratzinger mantuvo una actividad constante en los últimos años del pontificado de Juan Pablo II. El 24 de enero de 2001, la congregación de Ratzinger emite un documento en el que señala "notables dificultades y ambigüedades" en el libro de Dupuis sobre el pluralismo religioso.[97] Jacques Dupuis (1923-2004) era un jesuita belga que había vivido largos años en India

---

96 En realidad, el texto se movía en la misma línea de la doctrina cristiana contenida en las enseñanzas de san Pablo y en los concilios de Nicea, Calcedonia y Vaticano II. Pero además se recordaba que, tal como se dijo en el último concilio, las comunidades eclesiales surgidas a partir de la Reforma protestante, debido a los avatares doctrinales e históricos (sobre todo por la pérdida del sacerdocio y de la sucesión apostólica), no podían ser consideradas "Iglesias en sentido propio", sino más bien eso: comunidades eclesiales. Así lo había dispuesto el concilio Vaticano II (cf. UR 22), pero la polémica estaba servida una vez más: no todos lo iban a entender (cf. F. Derwahl, *Der mit dem Fahrrad und der mit dem Alfa kam*, pp. 279-280). Se olvidó así el primer tema –la centralidad salvadora de Jesucristo–, y tan sólo se centró la polémica en este segundo aspecto. El cardenal Walter Kasper se refirió a un "problema de comunicación" a la hora de transmitir este mensaje (cf. *ibid.*, p. 284). Por su parte, el periódico *El País*, en un manifiesto firmado por Küng, Boff y otros teólogos liberacionistas, lo consideraba un desplante para el resto de las religiones (cf. *ibid.*, pp. 284-285). El 1 de octubre, Juan Pablo II ha de salir al paso en defensa del controvertido documento, en una intervención pública.

97 *Hacia una teología cristiana del pluralismo religioso* (1997), Santander, Sal Terrae, 2000.

y que no explicitaba de modo claro y exclusivo la única mediación salvadora de Jesucristo, tal como había propuesto la declaración *Dominus Iesus*. Las críticas arreciaron. Con motivo del caso Dupuis, exponía un cardenal centroeuropeo sus distancias: "Parece como si el pluralismo religioso tiene un sentido positivo para el papa [Juan Pablo] y negativo para la Congregación. [...] En mi opinión este caso pone en evidencia las dificultades con que se encuentra el trabajo de la Congregación. Pienso que debemos dejar el camino libre para la discusión".[98] Las críticas arrecian. En cualquier caso, según Weiler, "Jacques Dupuis aceptó y firmó la notificación, y se comprometió a asumir en su futuro trabajo teológico las verdades doctrinales que la notificación deseaba subrayar".[99] Aunque renunció a sus clases en la universidad Gregoriana, siguió desempeñando algunos otros cargos académicos. Tres años después falleció, a los 81 años de edad.

El 8 de marzo de 2001, el cardenal Ratzinger había denunciado que el borrador de la *Constitución europea* no defendía con claridad la libertad religiosa y las raíces cristianas de Europa. Nuevo debate, con el desgaste personal que esto llevaba consigo, además de un nuevo quebradero de cabeza para el prefecto. Poco después, Juan Pablo II aprobaba la elección del cardenal Ratzinger como decano del colegio cardenalicio, por lo que se le concede la sede suburbicaria de Ostia. El 22 septiembre de ese mismo año, el prefecto afirmaba que no estaría justificado un ataque unilateral a Irak. Como la de Juan Pablo II, la suya fue una denuncia profética. Por otra parte, la Congregación seguía trabajando a buen ritmo, pero parece que el alemán de hierro daba signos de debilidad. Sin embargo, debió seguir en el puesto. Las intervenciones públicas del cardenal prefecto dejan entrever su autoridad en distintos temas.[100]

---

98 Cf. A. Urdaci, *Benedicto XVI y el último cónclave*, Madrid, Planeta, 2005, p. 138.

99 G. Weigel, *La elección de Dios*, p. 222.

100 Otras invervenciones en 2001: 24 enero: la CDF emite una nota sobre el libro *Hacia una teología cristiana del pluralismo religioso* de Jacques Dupuis; 22 febrero: la CDF emite una nota sobre los escritos de Marciano Vidal; 26 febrero: el *Osservatore Romano* publica una rectificación firmada por Jacques Dupuis; 30 abril: Juan Pablo II publica el *motu proprio* titulado *Sacramentorum sanctitatis tutela*, y la CDF publica unas *Normas sobre la instrucción del proceso de disolución del vínculo matrimonial en favor de la fe*; 18 mayo: la CDF publica una carta

Asís y las religiones

Como muestra del mensaje que quería transmitir el prefecto respecto a la centralidad de Jesucristo, valía la pena tener un gesto. Ratzinger no había querido participar en el encuentro interreligioso en Asís que Juan Pablo II había celebrado en 1986. Sin duda quería evitar equívocos. Allí, unos monjes budistas –con toda su buena intención– pusieron una estatuilla de su maestro espiritual sobre el sagrario. De aquí podían surgir malentendidos. A pesar de todo, el papa Juan Pablo II le pidió que asistiera al siguiente encuentro, en 2002, y el prefecto no se negó.[101] Quiso, sin embargo, decir algo. Todos los allí presentes –recordaba– habían acudido a Asís en busca de la paz, tan sólo unos meses después del atentado terrorista en Nueva York, el 11 de septiembre de 2001. "Cristo es nuestra paz" (Ef 2,14), recordaba el Papa. Y continuó el prefecto:

> Para entender bien el encuentro de Asís [de 1986], me parece importante considerar que no se trató de una autorrepresentación de religiones intercambiables. No se trató de afirmar una igualdad de religiones, que no existe. Asís fue más bien la expresión de un camino, de una búsqueda, de la peregrinación por la paz que va unida a la justicia.[102]

---

sobre los delitos más graves reservados a la Congregación de la Doctrina de la Fe; 5 junio: la CDF publica una respuesta a una duda sobre la validez del bautismo de los mormones; 1 julio: la CDF publica una nota sobre el valor de los decretos doctrinales con respecto al pensamiento y a las obras de Antonio Rosmini; 17 septiembre: la CDF afirma la invalidez del diaconado femenino; 8 octubre: el cardenal Ratzinger interviene, con gran éxito, en el sínodo de obispos sobre la figura episcopal. En octubre, la CDF decide examinar las obras sobre cristología del teólogo de la liberación Jon Sobrino. Durante este año, Bernard Fellay, superior de la Fraternidad sacerdotal san Pío X, mantiene conversaciones con la Santa Sede.

101 Cf. A. Tornielli, *Ratzinger, custode della fede*, pp. 198-199.

102 "El esplendor de la paz de Francisco", *30 días*, 1, 2002, p. 10.
Para ilustrar esto ponía el ejemplo –de quién si no– del *poverello* de Asís, aunque de igual manera contenía claras alusiones a los actuales conflictos de los occidentales con el terrorismo islámico. "También antes de su conversión Francisco era cristiano, así como lo eran sus paisanos. Y también estaba formado por cristianos el victorioso ejército de Perusa que lo arrojó a una mazmorra. Solamente entonces, cuando estaba derrotado, prisionero y sufría, comenzó a pensar el cristianismo de una manera nueva. Y sólo después de esta experiencia le fue posible oír y comprender la voz del Crucificado que le habló en la pequeña iglesia en ruinas de san Damián [...]. Sólo entonces conoció verdaderamente a Cristo y comprendió que tampoco

La misión actual de los cristianos resulta pues clara, tal como relataba el entonces arzobispo Ratzinger en una anécdota de 1978.

> No hace mucho tiempo, recibí la visita de dos obispos sudamericanos, con quienes hablé tanto de proyectos sociales como de sus experiencias y fatigas personales. Me hablaron de la intensa campaña de propaganda desarrollada en aquel país tradicionalmente católico por las 100 confesiones cristianas reformadas [allí presentes], que estaban cambiando el panorama religioso de aquella nación. La conversación derivó hacia una curiosa anécdota que ellos consideraban sintomática y que les llevó a hacer examen de conciencia sobre el rumbo que había tomado la Iglesia en Sudamérica desde finales del concilio. Me contaron que unos delegados de una aldea visitaron al obispo, para comunicarle que se habían pasado a una comunidad evangélica. Aprovecharon la ocasión para agradecerle todos sus esfuerzos sociales, todas esas cosas tan bonitas que habían hecho por ellos en todos esos años y que sabían apreciar. "Pero además necesitamos –añadieron– una religión, y por eso nos hemos hecho protestantes".[103]

---

las cruzadas eran el modo de defender los derechos de los cristianos en Tierra santa [...]. De este hombre, Francisco, que respondió plenamente a la llamada de Cristo crucificado, sigue emanando el resplandor de una paz que convenció al sultán y que puede derribar todas las murallas. Si como cristianos emprendemos el camino hacia la paz, siguiendo el ejemplo de Francisco, no debemos temer perder nuestra identidad: es justamente entonces cuando la encontramos [...]. No, si nos dirigimos seriamente hacia la paz, entonces estaremos en la senda del Dios de la paz (Rm 15,32), cuyo rostro se ha hecho visible a los cristianos por la fe en Cristo" (*ibid.*, pp. 11-12).

Otros acontecimientos en 2002: Juan Pablo II aprueba la elección del cardenal Joseph Ratzinger como decano del colegio cardenalicio, por lo que se le concede la sede suburbicaria de Ostia; 24 de enero: Ratzinger asiste al encuentro interreligioso por la paz en Asís, haciendo después un balance positivo del mismo; en abril, al cumplir 75 años, el cardenal Ratzinger presenta su dimisión por motivos de salud.; 5 de agosto: la CDF publica un decreto de excomunión de unas mujeres "ordenadas" por un obispo cismático; 22 de septiembre: el cardenal Ratzinger afirma que no estaría justificado un ataque unilateral a Irak; 24 de noviembre: la CDF publica una *Nota doctrinal sobre el comportamiento y la conducta de los católicos en la vida política*; 21 de diciembre: la CDF rechaza el recurso de algunas mujeres excomulgadas.

103 *Teoría de los principios teológicos. Materiales para una teología fundamental*, Barcelona, Herder, 1985, p. 157.

Necesitaban también que les anunciaran a Cristo crucificado y resucitado.

De hecho, en esto quería emplear los últimos años de su vida. Como le escribía a González de Cardedal en una carta, Ratzinger quería dedicarse solamente a sus libros y, en concreto, a la figura de Cristo: "He renunciado a dar conferencias. Los años que Dios todavía me dé quiero dedicarlos a un libro sobre Jesucristo, en la línea de lo que fue la gran obra de Romano Guardini, *El Señor*".[104] Y este propósito lo irá cumpliendo en el futuro con los distintos volúmenes del *Jesús de Nazaret* (2007-2012). Demasiados frentes, demasiados problemas, que sin embargo no le impiden acordarse de lo esencial.

> No olvido la expresión de sorpresa cuando le pregunté –cuenta Messori– si dormía bien el cardenal prefecto de la Congregación de la Doctrina de la Fe. Se levantaba entonces la protesta clerical y llegaban a su mesa de trabajo informes inquietantes desde todas las partes del mundo. Y con sorpresa me respondió: "Una vez hecho el examen de conciencia y rezadas mis oraciones, ¿por qué no voy a dormir tranquilo? Si me quedara intranquilo no me tomaría en serio el evangelio que nos recuerda, sin adulación, que cada uno de nosotros es un 'siervo inútil '. Hemos de hacer nuestro deber, pero siendo conscientes de que la Iglesia no es nuestra: es de aquel Cristo que quiere que seamos sus instrumentos, pero que él permanece como el señor y como nuestro guía. Se nos pedirá cuentas por nuestro esfuerzo, no por los resultados".[105]

---

104 Cf. O. González de Cardedal, *Ratzinger y Juan Pablo II*, Salamanca, Sígueme, 2005, p. 35.

105 V. Messori, "Messori ed il quarto anniversario dell'ascesa al trono di Pietro di Benedetto XVI", *Corriere della Sera* (20 de abril de 2009).
Enumeramos aquí algunas intervenciones más que realizará el cardenal Ratzinger en los años siguientes. En 2003: 16 de enero: la CDF publica una nota doctrinal sobre algunas cuestiones relativas al compromiso y a la conducta de los católicos en la vida política; 25 de enero: la CDF emite una nota donde se informa acerca de la suspensión *a divinis* de Franco Barbero, por bendecir uniones homosexuales; 1 de febrero: Ratzinger mantiene un diálogo con el filósofo Jürgen Habermas sobre ética, religión y estado liberal, en el marco de la Academia católica de Baviera; 2 de febrero: Juan Pablo II encarga al prefecto Ratzinger la elaboración de un compendio del *Catecismo de la Iglesia católica*; 9 de abril: el prefecto de la CDF habla sobre la libertad en la política, para explicar el documento recientemente publicado por su congregación; 4 de mayo: el presidente de la Pontificia Comisión Bíblica preside la celebración de los

100 años de este organismo vaticano; 3 de junio: la CDF publica una nota sobre los proyectos de reconocimiento legal de las uniones entre personas homosexuales; 31 de julio: la CDF publica *Consideraciones acerca de los proyectos de reconocimiento legal de uniones entre homosexuales*.

En 2004: 27 de marzo: el cardenal Ratzinger preside en Viena el funeral del cardenal Franz König; 31 de mayo: la CDF publica una carta sobre la colaboración del hombre y de la mujer en la Iglesia y en el mundo; el prefecto de la CDF escribe una carta a los obispos estadounidenses, en la que recuerda la obligación de negar la comunión a los políticos que defienden el aborto; en el mes de julio la CDF envía a Jon Sobrino, a través del superior de los jesuitas, Peter Hans Kolvenbach, un elenco de proposiciones erróneas o peligrosas encontradas en los libros de cristología; 10 de julio: el cardenal prefecto escribe a los presidentes de algunas conferencias episcopales diciendo que, tras las clarificaciones formuladas por la señora Vassula Rydén, "la situación ha cambiado"; 31 de julio: Ratzinger presenta en Roma el documento de la CDF sobre la misión de la mujer en la Iglesia; 11 de agosto: el prefecto envía una carta a los obispos estadounidenses, en donde les recuerda que un político católico no puede ser admitido a la comunión eucarística si es defensor del aborto; 13 de diciembre: la CDF publica una notificiación sobre el libro *Jesús símbolo de Dios*, de Robert Haight.

En 2005: 11 de febrero: la CDF publica una nota sobre el sacramento de la unción de los enfermos; 24 de febrero: el cardenal Ratzinger celebra en la catedral de Milán el funeral por don Luigi Giussani, fundador de Comunión y Liberación; 27 de marzo: con motivo de la enfermedad de Juan Pablo II, preside la vigilia pascual en la basílica de san Pedro, en el Vaticano. Días antes había dirigido el rezo del *viacrucis* en el Coliseo; 1 de abril: el cardenal Ratzinger recibe el premio san Benito, y reclama la defensa de la vida y la familia en la sociedad actual; 2 de abril: Juan Pablo II fallece a las 21:37, tras dos días de agonía. Joseph Ratzinger es uno de los últimos en despedirse de él. Días después, preside la concelebración de la misa funeral en la plaza de San Pedro, en el Vaticano; 18 abril: en la misa *pro eligendo pontifice* con los cardenales electores, el decano denuncia la dictadura del relativismo.

V. Papa

El filósofo posmarxista Jürgen Habermas (n. 1929) llamó a Benedicto XVI "amigo de la razón",[1] mientras el escritor Francisco Umbral, al final de un artículo ligeramente elogioso, afirmaba: "El pensamiento religioso ha sido acorralado, durante el siglo XX, por el pensamiento laico o ateo. Ratzinger puede debatir cara a cara con los íconos del ateísmo sin apearse de sus zapatos rojos".[2] Pera, Flores d'Arcais o Galli della Loggia son algunos otros nombres de filósofos e intelectuales que han debatido con el actual pontífice. El Papa alemán reclama una razón abierta que más que una postura nostálgica y antimoderna –como sugirió el mismo Habermas–[3] sería una propuesta posmoderna, en el sentido más profundo y esperanzador, como la calificó el también alemán Walter Kasper.[4] Un antiguo alumno suyo de Ratisbona –en la actualidad, cardenal de Viena– se preguntaba:

1 Cf. A. Kissler, *Der deutsche Papst. Benedikt XVI. und seine schwerige Heimat*, Friburgo-Basilea-Viena, Herder, 2005, p. 153.

2 F. Umbral, "Benedicto XVI", *El Mundo*, 29 de abril de 2005, p. 52.

3 Cf. J. Habermas, "Ein Bewusstsein von dem, was fehlt. Über Glauben und Wissen und den Defaitismus der modernen Vernunft", *Neue Zürcher Zeitung*, 34, 10 de noviembre de 2007, p. 30 y ss. [en línea] disponible en <http://www.nzz.ch/2007/02/10/li/articleEVB7X.html> (consulta: 13 de mayo de 2008).

4 Cf. W. Kasper, "Glaube und Vernunft. Zur protestantischen Diskussion um die Regensburger Vorlesung von Papst Benedikt XVI", *Stimmen der Zeit*, 4, 2007, pp. 219-228.

¿Quién es el Papa actual a partir de su historia personal? Es un teólogo especialmente dotado e inteligente. No dudó en decir que es el último de los grandes teólogos de la generación del concilio: De Lubac, Congar, Rahner, Balthasar. Es el más joven del amplio abanico de teólogos que marcaron el Vaticano II, y es ciertamente uno de los grandes por su capacidad espiritual y teológica.[5]

V.I. Un pontificado de ideas

"Espero que el lector de mi texto comprenda inmediatamente que esta frase no expresa mi valoración personal con respecto al Corán, hacia el cual siento el respeto que se debe al libro sagrado de una gran religión".[6] Estas palabras fueron escritas por Benedicto XVI tras la polémica creada a propósito de la famosa cita del discurso pronunciado en Ratisbona el 12 de septiembre de 2006. Algunos lo relacionaron con lo ocurrido cinco años y un día antes. Sin embargo, una simple lectura del texto ayuda a descubrir que no es éste –razón e islam– el único tema allí tratado. Tal como explicó Karl Lehmann (n. 1936), entonces presidente de la Conferencia episcopal alemana, "el discurso del papa Benedicto XVI no estaba centrado en torno al islam, sino en torno a un tema que el teólogo Joseph Ratzinger había abordado desde el principio de su carrera en el año 1959: la relación entre fe y razón".[7] Aquél era, en principio, un discurso sobre todo universitario, dirigido a un auditorio

5 "Cardenal austriaco en espera del Papa: El cristianismo, la vía del futuro (I). Entrevista al cardenal Christoph Schönborn", *Zenit*, 3 de septiembre de 2007.

6 Benedikt XVI, "Glaube, Vernunft und Universität. Erinerungen und Reflexionen", AA.VV., *Glaube und Vernunft. Die Regensburger Vorlesung. Kommentiert von Gesine Schwan, Adel Theodor Khoury, Karl Kardinal Lehmann*, Friburgo, Herder, 2006, n. 3, p. 16.

7 K. Lehmann, "Exkurs. Zum Zitat des Kaisers Manuel II. Palaiologos im Disput mit dem persischen Gelehrten Mudarris in der Regensburger Vorlesung von Papst Benedikt XVI. am 12.9.2006", en *Chancen und Grenzen des Dialogs zwischen den "abrahamitischen Religionen"*. Vortrag beim St. Michael-Jahresempfang des Kommissariates der deutschen Bischöfe am 19. September 2006 in der Katholischen Akademie in Berlin, *ibid.*, pp. 132-133.

centroeuropeo.[8] Pero la globalización lo sacó de contexto. También es cierto que estas palabras han suscitado un interesante debate intelectual, y han relanzado el diálogo entre cristianos y musulmanes. Las relaciones entre fe y razón en las distintas religiones –Atenas, Jerusalén y La Meca– tienen sin embargo una historia precedente. En estas páginas intentaremos mostrar algunas de las voces que han intervenido en este debate, y por qué el concepto de razón abierta o "ampliada" (al amor, al arte, a la ética y la religión) nos parece más posmoderna que premoderna. Después analizaremos otras instancias –como sus propuestas en torno al amor y la esperanza– y las principales ideas que el papa Ratzinger está proponiendo durante este pontificado.[9]

El "Papa de la razón"

En un primer momento, la relación entre fe y razón era para Ratzinger un tema más bien europeo y occidental, pero también es cierto que se ha globalizado. En una entrevista realizada en Montecassino –junto a san Benito, el primer patrono de Europa–, el entonces cardenal Ratzinger hablaba, al comenzar el nuevo milenio, de la necesidad de la razón, en la que encontraba las mismas raíces y la entraña de la civilización occidental.

> Es verdad que la fe no es un entramado de imágenes cualesquiera que uno pueda forjarse al propio antojo. La fe asalta nuestra inteligencia porque expone la verdad, y porque la razón está creada para la verdad. En este sentido, una fe irracional no es una verdadera fe cristiana. La fe desafía nuestra

8 Cf. P. Blanco, "La razón en el cristianismo. Una reivindicación de Joseph Ratzinger", *Scripta Theologica*, 37 (2005/2) 597-613; "Logos. Joseph Ratzinger y la historia de una palabra", *Límite*, 14 (1), 2006, pp. 57-86; "Fe, razón y amor. Los discursos de Ratisbona", *Scripta Theologica*, 39 (3), 2007, pp. 767-782; "Razón, islam y cristianismo. El debate suscitado por Benedicto XVI", *Scripta Theologica*, 41 (1), 2009, pp. 199-225.

9 Sobre este particular se habían pronunciado también antes, por ejemplo: J. B. Metz, "Anamnetische Vernunft. Anmerkungen eines Theologen zur Krise der Geisteswissenschaften", en A. Honneth (ed.), *Zwischenbetrachtungen. Im Prozeß der Aufklärung. Jürgen Habermas zum 60. Geburtstag*, Fráncfort del Meno, Suhrkamp, 1989, pp. 733-738. Esta postura ha sido, a su vez, criticada en J. Habermas, "Israel oder Athen: Wem gehört die anamnetische Vernunft? Johann Baptist Metz zur Einheit in der multikulturellen Vielfalt", en J. Habermas, *Vom sinnlichen Eindruck zum symbolischen Ausdruck*, Fráncfort del Meno, Suhrkamp, 1997, pp. 98-111; P. Blanco, "Logos. Joseph Ratzinger y la historia de una palabra", pp. 57-86.

comprensión. Y en esta conversación también intentamos averiguar que todo esto –empezando por la creación hasta llegar a la esperanza cristiana– es una formulación inteligente que nos presenta algo razonable. En este sentido, se puede demostrar también que la fe se adecua a la razón.[10]

De hecho, más adelante, citaba ahí las palabras de Benito de Nursia, en las que afirmaba que la gramática –la razón– era necesaria para alcanzar el amor de Dios.[11]

Era indudable lo arriesgado del intento. Ante la dificultad de esta empresa universalista, Ratzinger proponía que la solución no se encontraba tan sólo en la ética, sino también en la mutua interrelación entre razón y religión, tal como acordó con Jürgen Habermas. "Hemos visto –concluía ahí el cardenal bávaro– que en la religión hay patologías altamente peligrosas, las cuales hacen necesario reconocer la luz divina de la razón como una especie de órgano de control por el que la religión debe dejarse purificar y regular una y otra vez, cosa que ya pensaban los Padres de la Iglesia. Pero nuestras consideraciones han puesto también de manifiesto –y la humanidad hoy, en general, no se da cuenta de ello– que también hay patologías de la razón, una arrogancia *(hybris)* de la razón que no es menos peligrosa;

10 J. Ratzinger, *Dios y el mundo. Creer y vivir en nuestra época*, Barcelona, Galaxia Gutenberg-Círculo de Lectores, 2002, p. 40.

11 Cf. *ibid.*, p. 370.
Por eso el cardenal Ratzinger abogaba por una purificación de la cultura occidental, a veces propiciada por el entorno multicultural en que nos encontramos. Para mantener su propia identidad –volvía a insistir–, la religión desempeña aquí un papel determinante. "Seguramente no puede subsistir sin un respeto a lo que es sagrado" *(ibid.)*. También en el famoso debate entre Jürgen Habermas y Joseph Ratzinger en la Academia católica de Múnich, en enero de 2004, el anterior prefecto se preguntaba acerca de la posibilidad del proyecto de una "ética mundial" *(Weltethos)*, tal como había propuesto antes Hans Küng (n. 1928). "La cuestión de qué es el bien, especialmente en el contexto actual, y de por qué hay que hacerlo incluso en perjuicio propio– es una pregunta fundamental, todavía sin respuesta" (*ibid.*, p. 68). Aquí, la razón y la conciencia volvían a tener un protagonismo clave, para poder alcanzar ese bien común a todos, creyentes, agnósticos y no creyentes. Tal vez el ejemplo de Habermas (de quien Metz dijo que no se le podía reconocer como un pensador postmetafísico, pues había reconocido el valor veritativo de las distintas tradiciones religiosas) podía ser esperanzador en este sentido.

> más aún, si consideramos su efecto [destructor] potencial: llámese bomba atómica o ser humano entendido como mero producto. Por eso también se le debe exigir a la razón que, a su vez, reconozca sus límites, y que aprenda a escuchar a las grandes tradiciones religiosas de la humanidad. Si se emancipa del todo y renuncia a su propia capacidad de aprender, si renuncia a la interrelación, se vuelve destructiva.[12]

Sólo después de esta recíproca purificación entre razón y religión –y de que cada una haya sido curada de sus propias patologías por la otra–, Occidente estará en perfectas condiciones para poder dialogar con las demás culturas, concluía.[13]

Ratzinger veía también que la razón tiene una importante utilidad para la política y la democracia, pues evita tiranías tanto del individuo como del número.

> La decisión por mayoría es –en muchos casos– la "vía más razonable" para llegar a soluciones comunes. Pero la mayoría no puede ser el último criterio; hay derechos que ninguna mayoría tiene derecho a abrogar. La matanza de inocentes nunca puede ser elevada a derecho por parte de ningún poder. También se trata aquí, en última instancia, de defender la razón: la razón –la razón moral– es superior a la mayoría.[14]

---

12 "Vorpolitische moralische Grundlagen eines freiheitlichen Staates. Stellungnahme J. Kard. Ratzinger", 2004 [en línea] disponible en <http://www.sbg.ac.at/sot/texte/kath.ak.-habermas-ratzinger-teil2.doc +habermas-ratzinger&hl=es>; aparece una traducción al castellano, con el título "Diálogo entre la razón y la fe", en *La Vanguardia*, 1 de mayo de 2004, p. 29.

13 Sobre este tema, puede verse L. Rodríguez Duplá, "El diálogo entre fe cristiana y razón secularizada: el 'caso Habermas'", *Estudios Trinitarios*, 39, 2005, pp. 93-102; M. Jiménez, *Debate entre el filósofo liberal Jürgen Habermas y el cardenal Joseph Ratzinger* [en línea] disponible en <http://www.mercaba.org/ARTICULOS/D/debate_Habermas_Ratzinger.htm> (consulta: 5 de mayo de 2008). Sobre este tema ha aparecido más adelante: A. Honneth, *Patologías de la razón. Historia y actualidad de la Teoría Crítica* (t.o.: *Pathologien der Vernunft. Geschichte und Gegenwart der Kritischen Theorie*, Fráncfort del Meno, Suhrkamp Verlag, 2007), Buenos Aires, Katz Editores, 2009.

14 *Europa. Raíces, identidad, misión*, Madrid, Ciudad Nueva, 2005, p. 64.

También con este intercambio entre razón y religión, la ética saldría ganando, tal como argumenta el mismo Ratzinger al hilo de un recuerdo:

> En mi debate con el filósofo Flores d'Arcais [n. 1944] tocamos precisamente este punto: los límites del principio del consenso. El filósofo [de tradición agnóstica] no podía negar que existen valores que ni siquiera las mayorías pueden poner en tela de juicio. Ahora bien ¿cuáles? Ante este problema, el moderador del debate, Gad Lerner [n. 1954], planteó la pregunta: ¿por qué no tomar como criterio el decálogo? Y es que en realidad el decálogo no es propiedad privada de judíos o cristianos. Es una expresión altísima de razón moral que, como tal, coincide ampliamente también con la sabiduría de las grandes culturas. Referirse de nuevo al decálogo podría ser esencial precisamente para regenerar la razón, para dar un nuevo impulso a la *recta ratio*.[15]

[15] *Ibid.*, p. 66; cf. p. 87.
Es más, Ratzinger acaba proponiendo la razón como una condición fundamental para la paz en el mundo en las circunstancias actuales. De esta forma concluía de un modo algo taxativo: "En esta situación es de vital importancia la relación entre razón y religión, y que la búsqueda de su justa relación se sitúe en lo más profundo de nuestra preocupación por la paz. Cambiando una frase de Hans Küng (*keine Weltfriede ohne Religionsfriede:* 'no habrá paz en el mundo sin una paz entre las religiones'), yo diría que –sin paz entre la razón y la fe– no puede haber tampoco paz en el mundo, porque sin paz entre razón y religión se secan las fuentes de la moral y del derecho" (*ibid.*, p. 93). La religión sin razón se vuelve fundamentalista, ciega y ajena a toda ética y a cualquier derecho, hasta llegar a los mismos extremos del terrorismo en nombre de Dios. La razón sin religión también se pierde y desorienta, hasta alcanzar, de igual modo, la muerte y las ideologías totalitarias. Por el contrario, el futuro y la solución para ambas locuras contrarias radica en un *etsi Deus daretur*; en un replantear el intento ilustrado en clave creyente. Por eso, el cometido de los cristianos resulta especialmente importante en la actualidad. "Los cristianos estamos hoy llamados, no a poner límites a la razón y a oponernos a ella, sino a negarnos a que se reduzca al ámbito del hacer y a luchar para poder percibir lo que es bueno y a Aquel que es bueno, y lo que es santo y a Aquel que es santo. Sólo así se libra una auténtica batalla en favor del hombre y contra la deshumanización. Sólo una razón que esté abierta también a Dios, sólo una razón que no relegue la moral al ámbito de lo subjetivo o que la reduzca al mero cálculo, puede oponerse a instrumentalizar la idea de Dios y a las patologías de la religión. Y puede ofrecer curación" (*ibid.*, pp. 96-97. Sobre este tema puede verse también L. Rodríguez Duplá, "Presentación", en J. Habermas y J. Ratzinger, *Dialéctica de la secularización. Sobre la razón y la religión*, Madrid, Encuentro, 2006, pp. 14-16; recensión de este libro, J. A. García Cuadrado en *Scripta Theologica*, 39 (3), 2007, pp. 913-918.

La relación entre fe y razón volverá a surgir, sin embargo, en el discurso pronunciado en Subiaco el 1 de abril de 2005, justo un día antes de que muriera Juan Pablo II. El texto estaba presentado por el filósofo de la ciencia Marcello Pera (n. 1943), quien se reconocía como no creyente, a la vez que aceptaba el pascaliano *veluti Deus daretur*. Era el desafío que Ratzinger había lanzado al agnosticismo y al laicismo dominantes en la cultura europea actual. La propuesta del teólogo alemán es un cristianismo capaz de entrar en diálogo con la modernidad europea y, más en concreto, con el espíritu de la Ilustración que ha conquistado la libertad, la democracia y los derechos humanos en gran parte del mundo occidental; pero que a la vez –al verse privada de sus raíces cristianas– esta misma modernidad llega a las claras y desastrosas incongruencias que hemos podido apreciar y sufrir a lo largo del siglo pasado. "Un árbol sin raíces se seca",[16] concluía el cardenal. Por eso el futuro de occidente y del mundo empieza por la defensa de la vida humana –tal como hemos visto– y de la razón, sostenía Ratzinger. El cristianismo, desde el principio, se ha comprendido a sí mismo como la religión del *logos*, como la religión según la razón. No ha buscado sus orígenes en otras religiones, sino en la ilustración filosófica que le había preparado el camino en las tradiciones que buscaban la verdad y el bien, el único Dios por encima de los dioses. "En este sentido, la Ilustración es de origen cristiano y se ha dado sólo en el ámbito de la fe cristiana. [...] Y ha sido mérito de la Ilustración el haber vuelto a proponer estos valores originales del cristianismo, y el haber devuelto a la razón su propia voz".[17]

Esta razón será capaz de entrar en diálogo con la cultura moderna y de abrirle camino hacia la fe. Ratzinger proponía ya devolver su verdadero sentido a la Ilustración y a la modernidad que han marcado los largos siglos que preceden a la cultura europea actual. Como hemos visto, la importancia de la razón era un tema del teólogo Ratzinger que ha pasado casi intacto al pontificado de Benedicto XVI. El profesor alemán no se ha quitado el birrete académico al acceder al solio pontificio. El discurso de Ratisbona es tan

16 *L'Europa di Benedetto nella crisi delle culture*, Siena, Cantagalli, 2005, p. 52.

17 *Ibid.*, pp. 57-58.

sólo un ejemplo de una larga serie. De hecho, las palabras pronunciadas en la ciudad bávara suscitaron respuestas en todo el mundo: en la "aldea global" que habitamos el mensaje ha trascendido el ámbito confesional y geográfico en que fue pronunciado. Por ejemplo, desde París, el filósofo André Glucksmann (n. 1937) valoraba el debate suscitado por la conocida conferencia.[18] "El discurso de Ratisbona –afirmaba–, al poner el reto de la violencia en el centro del diálogo entre las religiones y del debate entre creyentes y no creyentes, llega al meollo de la cuestión, en el que se decide el destino del siglo XXI".[19] Le parece por tanto que aborda una cuestión crucial. Es más, al sacar a colación el tema de la razón, "el discurso de Ratisbona se basa de modo implícito en la fuerza que ha acabado con el Telón de Acero y derribado el Muro de Berlín".[20] La fuerza de la razón sigue abatiendo muros en la actualidad, y Benedicto XVI confía en que ella pueda derribar en el futuro tantos otros que siguen todavía en pie. El intento –resume Glucksmann– supondría alcanzar este deseado diálogo entre razón y religión, análogo a cómo el cristianismo logró en su día la unión –en palabras del Papa– entre "la fe bíblica y el interrogarse griego". "La alternativa entre razón y violencia –concluye– no sitúa a las religiones la una contra la otra, sino que sitúa a cada una de frente a sí misma".[21]

---

18 A. Glucksmann, "Lo spettro di Tiffone", AA.VV., *Dio salvi la ragione*, Siena, Edizioni Cantagalli, 2007, pp. 93-113.

19 *Ibid.*, p. 93.

20 *Ibid.*, p. 105.

21 *Ibid.*, pp. 98-99.
La voz de la razón y la de Dios no pueden ser contradictorias, recordaba también el filósofo francés. De modo que la fe debe pensar y la razón puede también creer sin perder –más bien, al contrario– ninguno de sus derechos, puesto que más bien los ampliaría. "La lechuza de Minerva –afirma con brillantez–, que ve en la oscuridad y vuela por la noche, debe velar apoyada en el hombro del hombre de fe" (*ibid.*, p. 107). Precisamente para evitar las locuras de la razón –Hiroshima o Auschwitz, se recuerdan allí–, la razón debe dejarse orientar por la verdad revelada. Un pensamiento débil, una razón que renuncia a la búsqueda de la verdad se convierte en una razón cerrada e incluso "suicida". Se requiere una razón fuerte –no fundamentalista, por tanto– no sólo para superar el relativismo y conocer el bien y los valores, sino también para conocer el mal. Si la verdad no existe, todo me está permitido: no existe el mal. "El nihilismo se esfuerza por convertir el mal en algo invisible, impensable, indecible. Contra semejante devastación mental y mundial, el discurso de Ratisbona apela a 'la fe bíblica' y a 'los interrogantes de la razón' para renovar sin cortapisas una alianza que espero que

El amor y la esperanza

Pero el "Papa de la razón" está resultando también el pontífice del amor y la esperanza, a juzgar por sus tres primeras encíclicas. En la primera, titulada *Dios es amor* (2005), hace una declaración de intenciones, donde se afronta el desafío lanzado a la civilización en la actualidad por parte de las ideologías y de los fundamentalismos de distinto signo. Será éste también el tema del discurso de Ratisbona, pronunciado al año siguiente.

> En un mundo en el cual a veces se relaciona el nombre de Dios con la venganza o incluso con la obligación del odio y la violencia, éste es un mensaje de gran actualidad y con un significado muy concreto. Por eso, en mi primera encíclica deseo hablar del amor, del cual Dios nos colma, y que nosotros debemos comunicar a los demás. [...] Mi deseo es insistir sobre algunos elementos fundamentales, para suscitar en el mundo un renovado dinamismo de compromiso en la respuesta humana al amor divino (n. 1).

He aquí el reto que proponía Benedicto XVI a la humanidad, a veces dominada por fundamentalismos, no vinculados precisamente al amor ni en el fondo a Dios (un fundamentalista –dicen los estadounidenses– es alguien que quiere cumplir la voluntad de Dios, quiera Dios... o no lo quiera).[22]

En estas circunstancias, una llamada al amor –no sólo en el seno del cristianismo– puede resultar más que oportuna. La pregunta escéptica al modo de Pilatos sigue sin embargo en pie: pero ¿es de verdad posible ese amor?[23] Esta duda escéptica ha sido formulada en tiempos recientes, incluso

---

sea definitiva y exitosa" (*ibid.*, p. 113). El nihilismo no sería por tanto tan sólo ateo, sino también irracional y por eso inhumano, a juzgar también por los resultados obtenidos.

22 Sobre este tema puede verse mi artículo "Amor, caridad y santidad. Una 'lectura transversal' de la encíclica *Deus caritas est* de Benedicto XVI", *Scripta Theologica*, 38 (3), 2006, pp. 1041-1068.

23 Así lo había declarado en la presentación a la encíclica para los lectores de *Famiglia cristiana*, que el mismo Benedicto XVI publicó el 5 de febrero de 2006: "La pregunta es la siguiente: ¿es posible amar a Dios?; más aún: ¿puede el amor ser algo obligatorio? ¿No es un sentimiento que se tiene o no se tiene? La respuesta a la pregunta es sí, podemos amar a Dios, dado que él no se ha quedado en una distancia inaccesible, sino que ha entrado y entra en nuestra vida".

desde un punto de vista filosófico. Frente a la denominada "religión del amor" se levanta la crítica del nihilismo y de parte de la posmodernidad, encarnadas en la influyente figura de Friedrich Nietzsche (1844-1900), citado expresamente en la encíclica, en su obra *Más allá del bien y del mal* (1885).[24] La influencia de este autor está fuera de duda y, por tanto, sólo se le podrá superar con un pensamiento más originario, como puede ser el mismo cristianismo una vez que se ha despojado de las adherencias extrañas añadidas a lo largo de los siglos, y que el mismo Nietzsche critica.[25]

> El filósofo alemán –resume Benedicto XVI– expresó una opinión muy difundida: la Iglesia, con sus preceptos y prohibiciones, ¿no convierte acaso en amargo lo más hermoso de la vida? ¿No pone quizás carteles de prohibido allí precisamente donde la alegría, concedida a nosotros por el Creador, nos ofrece una felicidad que nos hace pregustar algo de lo divino? (n. 3).

La Iglesia y el cristianismo han de hacer frente a esta tremenda acusación de ser los grandes "aguafiestas" de la humanidad y de negar la alegría de vivir de la condición humana. Su mensaje –afirman– consiste en coartar la libertad individual, en proponer nuevas represiones.[26]

---

24 El texto allí citado corresponde a *Jenseits von Gut und Böse*, IV, pp. 168.

25 Cf. J. de Garay, "El caballero, la muerte y el diablo. Nietzsche en nuestra cultura", *Nueva Revista*, 76, julio-agosto de 2001, p. 91.

26 Véase por ejemplo las siguientes afirmaciones de primavera de 1888, donde se advierte la contraposición Dionisos-Crucificado, vida-muerte, amor-negación del amor: Nietzsche pide "que el acto-del-sexo *(Geschlechtes Akt)* evoque profundidad, respeto, reverente respeto. Dioniso frente al 'Crucificado': ahí tenéis la antítesis. [...] El 'Dios en la cruz' es una maldición sobre la vida, una indicación para librarse de ella" (*Friedrich Nietzsche: Sämtliche Werke. Kritische Studienausgabe* [ksa], 13, pp. 266-267). Cf. J. B. Linares, "Nietzsche y la sexualidad", en AA. VV., *La sexualidad en el pensamiento contemporáneo*, Pamplona, Navarra Gráfica Ediciones, 2002, pp. 665-672.
Para hacer frente a esta tremenda acusación, el Papa alemán procede en primer lugar a un análisis histórico y recurre a la fenomenología de las religiones (Platón, Virgilio, análisis de la prostitución sagrada), con el que pretende demostrar que ese *eros* dionisíaco propuesto por Nietzsche no es precisamente el más religioso, a pesar del misticismo con que a veces se expresa este autor. "El *eros* ebrio e indisciplinado –afirmaba el Papa– no es elevación, 'éxtasis' hacia lo divino, sino caída, degradación del hombre. Resulta evidente que el *eros* necesita disciplina y purificación para dar al hombre, no el placer de un instante, sino un modo de

Encontramos pues, aquí, un rechazo de todo platonismo y de todo "amor platónico". Aunque se trata –como veíamos– de un punto de partida puramente fenomenológico, filosófico y lingüístico, apreciamos a la vez un posterior análisis más histórico y bíblico: se aborda en este momento la cuestión de la relación entre *eros* y *agape*. Tras señalar la preferencia neotestamentaria por el segundo término para designar el amor, concluye: "Este relegar la palabra *eros*, junto con la nueva concepción del amor que se expresa con la palabra *agape*, denota sin duda algo esencial en la novedad del cristianismo, precisamente en su modo de entender el amor" (n. 3). De esta manera se unen el *eros* con el *agape*, el amor humano con el divino, lo corporal con lo espiritual, superando así la contraposición entre lo dionisíaco y lo apolíneo que proponía Nietzsche.[27] No se da, por tanto, una relación dialéctica o de oposición entre ambos –como tampoco se podía mantener un antagonismo entre alma y cuerpo–, a pesar de que en alguna ocasión lo hayan visto así también algunos autores cristianos (tal vez era ésta la visión contra la que se dirigía la dura crítica de Nietzsche).[28] Por el contrario, para la mayor parte

hacerle pregustar en cierta manera lo más alto de su existencia, esa felicidad a la que tiende todo nuestro ser" (n. 4). Además, Benedicto XVI quiere ofrecernos un examen de la situación paso a paso: su propuesta procede así poco a poco, de modo analítico, casi académico. Empecemos –dice– por las cuestiones terminológicas. Nos enfrenta así a una cuestión semántica, a un problema de lenguaje, y aborda una premisa terminológica: ¿es todo amor?, ¿cuál es el amor por excelencia?, ¿cómo hacer que la polisemia no caiga en la arbitrariedad?
"En toda esta multiplicidad de significados destaca –como arquetipo por excelencia– el amor entre el hombre y la mujer, en el que intervienen inseparablemente el cuerpo y el alma, y en el que se le abre al ser humano una promesa de felicidad que parece irresistible" (n. 2). El amor entre hombre y mujer –de alma y cuerpo– es el sentido más real y común de la palabra amor, y su modelo paradigmático. El cristianismo rechaza por tanto todo el dualismo antropológico que refleja la irónica anécdota de René Descartes: "El epicúreo Gassendi, bromeando, se dirigió a Descartes con el saludo: '¡Oh Alma!'. Y Descartes replicó: '¡Oh Carne!'" (n. 5; cf. R. Descartes, *Œuvres*, ed. V. Cousin, vol. 12, París, 1824, p. 95 y ss.). Se recuerda de este sencillo modo una vez más la "unitotalidad" de la persona humana, sin ceder ni ante espiritualismos, dualismos o materialismos unilaterales. Será éste por tanto un presupuesto antropológico propio del cristianismo, olvidado sin embargo en alguna ocasión, también por pensadores cristianos (cf. Comisión Teológica Internacional, *Comunión y servicio. La persona humana creada a imagen de Dios*, 24 de julio de 2004, nn. 26-31).

27 Cf. J. B. Linares, "Nietzsche y la sexualidad", pp. 663-665.

28 Así, por ejemplo, en el planteamiento derivado de la teología dialéctica de origen calvinista, pero que hizo también fortuna en el seno del luteranismo. Como se sabe, Lutero apostó de modo más bien unilateral a favor de la *theologia crucis*, olvidándose en parte de la *theologia*

de los pensadores cristianos, el alma y el cuerpo, el *eros* y el *agape* se encuentran unidos desde el origen, y nuestra futura condición escatológica asume la unidad psicosomática de todo el ser humano.[29]

Esta falsa contraposición se explica muy bien en la encíclica.

> A este propósito –añade más adelante Benedicto XVI, al referirse a otra concepción dualista que enfrenta *eros* y *agape*–, nos hemos encontrado con las dos palabras fundamentales: *eros* como término para el amor "mundano" y *agape* como denominación del amor fundado en la fe y plasmado por ella. Con frecuencia, ambas se contraponen, una como amor "ascendente", y como amor "descendente" la otra. [...] A menudo, en el debate filosófico y teológico, estas distinciones se han radicalizado hasta el punto de contraponerse entre sí: lo típicamente cristiano sería el amor descendente, oblativo, el *agape* precisamente; la cultura no cristiana, por el contrario, sobre todo la griega, se caracterizaría por el amor ascendente, vehemente y posesivo, es decir, el *eros*. Si se llevara al extremo este antagonismo, la esencia del cristianismo quedaría desvinculada de las relaciones vitales fundamentales de la existencia humana y constituiría un mundo del todo singular, que tal vez podría considerarse admirable, pero netamente apartado del conjunto de la vida humana (n. 7).

El cristianismo no ha buscado la contraposición entre lo griego y lo bíblico, sino que ha encontrado la síntesis entre ambos mundos, como consecuencia –inmediata y remota al mismo tiempo– de la doctrina de la encarnación. Así, por ejemplo, el *logos* griego se funde con el *dabar* bíblico, la razón con la fe, la filosofía con la teología, Atenas con Jerusalén, en definitiva.[30]

---

gloriae, que recordaba la encarnación y sus consecuencias en la naturaleza humana. Cf. A. Nygren, *Eros und agape: gestaltwandlungen der christlichen Liebe*, Gütersloh, Evangelischer Verlag, 1930. Véase también O. González de Cardedal, "Una encíclica: ¿trivialidad o genialidad?", *ABC*, 13 de febrero de 2006, p. 3.

29 Cf. Comisión Teológica Internacional, *Comunión y servicio. La persona humana creada a imagen de Dios*, 24 de julio de 2004, nn. 21-24.

30 Cf. P. Blanco Sarto, *Joseph Ratzinger. Razón y cristianismo*, Madrid, Rialp, 2005, pp. 15-38, 58-68.

El cristianismo se expresa en la dinámica inclusiva del *et-et*, y no en la dialéctica excluyente del *aut-aut*. Algo análogo ocurre con estos dos tipos de amor. Esta contraposición dialéctica debe ser superada, tal como se nos propone.

> En realidad, *eros* y *agape* –amor ascendente y amor descendente– nunca llegan a separarse del todo. Cuanto más encuentran ambos –aunque en diversa medida– la justa unidad en la única realidad del amor, tanto mejor se realiza la verdadera esencia del amor en general" *(ibid.)*. El amor humano que empieza siendo un apasionado *eros*, bien puede convertirse con el tiempo en *agape*, siempre que se den determinadas condiciones de entrega y purificación.
>
> Así, el momento del *agape* se inserta en el *eros* inicial; si no, se desvirtúa y pierde también su propia naturaleza. Por otra parte, el hombre tampoco puede vivir exclusivamente del amor oblativo, descendente. No puede dar siempre y de modo unívoco; también debe recibir. Quien quiere dar amor, debe a su vez recibirlo como don *(ibid.)*.

El amor se hace de dar y recibir –recuerda en términos del personalismo y de la filosofía del diálogo–, y esta condición de posibilidad será especialmente importante para el amor cristiano. Por eso ambos amores son complementarios: el *eros* se eleva y perfecciona con el *agape*, a la vez que se da su contrario: incluso el *agape* más elevado necesita del *eros* humano.[31] En

[31] En unos ejercicios predicados en 1986 en Collevalenza, el cardenal Ratzinger hablaba ya de esta separación entre *eros* y *agape*. "Lo primero que hay que hacer es oponerse a una tendencia que pretende separar *eros* y amor religioso, como si fueran dos realidades completamente diversas. De esta forma se deformarían ambos, pues un amor que sólo quiera ser 'sobrenatural' pierde su fuerza, mientras que –por otra parte– encerrar el amor en lo finito, su secularización y separación de la dinámica hacia lo eterno, falsifica también el amor terreno, que conforme a su esencia es sed de plenitud infinita" (*Mirar a Cristo. Ejercicios de fe, esperanza y amor*, Edicep, Valencia, 1990, p. 93). Cf. También el artículo de 1962 titulado: "*Gratia praesuponit naturam*. Consideraciones sobre el sentido y los límites de un axioma escolástico", en *Palabra en la Iglesia*, Salamanca, Sígueme, 1976, pp. 130-146.
En esta línea se encuentran las siguientes afirmaciones: "Un yo destruido no puede amar. Aquí resulta también cierto que la gracia no anula, sino que supone la naturaleza. Respecto a esto, podríamos recordar las palabras de san Pablo, cuando afirma que no existe primero lo

esta línea estaría la traducción libre que hacía un autor del siglo pasado del famoso versículo de san Juan que da título a la encíclica: "Dios es cariño", repetía al querer destacar la dimensión humana de la caridad cristiana.[32]

La encíclica sobre la esperanza *Spe salvi* ("Salvados por la esperanza": Rm 8,21) apareció con fecha del 30 de noviembre de 2007, un año después de la dedicada a la caridad.[33] Para situarnos, vayamos a los orígenes en el pensamiento alemán. El "principio-esperanza" de Ernst Bloch (1885-1977)[34] y la "teología de la esperanza" propuesta por el teólogo evangélico Jürgen Moltmann (n. 1926) habían sido los comienzos teóricos de posteriores desarrollos teóricos y teológicos. En 1964, Moltmann había publicado con gran éxito su *Teología de la esperanza*, y se había convertido en la figura más representativa de la teología protestante de aquel entonces.[35] La esperanza será determinante en la vida cristiana; es más, la praxis –también política– será determinante para transformar el futuro. Tras la teología de la esperanza, vendrán las teologías de la cruz y de la revolución. Todo esto tendrá un inevitable desenlace en la utopía política de la teología de la liberación.[36] En su *Escatología*, Ratzinger criticó la teología de la esperanza de Moltmann, pues suponía una mundanización de la perspectiva escatológica. Ahí queda asimilado el

'sobrenatural' *(pneumatikón)*, sino que lo primero es lo natural *(psychikón)* y después lo sobrenatural (1Co 15,46). El amor sobrenatural no puede crecer si le faltan bases humanas. El amor divino no es la negación del amor humano, sino su profundización, su radicalización dentro de una dimensión nueva" (*Mirar a Cristo*, pp. 104-105).

32 La cita exacta procede a su predicación oral, pero la aplicación del entrañable término "cariño" a Dios aparece de modo continuo en sus escritos. Así por ejemplo: "Los cristianos estamos enamorados del Amor: el Señor no nos quiere secos, tiesos, como una materia inerte. ¡Nos quiere impregnados de su cariño!" (*Amigos de Dios*, Madrid, Rialp, 2002, n. 183). "Cuando nos reunimos ante el altar mientras se celebra el Santo Sacrificio de la Misa, cuando contemplamos la Sagrada Hostia expuesta en la custodia o la adoramos escondida en el Sagrario, debemos reavivar nuestra fe, pensar en esa existencia nueva, que viene a nosotros, y conmovernos ante el cariño y la ternura de Dios" (*Es Cristo que pasa*, Madrid, Rialp, 2002, n. p. 153).

33 Cf. P. Blanco, "La encíclica *Spe salvi*", *Palabra*, 530 (1), 2008, pp. 66-70.

34 *Das Hoffnung Prinzip I-III (1954-1959)*, Fráncfort del Meno, Suhrkamp, 1979.

35 Cf. B. Mondin, *Storia della teologia*, 4, Bolonia, Studio Domenicano, 1997, pp. 489-490; E. Vilanova, *Historia de la teología cristiana*, III, Barcelona, Herder, 1985, pp. 771-774.

36 Cf. J. L. Illanes, "La teología en las épocas moderna y contemporánea", J.I. Saranyana-J.L. Illanes, *Historia de la teología*, BAC, Madrid 1995, pp. 374-377; E. Vilanova, *Historia de la teología cristiana*, III, pp. 772-773.

tiempo escatológico al futuro histórico, y se le saca del ámbito de la eternidad. Se trata por tanto de una secularización del mensaje escatológico cristiano. "Ser cristiano significa hacer frente a la situación del presente a partir del futuro".[37] De esta manera –como veíamos–, la teología de la esperanza se convirtió en teología política, teología de la revolución, de la liberación, indigenista o de la raza negra. "En cuanto la escatología se convierte en utopía política –añade–, la esperanza cristiana pierde su poder".[38]

Tras esta aproximación político-teológica, realizaba Benedicto XVI un análisis del concepto de esperanza en la actualidad. Nos encontramos ante las distintas esperanzas e ilusiones que han surgido a partir de la modernidad. El pontífice ponía en tela de juicio el mito del progreso, que depende tan sólo de los resultados de la ciencia y la tecnología. La fe ciega en el progreso es una de las desilusiones analizadas, al igual que el mito según el cual el hombre podría ser redimido tan sólo por la ciencia. "La ciencia puede contribuir mucho a la humanización del mundo y de la humanidad. Pero también puede destruir al hombre y al mundo si no está orientada por fuerzas externas a ella misma [...]. No es la ciencia la que redime al hombre. El hombre es redimido por el amor" (nn. 24-26). Ahí, se quiere ir después a lo esencial y a las raíces. El fundamento se encuentra en los conceptos de razón y de libertad que ha utilizado la época moderna. Por un lado, los filósofos de la modernidad estaban separados de la Iglesia y de la fe cristiana (cf. n. 18); por otro, también la misma fe cristiana resulta reducida –en este caso por Kant– a una "fe religiosa", a la religión dentro de los límites de la razón (cf. n. 19). El reino de Dios acabaría, en última instancia, por ser de este mundo, según el filósofo de Königsberg. De esta forma, "en el s. XVIII no faltó la fe en el progreso como nueva forma de la esperanza humana y siguió considerando

37 *Eschatologie-Tod und ewiges Leben*, en J. Auer, J. Ratzinger, Kleine katholische Dogmatik, Pustet, Ratisbona 1977; tr. cast. *Escatología. La muerte y la vida eterna*, Herder, Barcelona 2007, p. 65.

38 *Ibid.*, p. 66. La encíclica fue bien acogida por los medios de comunicación (cf. por ejemplo "Il Papa: 'Marxismo e illuminismo. Ecco le speranze terrene fallite'", *Il Corriere della sera*, 1° de diciembre de 2007); J. V. Boo, "La eternidad es sumergirse en el océano del amor infinito", *ABC*, 1° de diciembre de 2007.

la razón y la libertad como la idea-guía que se debía seguir en el camino de la esperanza" (n. 20).

En *Spe salvi* comenzaba Benedicto XVI con un pasaje de la carta de Pablo a los romanos, "en la esperanza fuimos salvados" (8,24). Acto seguido se preguntaba el Papa alemán: ¿qué tipo de esperanza busca el crisitianismo? ¿La política, la filosófica, la onírica? Para evitar equívocos, afirma que "la fe es esperanza": la esperanza que aquí se presenta es la cristiana, la que procede de la fe. Frente a los "sin Dios", el cristiano se apoya en Aquel que le da toda esperanza. Así, constituye "un elemento distintivo de los cristianos el hecho de que ellos tienen un futuro": su vida "no acaba en el vacío" (n. 2). Esta esperanza tiene su fundamento en el Dios revelado en Jesucristo, y no en un mesías humano o humanizado.

> Jesús no era Espartaco, no era un combatiente por una liberación política como Barrabás o Bar-Kokebá. Lo que Jesús había traído, al morir Él mismo en la cruz, era algo del todo diferente: el encuentro con el Señor de todos los señores, el encuentro con el Dios vivo y, así, el encuentro con una esperanza más fuerte que los sufrimientos de la esclavitud (n. 4).

Ese Jesús al que, en los antiguos sarcófagos cristianos, se le representaba como filósofo y pastor, es decir, como verdad y amor, como camino, verdad y vida (cf. Jn 14,6). El tener un fundamento firme le garantiza la fidelidad y la paciencia, hermana pequeña de la esperanza, como decía Paul Claudel.[39]

---

[39] El próximo escalón en este proceso será el marxismo, del que el Papa –tras reconocer algún acierto en sus reivindicaciones– critica su horizonte puramente material y limitado (cf. nn. 20-21). Lo más real es invisible a los ojos, afirmó el escritor francés André Malraux (1901-1976). Con él, el pontítice alemán criticaba las utopías políticas y terrenales de cuño ideológico, que ponen todas sus esperanzas en este mundo. El ocaso de las ideologías que había diagnosticado la posmodernidad encuentra ahora una adecuada respuesta cristiana. La encíclica muestra las desilusiones vividas por la humanidad en los últimos tiempos, como por ejemplo el marxismo, que "ha olvidado al hombre y ha olvidado su libertad. Ha olvidado que la libertad es siempre libertad, incluso para el mal. Creyó que, una vez solucionada la economía, todo quedaría solucionado". "Su verdadero error –aclara más adelante– es el materialismo: en efecto, el hombre no es sólo el producto de condiciones económicas y no es posible curarlo sólo desde fuera, creando condiciones económicas favorables" (nn. 20-21). La *Spe salvi* explica que Jesús no trajo un "mensaje socio-revolucionario", "no era un combatiente por una liberación

V.II. En siete palabras

Han pasado ya algunos años (en ocasiones, difíciles y controvertidos) desde aquel 19 de abril de 2005 en el que Joseph Ratzinger fue elegido sumo pontífice de la Iglesia católica, tomando para sí el nombre de Benedicto XVI. Empezamos pues a estar en condiciones de distinguir los ejes centrales de su pontificado, el cual consiste en una actitud positiva y propositiva, como se suele repetir. "La verdad se propone, no se impone", recuerda Benedicto XVI una y otra vez. El estadounidense John L. Allen ha calificado el mensaje formulado por el actual romano pontífice como "ortodoxia positiva": en coherencia y continuidad con las enseñanzas de la Iglesia, pretende dar un rostro nuevo al cristianismo. Intentaremos proceder pues ahora a la síntesis de las ideas expuestas a lo largo de estos años. Resumiremos en siete puntos las palabras clave en torno a las que gira su ministerio como obispo de Roma: razón, corazón, creación, (ad)oración, Jesucristo, la Iglesia y la belleza. En estas palabras se resume un pensamiento que nos parece ofrecer una respuesta adecuada a los retos planteados por la posmodernidad, a juzgar por el nuevo concepto de razón propuesto por el Papa alemán, por la apertura a un nuevo mundo y la disposición accesible a la ontología, por la acogida de la dimensión estética, así como la centralidad de las instancias del amor y de la esperanza, complementarios –como hemos enunciado– de la razón y la verdad. Por todo esto, no nos parece una calificación inadecuada la de "Papa para la posmodernidad" aplicado a Benedicto XVI (y no sólo "Papa de la razón"), siempre que se entienda este debatido término en su acepción más amplia y esperanzadora. Valgan pues las líneas siguientes como síntesis de las ideas anteriormente expuestas y del mensaje transmitido en este pontificado de ideas.

política". Trajo "el encuentro con el Dios vivo", "con una esperanza más fuerte que los sufrimientos de la esclavitud, y que por ello transforma desde dentro la vida y el mundo" (n. 4).

Razón, corazón, creación, (ad)oración

1. Razón

Benedicto XVI es llamado "el Papa de la razón", por su decidida defensa en un mundo algo alérgico a ella. El Papa-profesor ha hablado innumerables ocasiones sobre este tema central y decisivo en la sociedad actual. Ha propuesto una "nueva Ilustración" con una nueva razón. Era éste el tema expuesto en Ratisbona (y no el islam, tal como algunos entendieron): la necesidad de una razón abierta, "ampliada" al mundo del arte, de la ética, de la religión e incluso de los sentimientos. Esta nueva razón será –como afirmó Walter Kasper– más posmoderna que premoderna.

La fe es también profundamente racional para el Papa alemán, como ha repetido en numerosas ocasiones. Por eso cabe el diálogo entre ciencia y fe, entre fe y razón. Ya un año antes de ser elegido Papa, había acordado con Jürgen Habermas que razón y religión podían curarse recíprocamente de sus respectivas "patologías". La razón impide –decíamos– que la religión caiga en el fanatismo y el fundamentalismo; la religión evita que una razón puramente técnica produzca atropellos. "Los sueños de la razón producen monstruos", dibujó Goya, como los sueños de la razón moderna de Auschwitz, Hirosima o Chernobyl, subproductos residuales de una razón puramente técnica. Por eso el filósofo alemán llamó a Ratzinger "amigo de la razón".

La "cuestión de la verdad" ha ocupado un lugar importante en sus escritos desde un primer momento. El cristianismo es la religión del amor y la verdad, del *logos*, del *eros* y del *agape*. Tras las encíclicas sobre el amor y la esperanza, Benedicto XVI publicó una sobre la verdad del amor titulada *Caritas in veritate*. El amor en la verdad: la verdad sin amor se vuelve rígida, dice allí; mientras el amor sin verdad degenera en puro sentimentalismo y arbitrariedad. Amor y verdad también se requieren y precisan mutuamente. La "cuestión de la verdad" es la mejor defensa contra la "dictadura del relativismo", que en Ratzinger siempre contiene ecos del trauma sufrido en la infancia y adolescencia bajo la sombra del Tercer Reich.[40]

40 A. Nichols, *The theology of Joseph Ratzinger: an introductory study*, Edimburgo, Clark, 1988, pp. 279-291; V. Pfnür, "Mitte des Glaubens und Konturen des konstitutiv Christlichen", AA.VV., *Vom Wiederauffinden der Mitte. Grundorientierungen. Texte aus vier Jahrzehnten*, Friburgo, Herder, 1997, pp. 17-24; H. Häring, *Theologie und Ideologie bei Joseph Ratzinger*, Düsseldorf, Patmos, 2001, pp. 45-49; P. Blanco, "Fe, razón, verdad (y amor) en J. Ratzinger. Una teología fundamental sin complejos", Communio, 7, 2008, pp. 55-69; versión revisada, traducida al inglés: "Logos and dia-logos. Faith, reason and love according to Joseph Ratzinger", *Anglican theological review*, 92 (3), 2010, pp. 499-509; M. Schultz, "Wenn das Salz des Evangeliums 'dumm' geworden ist. Zu Josephs Ratzinger / Papst Benedikts XVI. Verhältnisbestimmung von Glaube und Vernunft", en G. L. Müller, *Der Glaube ist einfach. Aspekte der Theologie Papst Benedikts XVI*, pp. 19-52; M. Schultz, "El primado del logos y el concepto de razón en el pensamiento teológico de Benedicto XVI", en L. Jiménez (ed.), *Introducción a la teología de Benedicto XVI*, pp. 87-127; R. Court, "Raison et religion. A propos de la discussion Jürgen Habermas-Joseph Ratzinger", *Esprit*, 5, 2005, pp. 38-50; A. Marga, "Die Debatte Habermas-Ratzinger. Annäherungen und Auswirkungen", *Gewissen und Freiheit*, 61, 2005, pp. 58-73; H. Verweyen, *Joseph Ratzinger-Benedikt XVI. Die Entwicklung seines Denkens*, Darmstadt, Wissenschaftliche Buchgesellschaft, 2007, pp. 99-113; G. L. Müller, "Die Rationalität des Glaubens", *Revista española de teología*, 69 (4), 2009, pp. 535-545; R. Fisichella, "Verità, fede e ragione in J. Ratzinger", *PATH* 6 (2007/1), pp. 27-43; P. Kapuska, "Fe y ciencias naturales en el pensamiento de Joseph Ratzinger", S. Madrigal (ed.), *El pensamiento de Joseph Ratzinger. Teólogo y Papa*, 277-293; M. Welker, "Habermas und Ratzinger zur Zukunft der Religion", *Evangelische Theologie*, 68 (4), 2008, pp. 310-324; P. Sottopietra, "Joseph Ratzinger, neoilluminista: le aporie della tagione moderna e la via cristiana", *Revista de teología española*, 69, 2009, pp. 585-623; M. Cozzoli, "'Religione e ragione vanno sempre insieme': la vita campo privilegiato e significativo d'incontro", *Lateranum*, 73 (3), 2007, pp. 661-674; W. Kasper, "Glaube und Vernunft: zur protestantischen Diskussion um die Regensburger Vorlesung von Papst Benedikt XVI", *Stimmen der Zeit*, 225 (4), 2007, pp. 219-228; E. Malnati, "Ragione e fede: necessaria sinergia per un incontro proficuo tra le culture", *Rivista teologica di Lugano*, 12 (1), pp. 101-114; P. Lüning, "Glaube, Vernunft und Willen: Anmerkungen zum Disput zwischen Papst Benedikt und Jürgen Habermas", *Theologische Revue*, 103 (5), 2007, pp. 361-374; M. Schneider, "Primat der Logos vor dem Ethos-Zum theologischen Diskurs bei Joseph Ratzinger", en P. Hofmann (ed.), *Joseph Ratzinger: ein theologisches Profil*, pp. 14-18; Peter Hofmann, "'Fides et ratio': Der Glaube und seine Vernunft-Zu Joseph Ratzingers fundamental-theologischem Ansatz", en *Joseph Ratzinger: ein theologisches Profil*, pp. 139-159; C. Breitsameter, "Von der Vernunft des Glaubens und vom Glauben der Vernunft: Jürgen Habermas und Joseph Ratzinger im Gespräch", *Analecta Cracoviensia*, 40, 2008, pp. 79-90; A. Wood, "Faith and reason", *Philosophy and theology*, 21 (1-2), 2009, pp. 165-177; A. Wood, "Faith and reason", *Philosophy and theology*, 21 (1-2), 2009, pp. 165-177; R. Weimann, "Glaube und Vernunft im Denken Joseph Ratzingers", *Forum katholische Theologie*, 26, 2010, pp. 58-69; K. Müller, "Die Vernunft, die Moderne und der Papst", *Stimmen der Zeit*, 227 (5), 2009, pp. 291-306; P. Colognesi, "Benedikt XVI. Die Wiederentdeckung der Weite der Vernunft", *Spuren*, 5 (9), 2006, pp. 11-15. Sobre la superación del racionalismo y la "corrección del dogma por la historia", puede verse: S. W. Hahn, *Covenant and Communion*, Grand Rapids, Brazos Press, 2009, pp. 30-34, 82-83, 116-123; L. Boeve, "Theological fundations: revelation, tradicion and hermeneutics",

2. Corazón

El amor lógicamente es lo primero. La primera encíclica se tituló precisamente *Dios es amor*, y en ella nos explicó cómo que se usa y abusa de este sagrado término. El *eros* ha de ser purificado para convertirse en verdadero amor humano y cristiano. Es decir, en *agape*. Pero también al mismo tiempo –se añadía allí– la caridad ha de incluir el afecto, el cariño, el amor humano. "Dios es cariño", tradujo un santo del siglo xx la famosa frase de san Juan que da título a la encíclica programática de Benedicto XVI. *Eros* y *agape* presentan también así esta mutua complementariedad y circularidad. Recogiendo y superando la crítica de Nietzsche (quien afirma que el cristianismo quitaba la alegría de vivir y del amor), el Papa alemán hablaba de esa complementariedad entre amor humano y amor divino.

Pero este *eros* ha de ser purificado, recordaba, a la vez que la caridad necesita también del afecto humano. Esta purificación supondría una auténtica "revolución del amor", que evitaría caer en los extremos del hedonismo y del espiritualismo. Por otra parte, viene a recordarnos que el amor es posible, porque Dios nos ama primero. Es ésta también una afirmación revolucionaria en un mundo algo desengañado y desamorado después de tanto experimento. El amor es posible: si Dios ama y nos ama, nosotros podemos amar con ese amor "prestado" por el mismo Dios. Tal revolución es posible precisamente porque Dios es amor. Nos ha creado y redimido por amor; nos da un amor que es el suyo. Podemos amar con el mismo corazón de Jesucristo, que dio su vida por todos. Por eso podemos amar.

Existe por tanto una continuidad –termina diciendo– entre el amor, la caridad y la santidad, pues ésta no sería otra cosa que el amor pleno, el amor total. Este amor ha de ser posible en este mundo tantas veces cruel. Es más, puede reinar en este mundo porque Jesucristo ha muerto en él. La justicia social sin más –señala en la encíclica social *Caritas in veritate*– resulta demasiado dura. Hace falta un poco de amor. La persona es el único ser digno de

---

en J. Ratzinger, *The Ratzinger Reader. Mapping a theological journey*, L. Boeve y G. Mannion (eds.); T. Rowland, *Benedict XVI. A guide for perplexed*, Nueva York, Continuum, 2010, pp. 114-128; K. Koch, *Das Geheimnis des Senfkorns. Grunzüge des theologischen Denkens von Papst Benedikt XVI*, Ratisbona, Pustet, 2010, pp. 159-161.

ser amado por sí mismo. Y esto tiene que ver con la situación actual. La crisis económica presenta también sus raíces éticas y antropológicas. Es éste un mensaje revolucionario lanzado a un mundo que no cree en el amor. El Pilato de nuestros días preguntaría con escepticismo: ¿qué es el amor?, ¿de verdad es el amor posible hoy en día? Y Benedicto XVI responde: Dios es amor, y por eso podemos amar.[41]

3. Creación

Muchos han hablado de las "raíces verdes" de la última encíclica social de Benedicto XVI. En la encíclica social *Caritas in veritate* (2009) ha conseguido conjugar no sólo la crisis económica con la imprescindible ética de los negocios, sino también con la ética sexual y la defensa de la vida, la bioética y el respeto al medio ambiente. Juan Pablo II era aplaudido cuando hablaba de cuestiones sociales, y abucheado (no lo olvidemos) cuando hablaba de las morales. Benedicto XVI, con esta visión integradora, pretende presentar

41 Sobre este tema, puede verse: G. Aranda, "La enseñanza bíblica de la *Deus caritas est*", *Scripta Theologica*, 38 (3), pp. 993-994, 997-998; P. Blanco, "Amor, caridad y santidad. Una 'lectura transversal' de la encíclica *Deus caritas est* de Benedicto XVI", *Scripta Theologica*, 38 (3), pp. 1041-1068; M. Schulz, "'Die Quadratur des Zirkels der Theologie'-Papst Benedikt XVI. in Auseindersetzung mit der Pluralistischen Religionstheologie", en P. Hofmann (ed.), *Joseph Ratzinger: ein theologisches Profil*, Paderborn-Múnich-Viena-Zúrich, Schöningh Verlag, 2008, 97; S. Guijarro Oporto, "El costado traspasado. La inspiración joánica de la encíclica *Deus caritas est*", AA.VV., *Dios es amor. Comentarios a la encíclica de Benedicto XVI 'Deus caritas est'*, Universidad Pontificia, Salamanca 2007, 81-100; J. Núñez Regodón, "'Él nos ha amado primero'. La presencia de 1 Jn en *Deus caritas est*", *ibid.* pp. 101-122; M. Schneider, "Primat der Logos vor dem Ethos-Zum theologischen Diskurs bei Joseph Ratzinger", en P. Hofmann (ed.), *Joseph Ratzinger: ein theologisches Profil*, pp. 25-31; K.-H. Menke, "Die theologischen Quellen der Enzyklika *Deus caritas est*", *ibid.*, pp. 47-69; J. L. Martínez, "*Deus caritas est:* 'La verdadera moral del cristianismo es el amor'", en S. Madrigal (ed.), *El pensamiento de Joseph Ratzinger. Teólogo y Papa*, pp. 101-147; A. C. Sciglitano, "Pope Benedict XVI's *Jesus of Nazareth*: agape and logos", Pro ecclesia, 17 (2), 2008, pp. 159-185; A. Aguilar, "La nozione di 'relazionale' come chiave per spiegare l'esistenza cristiana secondo *l'Introduzione al cristianesimo*", en K. Charamsa y N. Capizzi, *La voce della fede cristiana*, Roma, 2009, pp. 185-216; I. Moga, "Glaube und Liebe gemäss dem Logos. Die Aktualität der Theologie Klemens von Alexandriens für das Verständnis des ökumenischen Beitrags von Papst Benedikt XVI-eine ortodoxe Interpretation", en M. C. Hastetter, C. Ohly y G. Vlachonis (eds.), *Symphonie des Glaubens. Junge Münchener Theologen im Dialog mit Joseph Ratzinger/Papst Benedikt XVI*, Múnich, EOS, 2007, pp. 51-76; T. Rowland, *Benedict XVI. A guide for perplexed*, pp. 71-92; K. Koch, *Das Geheimnis des Senfkorns*, pp. 14-16, 38-41, 98-126, 266-275; G. Vignini, *Joseph Ratzinger-Benedetto XVI. Una guida alla lettura*, Librería Editrice Vaticana, 2010, pp. 9-18.

unidas todas las facetas de la existencia humana. Por eso es una encíclica global. Sus alusiones a la ecología y al medio ambiente resultan continuas, y no meramente oportunistas. Tiene su misterio.

Para el Ratzinger teólogo, la creación constituía un dogma olvidado, del que apenas se hablaba. Deberíamos volver "al principio" (cf. Gn 1,1; Jn 1,1) para deshacer los entuertos infligidos al planeta. Así, el Papa alemán propugna un ecologismo cristiano, interior y exterior, con unas profundas raíces cristianas en el momento de la creación. Esta creencia en el Creador no es sin embargo una exclusiva cristiana, pues también judíos, musulmanes y otras religiones confiesan este origen divino. Tal afirmación tiene que ver también con su insistencia en la conciencia y en la ley natural, y puede ser un punto de encuentro y de mutuo entendimiento entre personas de diferentes religiones, e incluso con ateos y agnósticos. La corrupción interior produce contaminación exterior, y al revés: la limpieza interna promueve un respeto externo, con los demás y el medio ambiente.

La tutela del medio ambiente y de la vida y la dignidad de la persona humana –creada por Dios e imagen de Dios– constituye un principio común de la *Weltethos*, de la llamada ética mundial. "En el principio era el Logos" (Jn 1,1), repetía el teólogo Ratzinger: la Razón creadora, la Razón-Amor ha dado sentido a todas las cosas "en el principio". Por eso sigue el prólogo de san Juan: "Todas las cosas fueron hechas conforme a él" (Jn 1,4), conforme al Logos que da sentido a cada cosa. La naturaleza tiene la huella del Logos, y por eso tiene un logos, sentido, un lenguaje, una gramática. Todas ellas tienen un *logos* interno del que no podemos prescindir sin hacer daño y sin hacernos daño. A él debemos volver para acertar con la propia naturaleza y con nuestro modo de ser. "Y el Logos se hizo carne" (Jn 1,14): a su vez –es éste el tercer sentido de la palabra *logos*– el ser humano está dotado de la razón y la conciencia. Por eso podemos conocer el *logos* de las cosas y al mismo Logos que nos dio el ser.[42]

42 R. Voderholzer, "Die biblische Hermeneutik Joseph Ratzingers", *Münchener Theologische Zeitschrift*, 56, 2005, pp. 400-414; P. Blanco, "*Logos*. Joseph Ratzinger y la historia de una palabra", *Límite*, 14 (1), 2006, pp. 57-86; N. P. Austriaco, "Reading Genesis with Cardinal Ratzinger", *Homiletic and pastoral review*, 106 (5), 2006, pp. 22-27; I. Moga, "Glaube und

4. (Ad)oración

Benedicto XVI sabe que es el verdadero motor de la Iglesia y de la vida cristiana. Frente al activismo cortoplacista, el Papa alemán sabe esperar, pensar y rezar. Pero, sobre todo, rezar. El activismo es para Ratzinger "la gran bestia negra": el actuar en la Iglesia actual sin pensar ni rezar. Para él, el culto y la oración son también fuentes de la verdad y del *ethos* cristiano. La mayor parte de los problemas que pudiera tener la Iglesia hoy proceden de la falta de unión a Jesucristo, presente en el Pan y en la Palabra. Es algo de lo que ya habló el Papa polaco con motivo de los primeros casos de los escándalos de pederastia entre miembros del clero en los Estados Unidos. "Esto nos pasa por descuidar la eucaristía", dijo entonces Juan Pablo II. No era una evasiva.

Aquello ocurrió, en última instancia y con todas sus consecuencias, por haber descuidado el centro de la vida cristiana. La liturgia ha sido uno de los puntos centrales de la teología de Ratzinger, y por ella ha profesado un especial interés desde su infancia. La razón y la liturgia –afirmaba de sí mismo– lo metieron en el mundo de Dios; es más, fueron su refugio y su defensa ante la amenaza nacionalsocialista. En su pensamiento, la liturgia ocupa ese lugar central que le corresponde en la Iglesia. La categoría de la "adoración" no es sin más un reducto piadoso, sino un verdadero lugar teológico

---

Liebe gemäss dem Logos. Die Aktualität der Theologie Klemens von Alexandriens für das Verständnis des ökumenischen Beitrags von Papst Benedikt XVI-eine ortodoxe Interpretation", en M. C. Hastetter, C. Ohly y G. Vlachonis (eds.), *Symphonie des Glaubens*, pp. 51-76; M. Schneider, "Primat der Logos vor dem Ethos-Zum theologischen Diskurs bei Joseph Ratzinger", en P. Hofmann (ed.), *Joseph Ratzinger: ein theologisches Profil*, pp. 18-21, 41-44; T. Rowland, *La fe de Ratzinger. La teología de Benedicto XVI*, Granada, Nuevo Inicio, 2009, pp. 65-93, 194-198; A. Rauscher, "Benedikt XVI, und das natürliche Sittengesetz. Auseinandersetzung mit problematischen Zeitstr", *ibid.*, pp. 123-138; M. Schulz, "'Die Quadratur des Zirkels der Theologie'-Papst Benedikt XVI in Auseindersetzung mit der Pluralistischen Religionstheologie", en P. Hofmann (ed.), *Joseph Ratzinger: ein theologisches Profil*, pp. 84-87; V. Twomey, *Benedikt XVI. Das Gewissen unserer Zeit. Ein theologisches Portrait*, Augsburgo, Sankt Ulricht, 2006, pp. 96-102; C. Schönborn, "Papst Benedikt XVI. über "Schöpfung und Evolution", *Theologische Beiträge*, 40 (3), 2009, pp. 211-218; M. Schultz, "El primado del logos y el concepto de razón en el pensamiento teológico de Benedicto XVI", L. Jiménez (ed.), *Introducción a la teología de Benedicto XVI*, pp. 87-127; F. Quesada Rodríguez, "Logos en la teología de Joseph Ratzinger. La argumentación racional del sistema teológico", *Senderos*, 95 (1), pp. 35-72; T. P. Rausch, *Pope Benedict XVI. An introduction to his theological vision*, pp. 143-148; K. Koch, *Das Geheimnis des Senfkorns*, pp. 62-65.

de donde surgen continuas inspiraciones para la teología y el pensamiento en general.[43]

---

[43] A. Nichols, *The theology of Joseph Ratzinger*, pp. 207-224; J. Aldazábal, "La liturgia es ante todo obra de Dios", Phase, 40, 2000, pp. 181-186, 236; P. Farnés, "Una Obra importante sobre la liturgia que debe leerse en su verdadero contexto", *Phase*, 247, 2002, pp. 55-76; J. F. Baldovin, "Cardinal Ratzinger as liturgical critic", *Studia liturgica diversa*, 2004, pp. 211-227; P. Blanco, "Liturgia y Eucaristía en la obra de Joseph Ratzinger", *Scripta Theologica*, 38 (1), 2006, pp. 103-130; J. J. Flores, "Joseph Ratzinger y la liturgia", *Communio*, 7, 2008, pp. 139-159; J. González Padrós, "Benet XVI i la litúrgia", Temes d'avui, 27 (1), 2008, pp. 83-96; A. L. Loayza, *El culto eucarístico fuera de la Misa en los escritos de Joseph Ratzinger-Benedicto XVI*, Roma, Pontificia Universidad de la Santa Cruz, 2008, pp. 109-189; J. Driscoll, "Joseph Ratzinger and *The Spirit of Liturgy*", *PATH*, 6 (1), 2007, pp. 183-198; H. Verweyen, *Joseph Ratzinger-Benedikt XVI. Die Entwicklung seines Denkens*, Darmstadt, Wissenschaftliche Buchgesellschaft, 2007, pp. 135-143; M. Schneider, "Primat der Logos vor dem Ethos-Zum theologischen Diskurs bei Joseph Ratzinger", en P. Hofmann (ed.), *Joseph Ratzinger: ein theologisches Profil*, pp. 31-34; J. E. M. Terra Joao, *Itinerario teologico di Benedetto XVI*, p. 86; M. C. Hastetter, "Liturgie-Brücke zum Mysterium. Grundlinien des Liturgieverständnisses Benedikts XVI", en M. C. Hastetter, C. Ohly y G. Vlachonis (eds.), *Symphonie des Glaubens*, pp. 131-150; T. Rowland, *La fe de Ratzinger*, pp. 219-253; S. O. Horn, "Zum existenziellen und sakramentalen Grund der Theologie bei Joseph Ratzinger / Papst Benedikt XVI", en *Mitteilungen Institut Papst Benedikt XVI*, 2009, pp. 59-63; G. L. Müller, "*Logiké latreía*-logoshafter gottesdienst", *ibid.*, pp. 53-58; J. Arnold, "Nüchterne Trunkenheit in liturgicis-eine evangelische Antwort auf Joseph Ratzingers Theologie der Liturgie", *ibid.*, pp. 82-103; M. Schlosser, "*...ut fructum redemptionis in nobis iugiter sentiamus*. Ein Versuch zum Verhältnis von Liturgie und Kontemplation im Werk Joseph Ratzingers", *ibid.*, pp. 105-119; R. Blázquez, "Liturgia y teología en Joseph Ratzinger", en S. Madrigal (ed.), *El pensamiento de Joseph Ratzinger, teólogo y Papa*, pp. 295-318; H. Hoping, "Kult und Reflexion. Joseph Ratzinger als Liturgietheologe", en R. Voderholzer (ed.), *Der Logos-gemäße Gottesdienst. Theologie der Liturgie bei Joseph Ratzinger*, Ratisbona, Pustet, 2009, pp. 12-24; J. Splett, "Gebet zur ewig alwissenden Allmacht?", *ibid.*, pp. 26-44; G. Gregur, "Fleischwerdung des Wortes-Wortwerdung des Fleisches. Liturgie als *logike latreia* bei Joseph Ratzinger", *ibid.*, pp. 46-76; S. O. Horn, "Zum existenziellen und sakramentalen Grund der Theologie bei Joseph Ratzinger / Papst Benedikt XVI", en *Mitteilungen Institut Papst Benedikt XVI*, 2009, pp. 59-63; J. Arnold, "Nüchterne Trunkenheit in *liturgicis*-eine evangelische Antwort auf Joseph Ratzingers *Theologie der Liturgie*", *ibid.*, pp. 82-103; B. Kirchgessner, "'Ein Fest, in dem das Große auf uns zutritt': Mosaiksteine einer Theologie der Liturgie Joseph Ratzingers–Papst Benedikt XVI", *Klerusblatt*, 89 (4), pp. 78-82; 89 (5), 2009, pp. 108-112; C. Sedmak, "Liturgie und Armutbekämpfung", *ibid.*, pp. 254-276; M. H. Heim, "Theologie aus dem Herzen der Kirche: aus der Liturgie", *Revista de teología española*, 69, 2009, pp. 643-667; V. Ivanov, "*Der Geist der Liturgie* von Joseph Ratzinger im Lichte der orthodoxen Theologie", *Orthodoxes Forum*, 21, 2007, pp. 141-152; W. Waldstein, "Für eine Vielfalt bewährter Formen: Joseph Ratzingers Liturgie-Verständnis in rechtlicher Sicht", *Orthodoxes Forum*, 21, 2007, pp. 169-179; S. W. Hahn, *Covenant and Communion. The Biblical Theology of Pope Benedict XVI*, Grand Rapids, Brazos Press, 2009, pp. 173-185; T. P. Rausch, *Pope Benedict XVI. An introduction to his theological vision*, Nueva York-Mahwah, Paulist Press, 2009, pp. 121-139; G. Mannion, "Liturgy, catechesis and evangelitation", en L. Boeve-G. Mannion,

El *ora et labora* benedictino está también muy presente en su concepción teológica. Benedicto XVI está convencido de que la crisis de la Iglesia se debe al descuido de la liturgia, y de que el mejor modo de llenar las iglesias consiste precisamente en celebrar bien. Como para Juan Pablo II, la Eucaristía es el centro: hace la Iglesia. El misterio eucarístico no es sólo el corazón de la Iglesia, sino que toda su unidad, su misión y su capacidad evangelizadora proceden de la Eucaristía. Los cristianos no sólo se reúnen en torno al Pan y la Palabra, sino que serán capaces de ofrecer también un testimonio creíble en un mundo en ocasiones hostil. Y después de rezar, trabajar.

Jesucristo, Iglesia, belleza

5. Jesucristo al centro

Es ésta una afirmación incontrovertible. A pesar de las múltiples ocupaciones en su ministerio, Benedicto XVI no renunció al proyecto personal de escribir su *Jesús de Nazaret*, que terminó en 2012. Constituye este libro una actividad central como sucesor de Pedro: hablar de Jesucristo. Y hablar de él como Dios y hombre, como el Cristo de la fe y el Jesús de la historia. No es un profeta ni un avatar más de la divinidad, sino el Hijo de Dios hecho hombre. Sólo él salva. Esto fue también recordado por Juan Pablo II en el Jubileo del año 2000: junto a la petición de perdón por los pecados de los cristianos, recordó que "Jesús es el Señor", el Salvador, el único Mediador.

Recordar la centralidad salvífica de Jesucristo no es una ocupación más, sino la misión principal de la Iglesia. El relativismo religioso propone a Jesucristo como un varón egregio, un pacifista o un revolucionario, o bien una persona eminente que toma conciencia de una presunta divinidad. Se cree Dios, y por eso piensa que puede salvar. Otros tantos podrían hacerlo también. Sin embargo, los cristianos han creído y defendido siempre que toda salvación viene de Dios en Jesucristo, verdadero Dios y verdadero hombre.

The Ratzinger Reader, pp. 225-229; T. Rowland, *Benedict XVI. A guide for perplexed*, pp. 25-47; K. Koch, *Das Geheimnis des Senfkorns*, pp. 26-28, 127-145.

Un budista, un musulmán o un animista pueden salvarse, pero siempre en Jesucristo. No en Buda, Mahoma o el Gran Manitú. Sólo Jesucristo es el Hijo de Dios, el mismo Dios, como recuerdan de modo constante los evangelios.

Aquí se puede establecer una interesante "alianza ecuménica" con cristianos de otras confesiones que proclaman la divinidad de Jesucristo. En la actual sociedad multicultural y plurirreligiosa, hace falta anunciar de modo especial a Cristo, encarnado, muerto y resucitado por amor a todos. Como hemos narrado ya, en una ocasión –relataba Ratzinger– fueron a verle un grupo de obispos latinoamericanos. Le contaron sobre la visita que les hizo un grupo de indígenas. Querían agradecerles toda la labor asistencial que había realizado la Iglesia a lo largo de tantos años. "Pero necesitábamos que nos hablaran de Jesucristo, y por eso nos hemos hecho miembros de esta secta protestante". La Iglesia habla a veces demasiado de sí misma –recordaba el mismo Ratzinger– y demasiado poco de Dios, cuyo rostro se hace visible en Jesucristo.[44]

44 H. Hoping, "Gemeinschaft mit Christus. Christologie und Liturgie bei Joseph Ratzinger", *Communio*, 35, 2006, pp. 558-572; M. Theobald, "Die vier Evangelien und der eine Jesus von Nazaret", *Theologische Quartalschrift*, 187, 2007, pp. 157-169; J. Martínez Gordo, *La cristología de J. Ratzinger-Benedicto XVI a la luz de su biografía teológica*, Barcelona, Cuadernos CJ, 2008; P. Blanco Sarto, "*Quaerite faciem eius Semper*: La 'cristología espiritual' de Joseph Ratzinger", *Coletânea*, 17 (34), 2018, pp. 323-348; J. A., Martínez Camino, "Jesucristo, plenitud de la Revelación. El centro de la teología de Joseph Ratzinger", en L. Jiménez (ed.), *Introducción a la teología de Benedicto XVI*, pp. 59-86; G. del Pozo, "Contemplar el rostro de Dios en el rostro de Cristo: la teología existencial de Joseph Ratzinger", *Revista de teología española*, 69, 2009, pp. 547-583; T. P. Rausch, *Pope Benedict XVI. An introduction to his theological vision*, pp. 78-80, 84-101; J. Vidal Taléns, "Líneas maestras de la cristología de J. Ratzinger", *Communio*, 7, 2008, p. 97; *id.*, "Mirar a Jesús y 'ver' al Hijo de Dios, hecho hombre para nuestra Redención. Aportación de J. Ratzinger a la Cristología contemporánea", en S. Madrigal (ed.), *El pensamiento de Joseph Ratzinger, teólogo y Papa*, pp. 67-68: ahí se afirma que es además una cristología bíblica, eclesial y litúrgica (cf. *ibid.*); R. Tura, "La teologia di J. Ratzinger. Saggio introduttivo", pp. 156-161; H. Häring, *Theologie und Ideologie bei Joseph Ratzinger*, pp. 63-171; E. Dirscherl, "La figura conceptual teológica y antropológica de Joseph Ratzinger a partir de la cristología", en F. Meier-Hamidi y F. Schumacher (eds.), *El teólogo Joseph Ratzinger*, pp. 106-114; R. A. Krieg, "Kardinal Ratzinger, Max Scheler und eine Grundfrage der Christologie", *Theologische Quartalschrift*, 160, 1980, pp. 106-122; D. Berger, "Christologie, Ekklesiologie und Sakramentenlehre", *Theologisches*, 34, (2), 2004, pp. 113-122; F. Mußner, "Hermeneutische Überlegungen zu den Evangelien. Ein Versuch im Anschluss an Joseph Ratzinger / Papst Benedikt XVI. *Jesus von Nazaret", Mitteilungen Institut Papst Benedikt XVI*, 2009, pp. 59-63; J. A. Martínez Camino, "Jesucristo, plenitud de la Revelación. El centro de la teología de Joseph Ratzinger", en L. Jiménez (ed.), *Introducción a la teología de*

6. Iglesia

Frente al conocido lema "Cristo sí, Iglesia no", el papa Ratzinger quiere recordar que la Iglesia es el cuerpo y la esposa de Cristo. La Iglesia está inseparablemente unida a la persona de Jesucristo. Por eso, la Iglesia debería hablar más de él y menos de sí misma y de asuntos clericales. Más santidad y menos burocracia, es la fórmula de Ratzinger para destacar la unidad entre Jesucristo y su Iglesia. De hecho, ésta continúa la misión de aquél. Jesucristo mismo se sirvió de su mediación y, por tanto, de los apóstoles, obispos y demás ministros ordinarios que siguen esta misma línea de continuidad. La apostolicidad

Benedicto XVI, pp. 59-86; E. Borgman, "Jesus von Nazaret: der Anfang einer neuen Geschichte", *Concilium*, 44 (3), 2008, pp. 322-333; M. Schneider, "Primat der Logos vor dem Ethos- Zum theologischen Diskurs bei Joseph Ratzinger", en P. Hofmann (ed.), *Joseph Ratzinger: ein theologisches Profil*, pp. 21-24; M. Gronchi, "Il Gesù storico dei Vangeli di J. Ratzinger-Benedetto XVI", *Euntes docete*, 61 (1), 2008, 151-168; V. Battaglia, "Elementi di cristologia spirituale nel libro *Gesù di Nazaret* di Joseph Ratzinger/Benedetto XVI", *Ricerche teologiche*, 19 (2), 2008, pp. 311-330; *id.*, "Una lettura 'contemplativa' dell'esistenza filiale di Gesù: alla 'fonte' dell'esperienza cristiana", *Cauriensia*, 3, 2008, pp. 113-125; M. Ebner, R. Hoppe y T. Schmeller, "Der 'historische Jesus' aus der Sicht Joseph Ratzingers: Rückfragen von Neutestamentlern zum päpstlichen Jesusbuch", *Biblische Zeitschrift*, 52 (1), 2008, pp. 64-81; G. del Pozo, "Contemplar el rostro de Dios en el rostro de Cristo: la teología existencial de Joseph Ratzinger", *Revista de teología española*, 69, 2009, pp. 547-583; A. Carrasco Rouco, "Consideraciones sobre el libro 'Jesús de Nazaret' de Joseph Ratzinger–Benedicto XVI", *Revista española de teología*, 68 (3), 2008, pp. 213-227; A. C. Sciglitano, "Pope Benedict XVI's *Jesus of Nazareth*: agape and logos", *Pro ecclesia*, 17 (2), 2008, pp. 159-185; M. Menke-Peitzmeyer, "Die 'Freilegung einer undeutlich gewordenen Ikone': zum (neuen) Jesus-Buch Joseph Ratzingers–Papst Benedikt XVI", *Theologie und Glaube*, 98 (4), 2008, pp. 428-440; P. Petzel, "*Jesus von Nazareth*: Antworten-Diskussionen-Kontroversen", *Concilium*, 44 (3), 2008, pp. 380-383; J. Kreiml, "Der Christusglaube der Kirche: einige Aspekte der Christologie bei Joseph Ratzinger", *Mittler und Befreier*, 2008, pp. 426-442; M. Gronchi, "Il Gesù di Nazaret di J. Ratzinger-Benedetto XVI", *Discussione sul Gesù storico*, 2009, pp. 169-180; J. Prades, "El misterio de Dios contemplado y vivido por J. Ratzinger", *Communio*, 7, 2008, pp. 97-121; *id.*, "El Dios de Jesucristo en Joseph Ratzinger", *Revista de teología española*, 69, 2009, pp. 625-642; M Lázaro Pulido y R. Piñero Mariño, *Jesús de Nazaret. Pensando desde Joseph Ratzinger-Benedicto XVI*, Cáceres, Instituto Teológico "San Pedro de Alcántara", 2008; T. Rowland, La fe de Ratzinger, pp. 65-93; N. Capizzi, "Il Gesù storico", en K. Charamsa y N. Capizzi, *La voce della fede cristiana*, Roma, 2009, pp. 111-128; A. Valle, "The Christological Hermeneutic of Joseph Ratzinger: From *Introduction to Christianity* to Today", en K. Charamsa y N. Capizzi, *La voce della fede cristiana*, Roma, 2009, pp. 129-160; T. P. Rausch, *Pope Benedict XVI. An introduction to his theological vision*, pp. 78-96; U. Casale, "Introduzione", en *Fede, ragione, verità e amore. La teologia di Joseph Ratzinger*, pp. 40-42; L. Boeve, "Christ, humanity and salvation", en L. Boeve y G. Mannion, *The Ratzinger Reader*, pp. 65-75; K. Koch, *Das Geheimnis des Senfkorns*, pp. 23-26, 58-59, 146-158, 244-250; G. Vignini, *Joseph Ratzinger-Benedetto XVI. Una guida alla lettura*, pp. 29-41.

de la Iglesia es una de sus notas fundamentales, nos recuerda una y otra vez el Papa-teólogo. De manera que hay una continuidad entre Jesucristo, la Iglesia de los apóstoles y la Iglesia actual. Esto nos ofrecerá una clave para el diálogo ecuménico, que consistirá en profundizar en nuestras raíces comunes.

Benedicto XVI está convencido de que la misión de la Iglesia consiste en anunciar a Cristo y en crecer en comunión y cohesión dentro de ella. Así se podrá llevar adelante ese proyecto ecuménico de crecer en unidad en la única Iglesia de Cristo, que desearon intensamente también los papas anteriores. El Papa alemán piensa que se debe caminar con pasos lentos pero seguros, como en la ascensión a una montaña. De momento, los resultados le acompañan: con los ortodoxos se ha reemprendido el diálogo ecuménico, y ya son tres las reuniones (Rávena, Chipre, Viena) que han tenido lugar sobre el principal tema que nos separa: el modo de ejercer el primado de Pedro. Mientras tanto, se busca una estrecha colaboración en cuestiones éticas –sobre todo bioéticas– y en la doctrina social.

Algunos anglicanos han procedido –como se dice en lenguaje automovilístico– a un "adelantamiento por la derecha". Han llamado a las puertas de Roma, pidiendo una plena comunión a la vez que conservan la liturgia y la espiritualidad propias. Con los protestantes se ha avanzado mucho en estos años posteriores al concilio Vaticano II. La colaboración en el ámbito moral es también ahora más que posible, pues existen temas comunes como la bioética, la defensa de la vida o la promoción de la familia, en los cuales cabe un acuerdo, un pacto ético, una alianza ecuménica. Quedan sin embargo pendientes algunas cuestiones importantes relacionadas con los conceptos de autoridad, ministerio e Iglesia. Son temas derivados de la sucesión apostólica de la que hablábamos antes. Sin embargo, el entendimiento alcanzado con algunos anglicanos hace pensar en una posible solución en el futuro también con los ortodoxos, los lefebvrianos y con el ámbito protestante.[45]

---

45 R. Tura, "La teologia di J. Ratzinger. Saggio introduttivo", *Studia Patavina*, 1974, pp. 162-177; M. Fahey, "Joseph Ratzinger como eclesiólogo y pastor", *Concilium*, 17 (161), 1981, pp. 133-144; A. Nichols, *The theology of Joseph Ratzinger: an introductory study*, Edimburgo, Clark, 1988, pp. 27-53, 133-165; D. Tracy, "The uneasy alliance reconceived: catholcic theological method, modernity and postmodernity", *Theological studies*, 50, 1989, p. 555; J. R. Villar, "Iglesia universal e iglesia local. A propósito de unas conferencias del Cardenal Ratzinger en

7. Belleza

Ratzinger ha sido siempre un enamorado de la belleza. Desde su temprana afición a la música, especialmente a la de Mozart, la dimensión estética

Brasil", *Scripta Theologica*, 23, 1991, pp. 267-286; D. Donovan, "J. Ratzinger: a christocentric Emphasis", *id.*, *What are they saying about the ministerial priesthood*, Mahwah, Paulist Press, 1992, pp. 60-73; M. Fahey, "Joseph Ratzinger als Ekklesiologe und Seelsorger", *Concilium*, 17, 1981, pp. 79-85; D. M. Doyle, "Communion and the Common Good: Joseph Ratzinger and the Brothers Himes", *id.*, *Communion Ecclesiology. Vision and Versions*, Maryknoll, Orbis Books, 2000, pp. 103-118; P. MacPartlan, "The local church and the universal church: Zizioulas and the Ratzinger-Kasper debate", *International journal for the study of the Christian church*, 4 (1), 2004, pp. 21-33; C. O'Connel, "Ratzinger, Joseph", en S. Pié (ed.), *Diccionario de eclesiología*, Madrid, 2001, pp. 199-201; M. Volk, *The Church as communio of the whole*, Eerdmans, 1998, pp. 29-71; P. Franco, "The communio ecclesiology of Joseph Ratzinger: Implications for the Church in the future", en W. Madges (ed.), *Vatican II. Forty years later*, Maryknoll, Orbis Books, 2006, pp. 3-25; M. H. Heim, *Joseph Ratzinger. Life in the Church and living theology. Fundamentals of Ecclesiology with Reference to Lumen gentium*, San Francisco, Ignatius, 2007, pp. 158-160; J. Martínez Gordo, "El debate de J. Ratzinger y W. Kasper sobre la relación entre la Iglesia universal y la iglesia local", *Scriptorium Victoriense*, 54 (3-4), 2007, pp. 269-301; J. Morawa, "Der Glaube der Kirche als Fundament ihrer Einheit und ihrer Theologie nach Joseph Ratzinger", *Analecta Cracoviensia*, 40, 2008, pp. 241-261; W. Hoeres, "Benedikt XVI. und das subsistit: Fragen zur kirchlichen Identität", *Una-Voce-Korrespondenz*, 38 (4), 2008, pp. 336-343; M. M. Surd, *Ekklesiologie und Ökumenismus bei Joseph Ratzinger: Einheit im Glauben–Voraussetzung der Einheit der Christenheit*, Sankt Ottilien, EOS, 2009; J. Massa, *The communion theme in the writings of Joseph Ratzinger: Unity in the church and in the world through sacramental encounter*, Fordham University, 1996; *id.*, "The priority of unity in the mystery of the church", *Journal of ecumenical studies*, 42 (4), 2007, pp. 589-607; J. Stöhr, "Zur Ekklesiologie von Papst Benedikt XVI", *Theologisches*, 38 (3-4), 2008, pp. 74-78; S. Madrigal, "Esquemas de una eclesiología", *Communio*, 7, 2007, pp. 122-138; *id.*, *Iglesia es caritas. La eclesiología teológica de Joseph Ratzinger-Benedicto XVI*, Santander, Sal Terrae, 2008; *id.*, "La 'eclesiología teológica' de Joseph Ratzinger", *id.* (ed.), *El pensamiento de Joseph Ratzinger, teólogo y Papa*, Madrid, San Pablo, 2009, pp. 195-241; K. Struys, "Particular churches–universal Church: theological backgrounds to the position of Walter Kasper in debate with Joseph Ratzinger–Benedict XVI", *Bijdragen*, 69 (2), 2008, pp. 147-171; C. Ohly, "'¿El partido de Cristo o la Iglesia de Jesucristo?'. Sobre las líneas principales en la eclesiología de Joseph Ratzinger", en L. Jiménez (ed.), *Introducción a la teología de Benedicto XVI*, pp. 129-163; T. P. Rausch, *Pope Benedict XVI. An introduction to his theological vision*, pp. 102-120. No compartimos, pues, la presunta ruptura y discontinuidad en la eclesiología ratzingeriana que parece advertir H. J. Pottmeyer ("Primado y colegialidad episcopal en la eclesiología eucarística de la *communio* de Joseph Ratzinger", en F. Meier-Hamidi y F. Schumacher (eds.), *El teólogo Joseph Ratzinger*, Barcelona, Herder, 2007, pp. 171-201) y en parte reflejadas por S. Madrigal, *Iglesia es caritas*, pp. 451-456; J. Eckert, "Die christliche Brüderlichkeit in der Ekklesiologie Ratzingers", *Orthodoxes Forum*, 21, 2007, pp. 131-139; G. Mannion, "Understanding the Church", en L. Boeve y G. Mannion, *The Ratzinger Reader*, pp. 81-118; *id.*, "Teaching and authority: dimensions of magisterium", *ibid.*, pp. 179-223; K. Koch, *Das Geheimnis des Senfkorns*, pp. 28-36, 98-126, 255-265.

forma parte de su pensamiento y de su visión de la vida. De hecho, suele ser llamado "el Mozart de la teología" no sólo por las aparentes levedad y ligereza de su pensamiento (Ratzinger es más fácil de leer que otros teólogos alemanes), sino también por la profundidad y dramatismo de sus ideas. Mozart como música de fondo. Además, ha afirmado que un teólogo que no tenga sensibilidad estética resulta peligroso. Siempre tiene algo de tiempo para tocar el piano... Para él, la belleza no sólo es importante para la teología, sino también para la misma vida de la Iglesia.

En esta sociedad posmoderna y algo esteticista, señalaba Ratzinger, la razón y la belleza presente en el arte cristiano y en la vida de los santos puede ser un testigo de excepción: la mejor tarjeta de presentación para el cristianismo. La inauguración de la Sagrada Familia en Barcelona ha constituido todo un símbolo en este sentido. En Gaudí se encuentran unidas estas dos dimensiones de la belleza cristiana: en primer lugar, como creador de una belleza nueva, moderna y dirigida a la gloria de Dios, tal como aparece en el templo barcelonés; por otra parte, por la belleza presente en la vida de los santos, si el proceso de beatificación del "arquitecto de Dios" llegara a buen puerto. El arte cristiano y la santidad hacen presente la Belleza divina en este mundo.

El cardenal Ratzinger relataba la historia de los emisarios del rey Vladimiro de Kiev. Buscaba una religión para su reino y envió unos legados para que observaran las religiones en países remotos. Los judíos y los musulmanes búlgaros dejaron bastante indiferentes a sus embajadores. Los católicos germanos impresionaron un poco más, pero no de modo suficiente. En fin, cuando los legados llegaron a Constantinopla, al contemplar la belleza de la celebración de la "divina liturgia" en la basílica de Santa Sofía, afirmaban que habían encontrado "el cielo en la tierra". Rusia se convirtió entonces al cristianismo. Este tipo de anuncio de la fe puede tener también gran actualidad en el momento presente, en un mundo especialmente sensible a la belleza, tal vez por la nostalgia de su presencia.[46]

---

[46] A. Nichols, *The theology of Joseph Ratzinger*, pp. 213-219; id., "Zion and Philistia. The liturgy and theological aesthetics today", *The Downside review*, pp. 115, 1997, pp. 53-73; *id.*, "Benedict XVI on the Holy Images", *Nova et Vetera*, 5 (2), 2007, pp. 359-374; M. J. Miller, "Cardinal

Éstas serían las siete palabras en las que me parece que se podría sintetizar el "programa" del papa Benedicto XVI.

Representado todo esto de modo gráfico, más o menos vendría a ser algo así: dos núcleos concéntricos (Cristo y la Iglesia), cuatro pilares ontológicos y teológicos (amor, verdad, belleza y esperanza), y cuatro referencias y actitudes: razón, corazón, (ad)oración y creación. Tal como figura en este cuadro:

Benedicto XVI en siete palabras

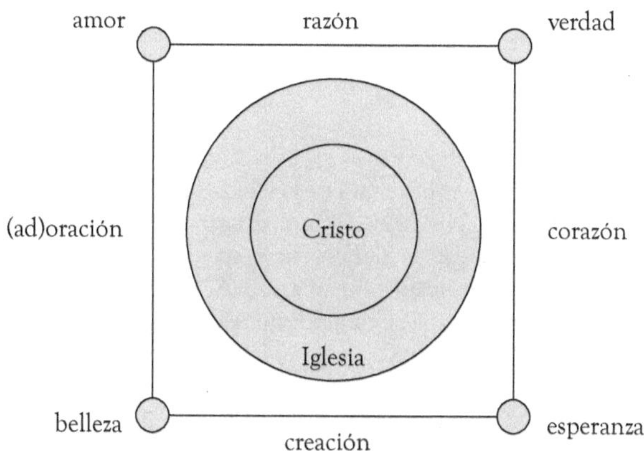

Ratzinger on liturgical music", *Homiletic and pastoral review*, 100, 2000, pp. 10, 13-22; J. Piqué, *Teología y música. Una contribución dialéctico-trascendental a la sacramentalidad de la percepción estética del misterio*, Roma, PUG, 2006, pp. 179-180; P. Blanco, "La Iglesia necesita el arte", en M. A. Labrada (ed.), *La belleza que salva. Comentario a la "Carta a los artistas" de Juan Pablo II*, Madrid, Rialp, 2006, pp. 119-130; P. Emmanuel, "De la musique liturgique selon Joseph Ratzinger", *Aletheia* (35), 2009, pp. 183-191; A. Gerhards, "Vom jüdischen zum christlichen Gotteshaus? Gestaltwerdung des christlichen Liturgie-Raumes", en R. Voderholzer (ed.), *Der Logos-gemäße Gottesdienst. Theologie der Liturgie bei Joseph Ratzinger*, pp. 111-137; J. Arnold, "Nüchterne Trunkenheit in *liturgicis*-eine evangelische Antwort auf Joseph Ratzingers Theologie der Liturgie", *ibid.*, pp. 96-101; K. Praßl, "*Psallite sapienter.* Joseph Ratzinger und seine Schriften zur Kirchenmusik", *ibid.*, pp. 278-299; M. Cavagnini, "*Ut in omnibus glorificetur Deus.* Una riflessione sullo stato di fatto della Musica Sacra in Italia e qualche considerazione che ci auguriamo utile anche fuori dell'Italia", *ibid.*, pp. 332-352; T. Rowland, *Benedict XVI. A guide for perplexed*, pp. 25-47.

Este libro se imprimió en la Ciudad de México,
el 19 de abril de 2024, 19° aniversario de la elección
de Benedicto XVI como Obispo de Roma,
en Litográfica Ingramex, S. A. de C. V.
Centeno 162-1, Granjas Esmeralda, Iztapalapa,
C. P. 09810, Ciudad de México, México

www.ingramcontent.com/pod-product-compliance
Lightning Source LLC
LaVergne TN
LVHW091245190726
843491LV00001B/144

* 9 7 8 6 0 7 5 9 1 3 1 1 7 *